लोक साहित्य एवं संस्कृति

लोक साहित्य एवं संस्कृति

प्रो. राधेश्याम सिंह
पूर्व प्राचार्य एवं अध्यक्ष हिन्दी विभाग
कमला नेहरू भौतिक एवं सामाजिक विज्ञान संस्थान
सुलतानपुर, उ.प्र.-228118

डॉ. पवन कुमार रावत
असिस्टेंट प्रोफेसर, हिन्दी विभाग
कमला नेहरू भौतिक एवं सामाजिक विज्ञान संस्थान
सुलतानपुर, उ.प्र.-228118

लोकभारती प्रकाशन

लोकभारती प्रकाशन
पहली मंजिल, दरबारी बिल्डिंग, महात्मा गांधी मार्ग
प्रयागराज-211 001

वेबसाइट : www.lokbhartiprakashan.com
ईमेल : info@lokbhartiprakashan.com

शाखाएँ : 1-बी, नेताजी सुभाष मार्ग, दरियागंज
नई दिल्ली-110 002
अशोक राजपथ, साइंस कॉलेज के सामने
पटना-800 006
1, अनमोल सोराबजी सन्तुक लेन, धोबी तलाव,
मरीन लाइंस, मुम्बई-400 002

पहला संस्करण : 2024 **मूल्य :** 695

बी.के. ऑफसेट
नवीन शाहदरा, दिल्ली-110 032
द्वारा मुद्रित

LOK SAHITYA EVAM SANSKRIT
by Prof. Radheyshyam Singh
Dr. Pawan Kumar Rawat

ISBN : 978-81-19996-92-6

आमुख

बाजारवादी जीवन पद्धति को संचालित करने वाले आयातित सिद्धान्तों, थोथे संस्कारों, भौंडी पांडित्य चेतना, पोथीवादी अहमन्यता और उससे उद्‌भूत कुंठाग्रस्तता के समानान्तर सहज सन्तुलन को साधे, एक ऐसी सामाजिक धारा भी हमारे राष्ट्र में निरन्तर चलती आई है, जिसने पोथियों से अपने आप को स्वतंत्र रखा। किसी वैयाकरणिक नियम को इस धारा ने विनयपूर्वक नकार दिया। सामाजिक चेतना और उसकी सामूहिकता से संचालित इस जीवनधारा ने समष्टि को नवजीवन का उपहार दिया। जीवन के महासागर को इसने किसी वैज्ञानिक कम्पास से नहीं वरन् अपने जीवनानुभवों और उससे उत्पन्न सात्त्विक विवेक से पार किया। लोक साहित्य और लोक संस्कृति से लोकमंगल का विधान किया। देवी-देवताओं के चमत्कारपूर्ण विधान, टोने-टोटके, अनुष्ठानों, शकुनों-अपशकुनों, रीति-नीति, तीज-त्योहार सबको अपनी थाती समझ, छाती से लगाए इस जनमानस ने अपनी जीवन यात्रा की जयगाथा लिखी। इसी को विद्वानों ने 'लोक' की संज्ञा दी। आज परिदृश्य बदला हुआ है। गाँवों से रोजी-रोटी की खोज में अपनी जड़ों से उखड़े लोगों ने मुम्बई, दिल्ली, कोलकाता, अहमदाबाद में भी अपना लोक बसा रखा है। अब केवल गाँवों तक महदूद लोक नहीं है। उसका स्वरूप परिवर्तन भी हुआ है।

ऐसे ही लोक ने अपने-अपने समूहों के अनुभवों की थाती को भावी पीढ़ी को स्थान्तरित करते हुए गीतों, कथाओं और नाट्यों का सृजन किया। यह सृजन मूलत: कंठजीवी प्रयत्न था और उसमें सब कुछ था, जिससे किसी राष्ट्र की संस्कृति निर्मित होती है। यही संस्कृति किसी राष्ट्र और समाज को उसके विवेक और चेतना को समृद्ध और संस्कारित करती रहती है। परन्तु आज बाजारवाद के इस क्रूर समय में सब कुछ बाजारू बनता जा रहा है। बाजार ने हर घर-आँगन में अपने पाँव पसार लिये हैं। संवेदना की जगह फालतू आवश्यकताओं की ओर दुर्निवार आकर्षण की चकाचौंध है, जिसे विज्ञापन और संचार ने शक्ति दे रखी है।

कोई भी देश यदि अपनी मौलिक संस्कृति का विस्मरण करता है तो वह स्वत: परतंत्रता को आमंत्रण देता है। वह भाषायी परतंत्रता तक को आहूत करता है। हमारा देश जो हजारों वर्षों से गुलामी का अभ्यस्त रहा, कृतज्ञता के मूल्य को

गँवा बैठा है। इसलिए विद्वानों ने इसे 'कृतघ्न समाज का देश' भी कहा है। आज जरूरत अपनी सांस्कृतिक जड़ों को पहचानने की है। अपने पूर्वजों के हजारों साल के अनुभवों को सहेजने की जरूरत है। इसलिए लोक साहित्य और लोक संस्कृति के अध्ययन की जरूरत पहले से ज्यादा आज है। इन्हीं चिन्ताओं को दृष्टिगत रखते हुए यह पुस्तक आपके समक्ष है।

नई शिक्षा नीति ने लोक संस्कृति और उसमें निहित लोकानुभवों के संरक्षण की आवश्यकता को महत्त्व दिया है। स्नातक पाठ्यक्रम के छठे सेमेस्टर को बोलियों में निहित साहित्य और संस्कृति पर आधारित करने का संकल्प नई शिक्षा नीति के नियामकों ने व्यक्त किया है। हमारा क्षेत्र अवध की कर्म भूमि है, जहाँ तुलसी ने मर्यादा तो जायसी ने प्रेम की गंगा बहाकर जनमन को संस्कारित करने का उपक्रम किया है, जिसका विवरण शिष्ट साहित्य में भी दर्ज है।

प्रस्तुत पुस्तक लोक, उसके साहित्य, संस्कृति और लोक साहित्य के संरक्षण की जरूरत, राष्ट्र जीवन में लोक साहित्य की उपयोगिता के शास्त्रीय प्रश्नों पर तो विचार करती ही है, आधुनिक अवधी कवियों के साहित्य का एक संकलन भी प्रस्तुत करती है। पूर्वी हिन्दी की प्रमुख बोली अवधी, उसका लोक साहित्य भी छात्रों के ज्ञान संवर्द्धन में मदद करेगा। आशा है हमारा प्रयास अपनी उपादेयता सिद्ध करेगा।

—प्रो. राधेश्याम सिंह
डॉ. पवन कुमार रावत

क्रम

लोक साहित्य का सामान्य परिचय

लोक साहित्य : परिभाषा, क्षेत्र एवं वर्गीकरण

'लोक साहित्य' एक पारिभाषिक शब्द है। यह 'लोक' और 'साहित्य' दो शब्दों से मिलकर बना है। इसका वास्तविक अर्थ है—'लोक का साहित्य'। लोकजीवन की विविध क्रियाएँ व अनुभूति जब अभिव्यक्ति के धरातल पर प्रवेश करती हैं, तो उन्हें 'लोक साहित्य' कहा जाता है। 'लोक' शब्द संस्कृत के 'लोकृ दर्शने' धातु में 'धञ' प्रत्यय लगाने पर बना है। इस धातु का अर्थ है—'देखना'। इसका लट् लकार के अन्य पुरुष के एक'वचन का रूप 'लोकते' है। अत: 'लोक' शब्द का अर्थ हुआ—'देखने वाला'। इस प्रकार वह समस्त जन समुदाय जो इस कार्य को करता है, उसे 'लोक' कहा जा सकता है। अत: 'लोक' शब्द का आशय उस समस्त जन समुदाय से है, जो किसी देश में निवास करता है। 'लोक' शब्द से ही हिन्दी के 'लोग' शब्द की व्युत्पत्ति मानी जाती है। जिसका अर्थ है—'साधारण जनता'।

'लोक' शब्द अत्यन्त प्राचीन है। वेदों में भी इसका उल्लेख मिलता है। ऋग्वेद में लोक शब्द का प्रयोग साधारण जनता के अर्थ में हुआ है। ऋग्वेद में लोक शब्द के लिए 'जन' शब्द का प्रयोग किया गया है। वैदिक ऋषि कहते हैं कि विश्वामित्र द्वारा उच्चरित यह मंत्र भारत के लोगों की रक्षा करता है—

य इमे रोदसी उभे: अहमिन्द्रमतुष्टवम्
विश्वामित्रस्य रक्षति: ब्रह्येदं भारतजनम्॥

ऋग्वेद के प्रसिद्ध पुरुष सूक्त में लोक शब्द का व्यवहार जीव तथा स्थान दोनों अर्थों में किया गया है—

नाभ्या आसीदन्तरिक्षं शीर्ष्णो द्यौ:समवर्तत।
पद्भ्यां भूमि: दिश: श्रोतात्, लोकानकल्पयत्॥

उपनिषदों में भी अनेक स्थानों पर 'लोक' शब्द प्रयुक्त हुआ है। जिसमें कहा गया है कि यह लोक अनेक प्रकार से फैला हुआ है। प्रत्येक वस्तु में यह व्याप्त है। कौन इसे पूरी तरह से जान सकता है—

बहु व्याहितो वा अयं बहुशोलोक:।
क एतद् अस्य पुनरीहतो अयात्॥

प्रसिद्ध व्याकरणाचार्य पाणिनी ने अपने ग्रन्थ 'अष्टाध्यायी' में 'लोक' तथा 'सर्वलोक' शब्दों का उल्लेख किया है। इनमें 'ठञ' प्रत्यय करने पर 'लौकिक' तथा 'सर्वलौकिक' शब्दों की निष्पत्ति की है। वाल्मीकि रामायण में भी 'लोक' और 'वेद' का वर्णन मिलता है—

शुश्रूषामेव कुर्वीत भर्तु: प्रियहिते रता॥
एषा धर्म: स्त्रिया नित्यो वेदे श्रुत: स्मृत:॥

अर्थात् नारी को चाहिए कि वह पति के प्रिय एवं हित साधन में तत्पर रहकर सदा उसकी सेवा करे, यही स्त्री का वेद और लोक में प्रसिद्ध नित्य धर्म है। महाभारत में महर्षि वेद व्यास ने इस ग्रन्थ की महत्ता का प्रतिपादन करते हुए लोक के विषय में कहा है—

अज्ञानतिमिरान्धस्य लोकस्य तु विचेष्टत:।
ज्ञानाञ्जन शलाकाभि: नेत्रोन्मीलन कारकम्॥

अर्थात् यह ग्रन्थ अज्ञान रूपी अन्धकार से अन्धे होकर व्यथित लोक (जन साधारण) की आँखों को ज्ञान रूपी अंजन की शलाका लगाकर खोल देता है।

भरतमुनि ने अपने ग्रन्थ 'नाट्यशास्त्र' में 'लोक' शब्द का प्रयोग सटीक रूप में किया गया है। 'नाट्यशास्त्र' में भरतमुनि ने लिखा है—"इस शास्त्र की रचना लोक मनोरंजनार्थ की जा रही है।"

तुलसीदास ने भी 'श्रीरामचरितमानस' में लोक की महिमा का वर्णन किया है—

यहउ कहत भल कहिहि न कोऊ। लोकु बेदु बुध संमत दोऊ॥
तात तुम्हार बिमल जसु गाई। पाइहि लोकउ बेदु बड़ाई॥

संत कवि कबीर भी 'गुरुदेव कौ अंग' में लोक और वेद का वर्णन करते हुए गुरु की महिमा का बखान किया है—

पीछे लागा जाइ था, लोक वेद के साथि।
आगै थें सतगुर मिल्या, दीपक दीया हाथि॥

'लोक' शब्द की परिभाषा

आचार्य हजारी प्रसाद द्विवेदी ने लोक को परिभाषित करते हुए कहा है—"लोक शब्द का अर्थ 'जनपद' या ग्राम्य नहीं है बल्कि नगरों और गाँवों में फैली हुई वह समूची जनता है जिनके व्यावहारिक ज्ञान का आधार पोथियाँ नहीं हैं। ये लोग नगर में परिष्कृत रुचिसम्पन्न तथा सुसंस्कृत समझे जाने वाले लोगों की अपेक्षा अधिक सरल और अकृत्रिम जीवन के अभ्यस्त होते हैं और परिष्कृत रुचिवाले लोगों की समूची विलासिता और सुकुमारता को जीवित रखने के लिए जो भी वस्तुएँ आवश्यक होती हैं, उनको उत्पन्न करते हैं।"

डॉ. सत्येन्द्र ने अपनी पुस्तक 'लोक साहित्य विज्ञान' में लोक को परिभाषित करते हुए कहा है—"लोक मनुष्य समाज का वह वर्ग है, जो अभिजात्य संस्कार, शास्त्रीयता और पांडित्य की चेतना अथवा अहंकार से शून्य है और जो एक परम्परा के प्रवाह में जीवित रहता है।"

डॉ. वासुदेव शरण अग्रवाल का 'लोक' के सन्दर्भ में मत है—"लोक हमारे जीवन का महासमुद्र है, उसमें भूत, भविष्य, वर्तमान सभी कुछ संचित रहता है। यह राष्ट्र का अमर स्वरूप है। कृत्स्न ज्ञान और सम्पूर्ण अध्ययन में सब शास्त्रों का पर्यावसान है। अर्वाचीन में मानव के लिए लोक सर्वोच्च प्रजापति है। 'लोक' और लोक का धात्री, सर्वभूतरता पृथ्वी और लोक का व्यक्त रूप मानव यही हमारे नये जीवन का अध्यात्मशास्त्र है। इसका कल्याण हमारी मुक्ति का द्वार और निर्माण का नवीन रूप है। लोक, पृथ्वी और मानव इसी त्रिलोकी में जीवन का कल्याणतम रूप है।"

डॉ. कृष्णदेव उपाध्याय के अनुसार 'लोक' की परिभाषा है—"आधुनिक सभ्यता से दूर, अपनी सहज तथा प्राकृतिक अवस्था में वर्तमान, तथाकथित असभ्य एवं अशिक्षित जनता को 'लोक' कहते हैं, जिनका जीवन-दर्शन और रहन-सहन प्राचीन परम्पराओं, विश्वासों तथा आस्थाओं द्वारा परिचालित एवं नियंत्रित होता है।"

प्रो. देव सिंह पोखरिया ने लोक साहित्य के सम्बन्ध में अपने विचार व्यक्त करते हुए कहा है—'लोक मानव समाज की वह सामूहिक इकाई है, जो अपने नैसर्गिक और स्वाभाविक रूप में आभिजात्य बन्धनों तथा परम्पराओं से रहित पांडित्य, चमत्कार तथा शास्त्रीयता दूर स्वतंत्र एवं पृथक् जीवन का प्रचेता है और इसी का साहित्य लोक साहित्य है।"

स्पष्टत: कहा जा सकता है कि 'लोक' शब्द का प्रयोग उस साधारण जन समूह के लिए किया जाता है, जो साज-सज्जा, आडम्बर, पांडित्य, सभ्यता एवं शिक्षा से दूर रहकर भी अपनी प्राचीन परम्परा, संस्कृति, जीवन मूल्यों एवं आदर्शों को सँजोये हुए होता है।

लोक साहित्य की परिभाषा

'साहित्य' शब्द के पूर्व 'लोक' अभिधान लगाने के बाद उसका अर्थ होगा—'लोक साहित्य'। लोक साहित्य में लोकजीवन की अभिव्यक्ति होती है। लोक साहित्य शास्त्रीय सिद्धान्तों के बन्धन से पूर्णत: मुक्त होता है। यह भाषायी आडम्बर से मुक्त होता है। लोक साहित्य सरल, सहज एवं अकृत्रिम होता है।

आचार्य हजारी प्रसाद द्विवेदी के अनुसार—"ऐसा मान लिया जा सकता है, जो चीजें लोकचित्त से सीधे उत्पन्न होकर सर्वसाधारण को आन्दोलित, चालित और प्रभावित करती हैं, वे ही लोक साहित्य, लोकशिल्प, लोकनाट्य, लोककथानक आदि नामों से पुकारी जा सकती हैं।"

डॉ. रवीन्द्र भ्रमर के अनुसार—"लोक साहित्य लोक मानस की सहज और स्वाभाविक अभिव्यक्ति है। यह बहुधा अलिखित ही रहता है और अपनी मौखिक परम्परा द्वारा एक पीढ़ी से दूसरी पीढ़ी तक आगे बढ़ता रहता है। इस साहित्य के रचयिता का नाम प्राय: अज्ञात रहता है। लोक का प्राणी जो कुछ कहता-सुनता है, उसे समूह की वाणी बनाकर और समूह में घुल-मिल कर ही रहता है।"

डॉ. धीरेन्द्र वर्मा के अनुसार—"वास्तव में लोक साहित्य वह मौखिक अभिव्यक्ति है, जो भले ही किसी व्यक्ति ने गढ़ी हो, पर आज जिसे सामान्य लोक समूह अपना मानता है।"

डॉ. कृष्णदेव उपाध्याय के अनुसार—"सभ्यता के प्रभाव से दूर रहने वाली, अपनी सहजावस्था में वर्तमान जो निरक्षर जनता है, उसकी आशा-निराशा, हर्ष-विषाद, जीवन-मरण, लाभ-हानि, सुख-दुख आदि की अभिव्यंजना जिस साहित्य में प्राप्त होती है, उसे लोक साहित्य कहते हैं। इस प्रकार लोक साहित्य जनता का वह साहित्य है, जो जनता द्वारा जनता के लिए लिखा गया हो।"

डॉ. कुन्दनलाल उप्रेती के अनुसार—"अत: आदिम मानव के मस्तिष्क की सीधी तथा सच्ची अभिव्यक्ति ही लोक संस्कृति तथा लोक साहित्य है। हमारे विचार में लोक साहित्य लोक समूह द्वारा स्वीकृत व्यक्ति की परम्परागत मौखिक क्रम से प्राप्त वह वाणी है, जिसमें लोक मानस संगृहीत रहता है।"

समग्रत: कहा जा सकता है कि लोक साहित्य जनपदीय बोली में अभिव्यक्त आदिम जीवन की प्रस्तुति है, जिसमें लोकजीवन एवं लोक संस्कृति की सुन्दर झाँकी है। यह मौखिक परम्परा के रूप में एक पीढ़ी से दूसरी पीढ़ी तक निरन्तर प्रवहमान रहता है। लोक साहित्य का रचनाकार शास्त्रीय नियमों व सिद्धान्तों से परिचित नहीं होता है। लोक साहित्य में किसी जनपद या अंचल विशेष के लोकजीवन और लोक संस्कृति की अभिव्यक्ति जनपदीय बोली के माध्यम से होती है। लोक साहित्य लोक समाज का दर्पण होता है। उसमें लोकजीवन के विविध पक्षों के साथ ही

परम्परागत मूल्य और समाज को सही दिशा देने वाले विचारों का समावेश होता है। लोक साहित्य लोक द्वारा निर्मित, लोक विषयक और लोक प्रचलित साहित्य है।

लोक साहित्य का क्षेत्र

लोक साहित्य का क्षेत्र अत्यन्त व्यापक है। लोक साहित्य के विद्वानों का मानना है कि जहाँ-जहाँ लोक है, वहीं-वहीं लोक साहित्य भी मौजूद है। लोक साहित्य को लोक समाज की बहुआयामी प्रतिभा का संचित समृद्ध कोष कहा जा सकता है। डॉ. श्याम परमार ने लोक साहित्य के विषय क्षेत्र के विस्तार पर विचार करते हुए कहा है—"आधुनिक साहित्य की नवीन प्रवृत्तियों ने लोक का प्रयोग गीत वार्ता, कथा, संगीत, साहित्य आदि से युक्त होकर साधारण जन समाज जिसमें पूर्व संचित परम्पराएँ, भावनाएँ, विश्वास और आदर्श सुरक्षित है तथा जिसमें भाषा और साहित्यगत सामग्री ही नहीं, अपितु अनेक विषयों के अनगढ़ किन्तु ठोस रत्न छिपे हैं के अर्थ में होता है।"

डॉ. वासुदेवशरण अग्रवाल लोक साहित्य के क्षेत्र के सन्दर्भ में विचार व्यक्त करते हुए कहते हैं—"हमारे इतिहास में जो भी सुन्दर और तेजस्वी है, वे लोक में कहीं न कहीं सुरक्षित है। हमारी कृषि, अर्थशास्त्र, ज्ञान, साहित्य, कला के नाना स्वरूप, भाषाओं और शब्दों के भंडार, जीवन के आनन्दमय पर्वोत्सव, मृत्यु, संगीतकला, वार्ताएँ सभी कुछ भारतीय लोक से ओतप्रोत हैं। लोक की गंगा युगों-युगों से बह रही है। लोक हमारे जीवन का महासमुद्र है। उसमें भूत, भविष्य, वर्तमान सभी कुछ संचित रहता है। लोक ही राष्ट्र का अमर स्वरूप है। लोक कृत ज्ञान और सम्पूर्ण अध्ययन में सब शास्त्रों का पर्यवसान है। अर्वाचीन मानव के लिए लोक सर्वोच्च प्रजापति है। लोक की धात्री सर्वभूत माता पृथ्वी और लोक का व्यक्त रूप मानव, यही हमारे नये जीवन का अध्यात्मशास्त्र है। इनका कल्याण हमारी मुक्ति का द्वार और निर्वाण का नवीन रूप है। लोक-पृथिवी-मानव इसी त्रिलोकी में जीवन का कल्याणतम रूप है।"

लोक साहित्य के क्षेत्र विस्तार के सन्दर्भ में डॉ. कृष्णदेव उपाध्याय का मत है—"लोक साहित्य का विस्तार अत्यन्त व्यापक है। साधारण जनता जिन शब्दों में गाती है, रोती है, हँसती है, खेलती है, उन सबको लोक साहित्य के अन्तर्गत रखा जा सकता है। पुत्र जन्म से लेकर मृत्यु तक जिन षोडश संस्कारों का विधान हमारे प्राचीन ऋषियों ने किया है, प्राय: उन सभी संस्कारों के अवसर पर गीत गाये जाते हैं। विभिन्न ऋतुओं में, प्रकृति में जो परिवर्तन दिखाई पड़ता है, उसका प्रभाव जनसाधारण के हृदय पर पड़े बिना नहीं रहता। अत: बाह्य जगत में इस परिवर्तन को देखकर हृदय में जो उल्लास या आनन्द की अनुभूति होती है, वह लोकगीतों

के रूप में प्रकट होती है। खेतों की बोआई, निराई, लुनाई आदि के समय भी गीत गाये जाते हैं। जनता अपने पूर्व पुरुषों के शौर्यपूर्ण कार्यों को गा-गाकर आनन्द प्राप्त करती है। उनका यशोगान कर श्रोताओं के हृदय में वीर रस का संचार करती है। ये गीत लोकगाथाओं की कोटि में रखे जा सकते हैं।"

इस प्रकार हम कह सकते हैं कि जीवन के जितना लोक साहित्य का क्षेत्र व्यापक है। लोक साहित्य लोकजीवन के प्रत्येक पहलुओं को स्पर्श करता है। लोक साहित्य के इस क्षेत्र में लोक का सम्पूर्ण जीवन, लोक की संस्कृति, लोक परम्परा, सांस्कृतिक मूल्य एवं लोक तत्त्व समाहित हैं। सामाजिक, आर्थिक, राजनीतिक, धार्मिक एवं सांस्कृतिक पक्षों को लोक साहित्य ने समेटा है। अत: लोक की तरह लोक साहित्य का क्षेत्र विस्तार भी बृहत् है। यही कारण है कि ज्ञान की अन्य अन्तरानुशासनिक शाखा से लोक साहित्य का गहरा सम्बन्ध है। इतिहास, मानवविज्ञान, मनोविज्ञान, दर्शनशास्त्र, धर्मशास्त्र, समाजशास्त्र से सम्बद्ध अनेक बातें लोक साहित्य में आसानी से मिलती हैं।

लोक साहित्य का वर्गीकरण

अध्ययन की दृष्टि से लोक साहित्य का वर्गीकरण निम्नलिखित रूप में कर सकते हैं—

1. लोकगीत
2. लोककथा
3. लोकगाथा
4. लोकनाट्य
5. लोकसंगीत

लोकगीत

'लोकगीत' लोक साहित्य की सर्वाधिक लोकप्रिय विधा है। लोकगीत लोक मन की उपज है। यह जनसाधारण के गीत हैं। जनसाधारण द्वारा गाये जाने वाले गीत 'लोकगीत' हैं। लोकगीत मानव हृदय के सुन्दर, कोमल, भावों की सरल, सहज व सरस भावाभिव्यक्ति हैं। यह लोकमानस की रागात्मक अभिव्यंजना है। इसमें मानवीय मूल्यों का समावेश अपनी सम्पूर्णता में है। लोकगीतों में मानव हृदय की प्रकृत भावनाओं एवं विविध राग वृत्तियों की अभिव्यक्ति होती है। लोकगीत हमारी सांस्कृतिक पहचान हैं। इसमें मानव सभ्यता और संस्कृति के अनूठे बिम्ब निहित हैं। इसमें आंचलिक संस्कृति का रंग अधिक चटकीला होता है। लोकगीत लोक का मनोरंजन करते हैं। मनुष्य के सुख-दुख की अभिव्यक्ति करते हैं। लोकगीतों के सन्दर्भ में हिन्दी के प्रसिद्ध लेखक देवेन्द्र सत्यार्थी ने कहा है—"लोकगीत किसी संस्कृति के मुँह बोलते चित्र हैं।" लोकगीतों के माध्यम से लोक संस्कृति एक पीढ़ी से दूसरी पीढ़ी तक गतिशील रूप में पहुँचती है। इसमें किसी प्रकार के छन्द और भाषा का बन्धन नहीं होता है। लोकगीतों का क्षेत्र अत्यन्त व्यापक है। यह प्रकृति के मोहक सौन्दर्य से लेकर जन्म और मरण तक के संस्कारों को अपने भीतर समेटे हुए है।

लोककथा

लोक साहित्य के अन्तर्गत लोककथाओं का प्रमुख स्थान है। मनुष्य के जन्म के साथ ही लोककथाओं का भी जन्म हुआ है। लोक में कहानी कहने की परम्परा अत्यन्त प्राचीन है। आदिम युग से ही मनुष्य ने अपने सुख-दुख, अनुभूतियों और अनुभवों को कथा के सहारे ही अभिव्यक्त किया है। लोककथाएँ दुनिया भर में प्रसिद्ध हैं। लोककथाओं की दृष्टि से भारत एक समृद्ध देश है। ये कथाएँ अपने समय का प्रतिनिधित्व करती हैं। लोककथाओं का जीवन से गहरा सम्बन्ध होने के कारण यह मनोरंजन के साथ ही जीवन मूल्यों की प्रांजल प्रतिष्ठा भी करता है। डॉ. शिवमंगल सिंह 'सुमन' के शब्दों में—"लोककथाएँ मौखिक रूप से पीढ़ियों से पीढ़ियों तक गुजरने के कारण बहुत कुछ अपना परिवेश भी बदलती हैं, परन्तु इनमें परम्परा का सूत्र कभी लुप्त नहीं होता। जनजीवन की आस्थाएँ, रूढ़ियाँ, संघर्षपरक प्रेम गाथाएँ अपने समस्त चमत्कारों और अलौकिक कार्य व्यापारों के साथ-साथ, विदग्ध संवेदनशीलता के ऐसे अन्त: सूत्र में आबद्ध होती है कि वे एक क्षेत्र अथवा प्रदेश की होने पर भी मानव मात्र की सम्पत्ति बन जाती है।" लोककथाओं का रचयिता अज्ञात होता है। यह समूचे लोक की सम्पत्ति है। जन मन के अनुरंजन में लोककथाओं ने महत्त्वपूर्ण योगदान दिया है। लोककथाओं का प्रधान स्वर उपदेशात्मकता है। अपनी उपदेशात्मक प्रवृत्ति और मनोरंजन की विशिष्टता के कारण लोककथाएँ लोकमानस में सदियों से अपनी जगह बनाए हुए हैं। लोककथाएँ सामाजिक संवेदनशीलता के साथ समाज निर्माण में भी अत्यन्त प्रभावी है। स्थानीय परिवेश से जुड़ाव इसकी सबसे बड़ी विशेषता है।

लोकगाथा : लोकगाथा लोक साहित्य की एक प्रमुख विधा है। लोकगाथाएँ गेय पद्धति पर आधारित काव्यमयी कहानियाँ हैं। प्राय: इनकी रचना लोक छन्दों में होती हैं। इसका रचयिता अज्ञात होता है। लोकगाथा कथात्मक, गीतात्मक तथा लोककंठ पर आधारित वह प्रबन्धकाव्य है, जिसका रचयिता अज्ञात होता है। लोकगाथाएँ जन मानस का मनोरंजन व ज्ञानवर्द्धन दोनों करती हैं। यह लोक समाज का अमर साहित्य है, जो कि वाणी के रूप में लोक कंठों में समाया हुआ है। लोकगाथाओं में देशकाल, वातावरण, के साथ-साथ जीवन के सभी पक्ष जुड़ते हैं। राजा भरथरी, राजा गोपीचन्द, आल्हा, ढोला मारू रा दूहा, चनैनी, नयकवा बंजारा आदि हिन्दी क्षेत्र में प्रसिद्ध लोकगाथाएँ हैं।

लोकनाट्य : लोकनाट्यों का लोकजीवन से अत्यन्त घनिष्ठ सम्बन्ध है। लोकनाट्य से आशय नाटक के उस रूप से है, जिसका सम्बन्ध विशिष्ट शिक्षित समाज से भिन्न सर्वसाधारण के जीवन से हो और जो परम्परा से अपने-अपने क्षेत्र के जन समुदाय के मनोरंजन का साधन रहा हो। डॉ. श्याम परमार ने लोकनाट्य

की परिभाषा देते हुए कहा है—"लोकनाट्य लोक रंजन का आडम्बरहीन साधन है, जो नागरिकों के मंच से अपेक्षाकृत निम्न स्तर का पर विशाल जन के हर्षोल्लास से सम्बन्धित है। ग्रामीण जनता में इसकी परम्परा युगों से चली आ रही है। चूँकि लोक में ग्रामीण एवं नागरिक जन सम्मिलित है। अत: लोकनाट्य एक मिले-जुले जन समाज का मंच है। परिष्कृत रुचि के लोक के लिए जिन नाटकों का विधान है, उसकी आधार भूमि यही लोकनाट्य है।" लोकनाटकों का कथानक पौराणिक, धार्मिक, ऐतिहासिक या सामाजिक होता है। बंगाल के लोकनाट्य 'जात्रा' एवं 'कीर्तन' का आधार धार्मिक ही है। केरल राज्य में प्रचलित 'यक्षगान' नामक लोकनाट्य का कथानक प्राय: पौराणिक ही होता है। यह व्यक्ति विशेष की कृति न होकर समूचे लोक समाज की सम्पत्ति होती है। लोकनाटकों का मंचन खुले मंच पर किया जाता है। दर्शकगण खुले आकाश के नीचे बैठकर नाटक का अभिनय देखते हैं। लोकनाटकों में प्राय: पुरुष ही स्त्री पात्रों का अभिनय करते हैं।

लोकसंगीत : लोक साहित्य की विधाओं में लोकसंगीत का महत्त्वपूर्ण स्थान है। "जनमानस के मनोरंजन हेतु जनमानस के द्वारा गाया जाने वाला संगीत लोकसंगीत है।" लोकसंगीत के माध्यम से सांस्कृतिक परम्पराएँ चिरकाल तक जीवित रहती हैं। किसी भी प्रान्त का लोकसंगीत वहाँ के लोकजीवन और लोक संस्कृति का दर्पण होता है। राष्ट्रपिता महात्मा गांधी ने लोकसंगीत के सन्दर्भ में कहा है—"लोकसंगीत में चराचर जगत् गाता है और नृत्य करता है अर्थात् आनन्दानुभूति प्राप्त करता है।" इसी प्रकार गुरु रवीन्द्रनाथ टैगोर ने कहा है—"संस्कृति का सुखद सन्देश ले जाने वाली कला है—'लोकसंगीत'।" भारतीय संस्कृति बहुलतावादी, बहुभाषायी संस्कृति है। 'विविधता में एकता' इस संस्कृति की अद्वितीय विशिष्टता है। ऐसे में भारतीय लोकसंगीत का इस विशिष्टता से प्रभावित होना स्वाभाविक है। लोकसंगीत लोक के बीच से उत्पन्न हुआ है। यह अत्यन्त सरल व सहज है। इसे अनुकरण मात्र से सीखा जा सकता है। इसके लिए किसी भी प्रकार की शास्त्रीय संगीत की शिक्षा का बोध होना आवश्यक नहीं है। इसमें संगीत के शास्त्रीय नियमों जैसों की कोई बाध्यता नहीं होती है। लोकसंगीत में ढोल, ढोलक, मृदंग, झाँझ, बाँसुरी, तुरही, मजीरा, सारंगी, इकतारा, नगारा, डफ, चंग, तम्बूरा, शहनाई, अलगोजा, घुँघरू, डमरू, चंगड़ी, खँजरी, मटकी, तानपूरा आदि अनेक लोकवाद्य यंत्रों का प्रयोग होता है।

लोक साहित्य और शिष्ट साहित्य का पारस्परिक सम्बन्ध

'लोक साहित्य' दो शब्दों से मिलकर बना है—'लोक' और 'साहित्य'। 'लोक' शब्द का अर्थ जनसामान्य से है। इस प्रकार लोक साहित्य का अर्थ जन सामान्य समाज के साहित्य से है। लोक साहित्य लोकमानव की सहज और स्वाभाविक अभिव्यक्ति है। यह मौखिक परम्परा के रूप में पीढ़ी दर पीढ़ी स्थानान्तरित होता है। लोकभाषा के माध्यम से लोक चिन्तन की अकृत्रिम अभिव्यक्ति लोक साहित्य की प्रधान प्रवृत्ति है। लोक साहित्य किसी भी देश के सामाजिक-सांस्कृतिक इतिहास का एक ऐसा मौखिक दस्तावेज है, जिसमें समस्त लोकजीवन का दुख-दर्द, संवेदना, आशा, उल्लास, उमंग, निराशा, संघर्ष तथा उपलब्धियाँ आदि निरूपित होती हैं।

लोक साहित्य और शिष्ट साहित्य का पारस्परिक सम्बन्ध अत्यन्त महत्त्वपूर्ण है। लोक साहित्य ने शिष्ट साहित्य को ऊर्जा प्रदान किया है। शिष्ट साहित्य की पृष्ठभूमि लोक साहित्य से गृहीत हुई है। लोक के मूल पर ही शिष्ट साहित्य का निर्माण हुआ है। लोक साहित्य अज्ञात रचयिता की कृति है। अर्थात् लोक साहित्य का रचयिता अज्ञात होता है। जबकि शिष्ट साहित्य का रचयिता ज्ञात होता है। लोक साहित्य किसी एक व्यक्ति की कृति न होकर सम्पूर्ण लोक की सम्पत्ति होती है। परन्तु शिष्ट साहित्य व्यक्ति विशेष या लेखक की कृति होती है। लोक साहित्य मौखिक परम्परा के रूप में सुरक्षित होता है। जबकि शिष्ट साहित्य लिखित रूप में लिपिबद्ध होता है। मौखिक परम्परा के रूप में सुरक्षित होने के कारण लोक साहित्य में निरन्तर चीजें जुड़ती रहती हैं। जबकि शिष्ट साहित्य स्थिर है। उसका पाठ निर्धारित होता है। उसमें किसी भी प्रकार की बातें नहीं जुड़ती हैं। मुहावरे और लोकोक्तियाँ शिष्ट साहित्य में लोक साहित्य से ही आया है। शिष्ट भाषा को शब्द भंडार के लिए लोक भाषा की सहायता लेनी पड़ती है। लोक साहित्य ने शिष्ट साहित्य को भाव, भाषा, छन्द आदि से समृद्ध किया है। रस, छन्द और अलंकार दोनों का प्रयोग शिष्ट साहित्य और लोक साहित्य में हुआ है। लोक साहित्य भाषा के आडम्बर और व्याकरण से मुक्त होता है। जबकि शिष्ट साहित्य में भाषा का आडम्बर यत्र-तत्र दिखाई पड़ता है। साथ ही व्याकरणिक नियमों का पालन भी होता

है। लोक साहित्य और शिष्ट साहित्य दोनों में लोक और समाज अभिव्यक्त हुआ है। दोनों में मानवीय भावनाओं की अभिव्यक्ति हुई है। शिष्ट साहित्य में लोक धुनों का प्रयोग हुआ है। आधुनिककाल में भारतेन्दु युग के कवियों ने अपनी कविताओं में कजरी, लावनी, खयाल आदि लोक धुनों का प्रयोग किया है। लोक साहित्य को जीवन के यथार्थ से प्रेरणा मिलती है। इसमें न भाषा का पांडित्य होता है और न ही कल्पना का उत्कर्ष होता है। यह मन के सरल व सहज भावों की निश्छल अभिव्यक्ति होती है। शिष्ट साहित्य ने लोक साहित्य से स्वयं को विकसित व समृद्ध करने के अनेक तत्त्व खोजे हैं। उनको ग्रहण किया है। निःसन्देह विकास की यह प्रक्रिया अभी भी अग्रसर है।

शिष्ट साहित्य ने लोक साहित्य से अधिकांशतः सामग्री ग्रहण की है। उदाहरण के तौर पर मलिक मुहम्मद जायसी की रचना 'पद्मावत' में लोक साहित्य के तत्त्व देखे जा सकते हैं। 'पद्मावत' में बारहमासा का वर्णन है। इसमें कथानक रूढ़ियों का प्रयोग हुआ है। हीरामन तोते का विद्वान पक्षी के रूप में चित्रित होना, स्वप्न में रानी पद्मावती के दर्शन से राजा रत्नसेन का मूर्च्छित हो जाना, रत्नसेन का पद्मावती को प्राप्त करने के लिए योगी का वेश धारण करके गृह त्याग आदि सफल कथानक रूढ़ियों का प्रयोग पद्मावत में हुआ है। हिन्दी के मध्यकालीन साहित्य ने लोक साहित्य से पर्याप्त मात्रा में सामग्री ग्रहण की है। आचार्य हजारी प्रसाद द्विवेदी का विचार है—"सच पूछा जाए तो कुछ थोड़े से अपवादों को छोड़कर मध्ययुग के सम्पूर्ण देसी भाषा के साहित्य को लोक साहित्य के अन्तर्गत घसीटकर लाया जा सकता है। कहना न होगा कि शिष्ट साहित्य के इतिहास के 'कच्चे माल' को भी लोक साहित्य के इतिहास के कच्चे माल के रूप में घसीटकर लाया जा सकता है। लोक साहित्य और शिष्ट साहित्य का इतिहास कई बार एक-दूसरे में मिलता और अलग होता चलता है।"

लोक साहित्य, लोक संस्कृति एवं राष्ट्रीय एकता

लोक साहित्य में लोक संस्कृति का चित्रण

लोक साहित्य साधारण जनमानस की उपज है। इसमें लोक का मानस, लोकजीवन और लोक का भाव स्पष्ट रूप से ध्वनित होता है। लोक साहित्य जनता की चित्तवृत्ति का वाहक है। लोक साहित्य लोक संस्कृति का महत्त्वपूर्ण अंग है। यदि लोक संस्कृति एक विशाल वृक्ष है, तो लोक साहित्य उसकी एक शाखा है। यदि लोक संस्कृति शरीर है, तो लोक साहित्य उसका एक अव्यय है। यह श्रुति ज्ञान परम्परा के रूप में प्रवहमान रही है। डॉ. रवीन्द्र भ्रमर के अनुसार—"लोक साहित्य लोक मानस की सहज और स्वाभाविक अभिव्यक्ति है। यह बहुधा अलिखित ही रहता है और अपनी मौखिक परम्परा द्वारा एक पीढ़ी से दूसरी पीढ़ी तक आगे बढ़ता रहता है। इस साहित्य के रचयिता का नाम प्राय: अज्ञात रहता है। लोक का प्राणी जो कुछ कहता-सुनता है, उसे समूह की वाणी बनाकर और समूह में घुल-मिल कर ही रहता है।" लोक साहित्य लोक संस्कृति का अभिन्न अंग है। लोक साहित्य का अध्ययन करने के लिए लोक संस्कृति के विविध पहलुओं को समझना और उसका अध्ययन अत्यन्त जरूरी हो जाता है। जब हम किसी समाज की लोक संस्कृति का अध्ययन करते हैं, तो उसमें उस समाज में व्याप्त रीति-रिवाज, संस्कार, परम्परा, मान्यताएँ, प्रथाएँ सब कुछ समाहित होती हैं। लोक साहित्य की प्रमुख विधा-लोकगीत, लोककथा, लोकनाट्य, लोकगाथा, लोकसंगीत आदि में लोक संस्कृति का चित्रण हुआ है। इस दृष्टि से लोक साहित्य, लोक संस्कृति के प्रत्येक पक्षों को अपने भीतर समृद्ध रूप से समेटे हुए है। लोक साहित्य, लोक संस्कृति का दर्पण है। लोक संस्कृति और साहित्य का आपस में घनिष्ठ सम्बन्ध है। लोक साहित्य में सभी देशों का अद्‌भुत सौन्दर्य और माधुर्य विद्यमान है।

लोक संस्कृति

लोक संस्कृति से आशय किसी क्षेत्र विशेष में निवास करने वाले लोगों के पारम्परिक रीति-रिवाजों, त्योहारों, मान्यताओं और काल आदि से है। यह किसी क्षेत्र को स्वतंत्र

पहचान देती है। भारतवर्ष की लोक संस्कृति अत्यन्त समृद्ध है। इसमें भारत के विविध प्रान्तों के तीज-त्योहार, उत्सव, खान-पान, परम्परा, मेले, प्रथाएँ, मूल्य, आचार-विचार आदि शामिल हैं। भारत की वह सीधी-सादी, सरल, सहज, आडम्बर मुक्त ग्रामीण जनता जो दूर-दराज के गाँवों, नगरों, पर्वतीय क्षेत्रों, वन में निवास करती है, वास्तव में लोक संस्कृति की संरक्षक व प्रतिष्ठापक है।

लोक संस्कृति की परिभाषा

रामधारी सिंह 'दिनकर' ने लोक संस्कृति के सन्दर्भ में कहा था—"साधारण जन समाज में प्रचलित वे सब बातें जो सिद्धान्तत: संस्कृति के क्षेत्र से सम्बद्ध हों।"

सत्येन्द्र ने लोक संस्कृति को परिभाषित करते हुए कहा था—"लोक मनुष्य समाज का वह वर्ग है, जो आभिजात्य संस्कार, शास्त्रीयता और पांडित्य की चेतना अथवा अहंकार से शून्य है और जो एक परम्परा के प्रवाह में जीवित रहता है। इसी वर्ग से सम्बद्ध संस्कृति 'लोक संस्कृति' कही जाती है।"

हिन्दी विश्वकोश के अनुसार—"उस सामान्य रूप को लोक संस्कृति का धरातल कहा जा सकता है, जिसमें जनसाधारण की परम्पराएँ, रीति-नीतियाँ, प्रथाएँ, लोक विश्वास आदि समाविष्ट होंगे।"

करनैल सिंह थिंद के अनुसार—"मौखिक संस्कृति ही लोक संस्कृति है। यह एक ऐसा सत्य है, जिसमें लोक समूहों के विचार ढलते हैं। लोक संस्कृति, लोकजीवन की आत्मा है और इसी के द्वारा लोकजीवन के उन सारे संस्कारों को बोध होता है, जिनके द्वारा लोक अपने सामूहिक अथवा सामाजिक जीवन के आदर्शों का निर्णय करते हैं।"

स्पष्टत: हम कह सकते हैं कि लोक संस्कृति, लोक समाज के सम्पूर्ण जीवन का प्रकटीकरण है। लोक और लोक संस्कृति दोनों एक-दूसरे के पूरक हैं। लोक संस्कृति लोकजीवन की आत्मा है।

लोक संस्कृति की विशेषता

1. लोक संस्कृति मनुष्य द्वारा अर्जित होती है। यह पीढ़ी दर पीढ़ी परम्परा रूप में अनवरत रूप से गतिमान रहती है।
2. लोक संस्कृति लिपिबद्ध नहीं होती है।
3. लोक संस्कृति भारत की समृद्ध सांस्कृतिक परम्परा का बेजोड़ हिस्सा है। इसमें लोक का जीवन सौन्दर्य निहित है।
4. लोक संस्कृति लोकजीवन की आत्मा है। यह सम्पूर्ण लोक समाज का प्रतिनिधित्व करती है।

5. लोक संस्कृति के मूल में सामूहिकता और सामाजिकता की भावना संचित है।
6. संसार को सुन्दर, समृद्ध और मानवीय बनाने की प्रक्रिया में लोकसंस्कृति की भूमिका अत्यन्त महत्त्वपूर्ण है। इस संस्कृति में प्रेम, करुणा, मैत्री, परोपकार, दया, संवेदना, सौहार्द, सहानुभूति जैसे मानवीय मूल्य और भाव अन्तर्निहित हैं।
7. लोक संस्कृति अपरिवर्तनशील होती है।
8. मनुष्य तथा समाज के बीच यह स्थायी रूप से विद्यमान रहती है।
9. यह एक अमूल्य धरोहर है, जो आदिकाल से आज तक सतत रूप से प्रवहमान है।
10. लोक संस्कृति हमें अपनी जड़ों से जोड़ती है। हमें एक स्वस्थ जीवन दृष्टि और आत्मिक ऊर्जा प्रदान करती है।
11. लोक संस्कृति का संरक्षण अत्यन्त जरूरी है। लोक संस्कृति के विनष्ट होने का अर्थ है कि उन सारी परम्पराओं और संस्कृति का विलोपन जो किसी प्रान्त अथवा क्षेत्र विशेष में प्रचलित हैं, उनकी सांस्कृतिक पहचान का विलुप्त हो जाना है।
12. लोक संस्कृति में 'श्रद्धा-भक्ति' की प्रधानता है। इसमें तर्क और आश्वासन का कोई स्थान नहीं रहता है।
13. लोक संस्कृति एक मौखिक अभिव्यक्ति है। यह लोकजीवन की आत्मा है।

लोक साहित्य में लोक संस्कृति का चित्रण

लोक साहित्य और लोक संस्कृति में घनिष्ठ सम्बन्ध है। लोक संस्कृति यदि एक विशाल वृक्ष है, तो वहीं लोक साहित्य उसकी एक शाखा है। लोक संस्कृति के सभी दृश्यों का प्रतिबिम्ब हमें लोक साहित्य की प्रत्येक विधाओं में देखने को मिलता है। किसी भी समाज के रहन-सहन, खान-पान, आचार-विचार, व्यवहार, रीति-रिवाज, पर्व, उत्सव, मान्यताएँ, विश्वास, परम्परा, मूल्य, संस्कार आदि का चित्रण लोक साहित्य में ही प्राप्त होता है। इस दृष्टि से लोकगीतों में लोक संस्कृति के विविध रंगों का सुन्दर संयोजन दिखाई पड़ता है। भारतीय परम्परा में पारिवारिक रिश्तों की महत्त्वपूर्ण भूमिका है। हमारी भारतीय परम्परा में ननद और भाभी का सम्बन्ध अत्यन्त स्नेहिल है। ननद अपनी भाभी से शर्त रखती है कि यदि सन्तान के रूप में पुत्र होगा तो उसे अपनी इच्छा के अनुसार नेग देना होगा। इस पर भाभी अपनी ननद से कहती है—

ननद भवजिया का साथ झिलमिल चरखा जो काते
भाबो जी होंगे नन्दलाल, हमें क्या दोगी
मेरे हाथ का कंगन है भारी, वो ही तुमें दूँगी।

लोक समाज में प्रचलित है कि सन्तान के रूप में पुत्र प्राप्ति होने पर पूरे परिवार में एक उत्सव-सा वातावरण सृजित होता है। इस अवसर पर गाये जाने वाले गीतों में परिवार के सभी लोगों के प्रसन्न होने का सन्देश प्राप्त होता है—

चन्दा जैसी चाँदनी, गुलाब जैसा फूल।
सूरज जैसी किरन मोहे, राम दिया ललना॥

पुत्र जन्म होने पर परिवार में आनन्द और मंगल के गीत गाये जाते हैं। लोकगीतों में पुत्र के जन्म होने की सूचना देवताओं और बुजुर्गों को देने का उल्लेख मिलता है—

आँगन में कुइयाँ खनावल पीयर माटी हो।
अरे जाइ रे जगावहु सब देवता लोग, राउर घरे बंस भइलैं हो॥
गया में अनंदै गजावहु सब देवता लोग, राउर घरे बंस भइलैं हो॥
गया में अनंदै गजाधर प्रयाग बेनी माधव हो॥
पूता भइलैं, बंस बाढ़ै, धरती अनंदैले हो।
अरे जाइ जगावहु कवन, राम रउरे घरे नाती भइलैं हो॥

भारतीय लोक संस्कृति में नारी को एक आदर्श, पतिव्रता नारी के रूप में चित्रित किया गया है। वह पति के सुख में ही सुख और उसके दुख में दुख तलाशती है। सीता का राम के प्रति यही मनोभाव और समर्पण लोकगीतों में देखने को मिलता है—

रघुबर संग जइबे, हम न अवध माँ रहिबे।
जो मोरे रघुबर रथ चढ़ि जइहैं, हम पइयाँ चलि जइबे।
हम न अवध माँ रहिबे।
जो मेरे रघुबर पात दसइहैं, हम भुइयाँ परि रहिबे।
हम न अवध माँ रहिबे॥

सावन के गीतों में भाई-बहन के प्रेम का वर्णन देखने को मिलता है। ससुराल में रहने पर भी उनकी स्मृतियों में भाई का प्रेम और उसकी चिन्ता हमेशा बनी रहती है—

सावन सूना भैया बिन हो गया जी
किस्कू बनाऊँ लपझप पूरियाँ जी!

होली का पर्व हिन्दुओं के जीवन संस्कृति में एक विशिष्ट स्थान रखता है। जहाँ एक तरफ इस उत्सव में राग-रंग है, तो वहीं दूसरी तरफ एक स्त्री जिसका पति परदेस में है, वह विरह की अग्नि में जल रही है। वह स्त्री अपने जेठ से अपनी मनोव्यथा को व्यक्त करते हुए कहती है—

जेठ तेरा बाला बीरन परदेश
बिना मारू कैसे कटे दिन-रात!

होली के गीतों में राधा-कृष्ण, शिव-पार्वती तथा राम-सीता आदि देवी-देवताओं का भी उल्लेख मिलता है। इन लोकगीतों में तीज-त्योहारों के अवसर पर देवी-देवताओं का शरीक होना लोक को इन सांस्कृतिक उत्सवों से गहरे स्तर पर जोड़ता है—

होली खेले रघुवीरा अवध में होली खेले,
राम के हाथ कनक पिचकारी, सीता के हाथ अबीर।

इसी प्रकार—*सब रंग भीग आई, तुमै होली किन्ने सिखाई*
राधा किसन मुरारी भर भर मारे पिचकारी तुमै।

बहन के घर भाई का आगमन एक उत्सव की तरह होता है। इस अवसर पर वह अपनी सास से कहती है कि मेरा भाई आया है। अत: मेरे हृदय में प्रसन्नता का अनुभव है। वह अपनी सास से कहती है कि हे सास! तुम मेरे भाई के भोजन के लिए पूरी बनाओ। ए भाटिन तुम गीत गाओ—

आरे आरे जोगिन भाटिन सब कोई गावहु हो।
मोरा जियरा भइल बा हुलास, बीरन मोर आवेले हो।
आरे आरे सासु बढ़इतिन करहिया चढ़ावहु हो।
आजु मोरा जियरा हिलोरे, बीरन मोर आवेले हो।

भारतीय संस्कृति में गुरु की भूमिका अत्यन्त महत्त्वपूर्ण है। इस सांसारिक भव सागर से मुक्ति होती गुरु कृपा और ज्ञान से ही सम्भव है। लोकगीतों में गुरु को जीवन का पथ प्रदर्शक बताया गया है—

इ मनवा फिरत अकेला सदा जिन्दगानी क मेला
कउड़ी-कउड़ी माया जुटाई
संग में न जइहैं धेला
कंकड़ चुनि-चुनि महल बनाई
लोग कहै घर मेरा
सदा जिन्दगानी का मेला
एक एक डाल पर दो दो पक्षी
एक गुरु एक चेला
सदा जिन्दगानी क मेला।

साध पूजने के समय गाये जाने वाले गीतों में स्वप्न से सम्बन्धित गीत भी उपलब्ध हैं। एक बहू जो अनुभवहीन है, वह रात्रि में स्वप्न देखती है और सुबह अपनी सास से उस देखे गए स्वप्न के अर्थ को पूछती है। इन लोकगीतों में प्रकृति

सहजता से अपना स्थान बना लेती है। ये लोकगीत प्रकृति और मनुष्य के प्रेमिल और आत्मीय रिश्तों की कड़ी को मजबूत करते हैं—

सपने में जौ का खेत
हरी-हरी दूब लहरे लेय रे
सासू सपने का अरथ बताओ
सपने में हरी-हरी दूब
जौ का खेत लहरे ले रहया
बहू होंगे तुम्हारे नन्दलाल
जौ का हरा-हरा खेत जो देखिये
सासू किस बिधि होंगे नन्दलाल
इसकू बी हमें बताइये
कोठे में सिर बहू, चुल्ह ही में टाँग
आँखों में पट्टी बाँधिये।

लोक संस्कृति और राष्ट्रीय एकता

लोक साहित्य लोक मन की सरल, सहज व स्वाभाविक अभिव्यक्ति है। लोक साहित्य अपने सद्भाव, मूल्य, परम्परा, संस्कृति और दर्शन के कारण राष्ट्र के नागरिकों के भीतर अपनत्व, राष्ट्रीय प्रेम व एकता का बीजारोपड़ करता है। लोक साहित्य राष्ट्र के प्रत्येक जनपद की लोकभाषा में लोक प्रचलित लोक का साहित्य है। लोक साहित्य में जन-मन की गूँज ध्वनित होती है। उसमें विश्वास है, समर्पण है, प्रकृति के प्रत्येक वस्तु से प्रेम और आत्मीय सम्बन्ध हैं। लोक साहित्य और उसमें अभिव्यक्त लोक संस्कृति में साम्प्रदायिकता, वर्गवाद, सामन्तवाद और असमानता का कोई स्थान नहीं है। लोक साहित्य का मूल प्रयोजन लोक कल्याण है। लोक धर्म की प्रतिष्ठा करना है, जो राष्ट्रीय एकता की जरूरतों को पूरा करता है। लोक में प्रचलित 'आल्हा गायन' में महोबा के दो वीर सपूतों की वीरता व पराक्रम का वर्णन है, जो मातृभूमि के रक्षार्थ पूरी तरह समर्पित हैं। मातृभूमि का गौरव उनकी प्राथमिकता में है। विभिन्न भाषाओं के लोकगीतों में सहिष्णुता, प्रेम, सामाजिक दायित्वबोध, सामाजिक सरोकार, जन और जीवन से लगाव, सांस्कृतिक जुड़ाव आदि का स्वर सुनाई पड़ता है। लोक साहित्य लोक को लोक से भावनात्मक स्तर पर जोड़ता है।

लोकगीतों में भारत की पराधीनता का प्रतिरोध, स्वतंत्रता की आकांक्षा का स्वर ध्वनित होता है। ये लोकगीत भारत के समृद्ध सांस्कृतिक वैभवपूर्ण अतीत से प्रेरणा ग्रहण करते हुए देशवासियों के भीतर राष्ट्रीय प्रेम व राष्ट्रीय एकता की स्थापनाएँ करते हैं। लोक साहित्य की सभी विधाओं में नैतिकता, संस्कार व आदर्श

का अमूल्य सन्देश है, जो राष्ट्र के नागरिकों में चेतना उत्पन्न करता है। लोकगीतों में इतिहास की गहरी झलक देखने को मिलती है। महात्मा गांधी का स्वदेशी और आत्मनिर्भरता का आन्दोलन लोकगीतों में अपनी जगह सहजता से बना लेता है। राष्ट्र के नागरिकों को एक ही छत के नीचे एकजुट होने के लिए प्रेरित करता है—

हुकुम गांधी का निभाओ प्यारी बन्नी
हुकुम गांधी का निभाओ प्यारी बन्नी॥
मोरी बन्नी पहनो सुदेसी साड़ी,
बिदेसी खों वापस करो प्यारी बन्नी
सजन मोए भाबै गांधी बाबा को चरखा॥

गांधी जी द्वारा चरखे पर सूत कातने का प्रसंग अनेक बोलियों में एक जैसा पाया जाता है। विदेशी वस्तुओं के बहिष्कार और स्वदेशी वस्तुओं के प्रयोग को लेकर राष्ट्र के भीतर एकजुटता और चेतना इन लोकगीतों में दिखाई पड़ती है—

छोड़ि देहु वसन विदेसिया, ना पहिरहु,
भारत वासिया हमार॥
चलि गइले अन, धन सगरी विदेसवा,
देखहुँ अँखियाँ पसार॥

बुन्देली लोकगीतों में राष्ट्रीयता का पूरा चिन्तन प्राप्त होता है। उस चिन्तन का मूल लक्ष्य राष्ट्रीय एकता की स्थापना करना है। देश की आजादी के बाद एक अभिनव भारत के लिए सहिष्णुता, समन्वय, शान्ति और सद्भाव की आवश्यकता थी। धर्म, सम्प्रदाय, लिंग, वर्ण, जाति और क्षेत्र के संकुचित मनोविज्ञान को त्यागकर, बिना किसी पूर्वग्रह के देश को अपना देश और देश के लोगों को अपना मानने की आकांक्षा लोक समाज के बीच देखी व सुनी जा सकती है। इस जरूरत को लोक समाज ने गम्भीरता से समझा। यह समझ राष्ट्र को बुनियादी तौर पर मजबूत करता है—

अब पूरी हो गई आस देस की आजादी छाजै।
अब न लड़ाई करियो रसिया, अपने धरम के काजै।
हिलमिल रहियो अब तो रसिया, सबखों गरे लगाइ॥

लोकगीतों, लोककथाओं और लोकगाथाओं में शौर्यगाथाएँ भरी पड़ी हुई हैं। इन शौर्यगाथाओं में वीरता का भाव है। देश की एकता, अखंडता व सद्भाव के लिए 1971 ई. के युद्ध में शहीद वीर कैप्टन अब्दुल हमीद के शौर्य और पराक्रम का वर्णन लोकगीतों में मिलता है। गाजीपुर और मऊ क्षेत्र में प्रचलित इन लोकगीतों में शहीद अब्दुल हमीद को उनके राष्ट्रीय प्रेम, देशभक्ति व राष्ट्रीय चेतना की निर्मिति के लिए याद किया जाता है।

लोकगीतों ने साम्प्रदायिक सद्भाव को प्राथमिकता में स्थान दिया है। किसी भी राष्ट्र की बेहतरी का रास्ता उस देश में अमन-चैन और भाईचारे पर निर्भर करता है। देश में जितना सहिष्णु और सौहार्द का वातावरण होगा, देश उतना ही विकसित और खुशहाल होगा। धार्मिक कट्टरताओं ने केवल नफरत को पैदा किया है। समाज में नकारात्मकता फैलाया है। आवश्यकता है कि माटी, मानुष और मनुष्यता के लिए हमें एकजुट और समन्वयवादी होना चाहिए—

मन्दिर मस्जिद के भेद को भुलावा पिया
जग के बतावा पिया ना
हिन्दू-मुस्लिम महान्, एक माटी के सन्तान
मिलि जुलि एकरा इज्जत के जोगावा पिया
सब मजहब के ऐलान सुन पिया खोली कान
मानवता के बाग को सजावा पिया।

लोकगीतों में किसान और सेना का जवान होना दोनों गर्व की बात है। दोनों की भूमिका देश के उत्थान और विकास में अत्यन्त महत्त्वपूर्ण है। बिहार के लोकगीतों में नारी अपने किसान पति के प्रति वही गर्व का भाव रखती है, जो एक सेना के जवान की पत्नी रखती है। वह एक सैनिक से अपने किसान पति की तुलना करते हुए कहती है—

तोहरो बलमवा के कंधे बन्दूकवा
सीमा के बांका जवान
हमरो बलमवा के कंधे कुदलिया
खेतवा के बाँका जवान।

जब देश के सम्मान पर चोट पहुँचती है। उसकी अस्मिता धूमिल होती है, तब देश की नारियाँ अपने पति को पहले देश चुनने के लिए कहती हैं। जब देश को बलिदान की आवश्यकता होती है, तो किसान की पत्नी उसे सिपाही बनने के लिए प्रेरित करती है—

छोड़ किसानी बाना सैंया बन गइले सिपहिया
कांधा पर बन्दूक सजल वा माथे पगरिया।
छोड़ फिकिरिया खेतवा के खलिहान गेहूँ धनवा के
बिसर गइल ऊ नीक मड़इया बिसरल
गरो सुखवा के
उनकर मनवा बसल देस के सोंधी
सोंधी मटिया।

भोजपुरी के गीतों ने आजादी की लड़ाई में शहीदों के मन में उमंग और उत्साह जगाने में प्रभावी भूमिका निभाई थी। अट्ठारह सौ सत्तावन के स्वतंत्रता संग्राम में

बिहार के कुँवर सिंह ने अपने पराक्रम से ब्रिटिश साम्राज्य की शक्तियों को ध्वस्त कर दिया था। इन लोकगीतों में ऐसे ही विषय को प्रश्रय दिया गया है—

भोजपुर के तप्पा जाग चलल
मस्ती में गावत राग चलल
बाँका सेनानी कुँवर सिंह
आगे फहरावत पाग चलल
खौलल जब खून किसानन के
जागल जब जोश जवानन के
छक्का छूटल अँगरेजन के
गोरे गोरे कपतानन के।

स्वराज्य प्राप्ति के बाद भारत में किसानों का राज्य और समाज में सद्भाव स्थापित होने की परिकल्पना भोजपुरी लोकगीतों में प्रस्तुत की गई है—

हम राज किसान बनइतीं हो
धनी गरीब अमीर सभे के एके राह चलइतीं हो
छुआछूत के भूत भगइतीं सरिता प्रेम बहइतीं हो
हिन्दू-मुस्लिम भाई के हम एके मंत्र पढ़इतीं हो
जब जब जन्म लेतीं भारत में बलिवेदी पर
जइतीं हो।

भारत में आजादी का स्वर्ण विहान वर्षों के संघर्ष का प्रतिफल है। इस आजादी को कायम रखने की जिम्मेदारी हिन्दू और मुसलमान दोनों की है। भोजपुरी लोकगीतों में इसके प्रति चिन्ता देखने को मिलती है। यह तभी सम्भव है, जब देश में सौहार्द और एकता का वर्चस्व हो—

पंद्रह अगस्त सन सैंतालिस को सुराज मिलल,
बड़ा कठिन से ताज मिलल।
सुन ल हिन्दू-मुसलमान भाई
अपने देसवा क कर ल भलाई।
तोहरे हथवा में हिन्द माता के लाज मिलल।

लोक साहित्य में निहित लोक संस्कृति में सामाजिक समरसता और राष्ट्रीय एकता के सभी तत्त्व विद्यमान हैं।

लोक साहित्य का संकलन, संरक्षण एवं संवर्द्धन

लोक साहित्य का संकलन

लोक साहित्य का संकलन, संरक्षण एवं संवर्द्धन एक महत्त्वपूर्ण कार्य है। इनका संकलन, संवर्द्धन एवं संरक्षण करके हम अपनी सांस्कृतिक विरासतों को अक्षुण्ण रख सकते हैं। इस कार्य को भली-भाँति ढंग से सम्पन्न करने के लिए कुछ महत्त्वपूर्ण बातों को ध्यान में रखना अत्यन्त आवश्यक है—

1. प्रत्येक क्षेत्र या अंचल विशेष का लोक साहित्य वहाँ के जनजीवन की संस्कृति का प्रतिनिधित्व करता है। अत: लोक साहित्य का संकलन, संरक्षण एवं संवर्द्धन का प्रयास पूरे मनोयोग एवं धैर्य के साथ सम्पन्न होना चाहिए।
2. लोक साहित्य के संकलनकर्ता को चाहिए कि वह जिस क्षेत्र से सम्बन्धित लोक साहित्य के संकलन और संरक्षण का कार्य सम्पादित कर रहा है, उस अंचल विशेष के प्रत्येक पक्ष की गहरी समझ, सूचना और ज्ञान से उसे समृद्ध रहना चाहिए।
3. लोक साहित्य के संकलनकर्ता को अंचल विशेष की संस्कृति, लोक और उसके व्यवहार के प्रति, किसी भी प्रकार के पूर्वग्रह से मुक्त रहना चाहिए।
4. लोक साहित्य के संकलनकर्ता को अध्ययन के साथ ही आवश्यकतानुसार प्रशिक्षण की भी आवश्यकता होती है। परिस्थिति के अनुसार उसे अपनी व्यावहारिक समझ का प्रयोग करना चाहिए।
5. संकलनकर्ता को स्थानीय भाषा का ज्ञान और समझ होना जरूरी है। अंचल और समुदाय विशेष में प्रचलित शब्दों, लोकोक्तियों एवं मुहावरों के सारगर्भित ज्ञान के लिए स्थानीय भाषा की समझ होना अनिवार्य हो जाता है।
6. संकलनकर्ता लोक साहित्य के संकलन और संरक्षण के लिए जब भी क्षेत्र में जाए, तब उसे हमेशा अपने पास पेन, नोटबुक, टेपरिकॉर्डर और कैमरा रखना चाहिए। लोक साहित्य का संकलन करते समय संग्रहकर्ता

को 'यथा श्रुतम तथा लिखितम' की पद्धति अपनानी चाहिए। इसमें संकलनकर्ता को अपनी तरफ से एक भी शब्द नहीं जोड़ना चाहिए। इससे अर्थ का अनर्थ हो सकता है। संग्रहकर्ता टेपरिकॉर्डर का प्रयोग करके लोक साहित्य के संरक्षण का कार्य भली-भाँति ढंग से कर सकता है। दादी, नानी, बड़े-बुजुर्गों के पास लोकगीत, लोककथाएँ, लोकगाथाओं, लोकसंगीत का विशाल भंडार है। इन सबको संग्रहकर्ता उनकी आवाज में प्रयुक्त धुन और वाद्ययंत्र के साथ रिकॉर्ड कर सकता है।

7. संकलनकर्ता को संकलित पाठ की प्रामाणिकता के लिए चाहिए कि जिन-जिन लोगों से लोक साहित्य का संग्रह करे, उनका नाम, उम्र, पता, व्यवसाय आदि भी दर्ज करे, ताकि उस पाठ के अध्ययन में किसी भी प्रकार की असुविधा न हो।
8. संग्रहकर्ता के मन में किसी भी समुदाय और जाति के प्रति कोई संकीर्णता और भेदभाव नहीं होनी चाहिए। निम्न कही जाने वाली जातियों में दुसाध जाति 'पचरा' गीत गाने में अत्यन्त निपुण है। इसी प्रकार घुमन्तू जातियों के लोग भी अनेक गीतों को गाते हैं। इनके पास लोक साहित्य का अनुपम कोष है। अत: संग्रहकर्ता को बिना किसी पूर्वग्रह के सबके पास खुले मन से जाना चाहिए।
9. ग्रामीण क्षेत्र में प्रचलित विभिन्न प्रकार के रीति-रिवाज, संस्कार और लोक परम्पराएँ प्रचलित हैं। लोक संस्कृति के इन समृद्ध तत्त्वों को फिल्मांकन के जरिये भी सुरक्षित किया जा सकता है। लोक संस्कृति के संकलन के क्रम में यह एक महत्त्वपूर्ण साधन हो सकता है।
10. लोक संस्कृति के संग्रहकर्ता को चाहिए कि वह एक ही विधा के विभिन्न पाठों को संकलित कर ले। उदाहरण के रूप में राजा गोपीचन्द और राजा भरथरी की कथा लोकगाथा के रूप में समस्त उत्तर भारत में प्रचलित है। ढोला-मारू की प्रेमकथा राजस्थान से लेकर भोजपुरी प्रदेश तक गवैयों के मुख से सुनी जा सकती है। यदि इन गीतों के विभिन्न पाठों का संकलन कर लिया जाए तो यह पता चलेगा कि इनके कथानकों में स्थान विशेष के कारण कितना परिवर्तन हो गया है? अत: भाषाशास्त्र की दृष्टि से इन पाठों का संग्रह आवश्यक है।
11. संग्रहकर्ता को चाहिए कि वह प्रत्येक गाँव में तीज-त्योहार, मेले, उत्सव, पूजा-पाठ, संस्कार सम्बन्धी कार्यों में एक सामान्य ग्रामीण जन की तरह अपनी सहभागिता सुनिश्चित करे। चीजों को देखे, समझे और आवश्यक चीजों को लिपिबद्ध करते हुए उसे व्यवस्थित रूप देने का प्रयास करे।

12. इन अवसरों पर होने वाले विभिन्न लोकाचारों एवं कार्यक्रमों में यदि किसी बात को समझने में कठिनाई का अनुभव हो तो उसे वहाँ के स्थानीय लोगों की सहायता से समझने का प्रयास किया जाए।
13. गाँव के चौपाल और खेत-खलिहानों पर जा करके वहाँ के ग्रामीण जनों से सम्पर्क करके भी लोक साहित्य से जुड़ी महत्त्वपूर्ण साहित्यिक सामग्री को संकलित किया जा सकता है।
14. संग्रहकर्ता जब किसी लोक कलाकार, गायक या सामान्य ग्रामीण जन से कोई लोकगीत, लोककथा या लोकगाथा को सुन रहा हो तो उसे धीरज के साथ सुनना चाहिए। किसी बात के न समझ आने पर उसे बीच में कभी टोकना नहीं चाहिए। अपितु अन्त में उसे अपनी समस्या से जुड़े प्रश्न पूछने चाहिए। साथ ही वह अपनी गायकी में, किस्से-कहानियों में जिस तरह के शब्दों का प्रयोग कर रहा है, उसे ज्यों का त्यों प्रयोग करना चाहिए। उसमें किसी प्रकार का संशोधन नहीं करना चाहिए। जैसे—यदि उसने अपनी बात में 'नखलऊ' शब्द का प्रयोग किया हो तो उसे 'नखलऊ' ही प्रयोग करना चाहिए। अपनी तरफ से संशोधित करते हुए 'लखनऊ' नहीं लिपिबद्ध करना चाहिए।
15. गाँवों में भिक्षावृत्ति के लिए आने वाले लोगों के पास लोक साहित्य और लोक संगीत से जुड़ी हुई अनेक सामग्रियाँ प्राप्त हो सकती हैं। वे ढपली, इकतारा, बीन, ढोलक, डमरू, डफ तथा चिकाड़ा जैसे वाद्ययंत्रों के सहारे गीत गाते हैं। इनमें लोक कला के ढेर सारे तत्त्व प्राप्त हो सकते हैं। अत: संग्रहकर्ता को इन सबसे भी सम्पर्क करना चाहिए।
16. गाँव के ओझा, सोखा, पुरोहित, मुखिया, भोपे आदि के पास गाँव के रीति-रिवाज, लोक परम्पराएँ, प्रथाएँ, किस्से-कहानियों की ढेर सारी सामग्रियाँ होती हैं। संग्रहकर्ता को इन सबके मध्य जाना चाहिए। वहाँ से लोक साहित्य से जुड़ी हुई तमाम सामग्री संकलित की जा सकती है।

लोक साहित्य का संरक्षण

लोक साहित्य के संकलन के उपरान्त संग्रहकर्ता के सामने सबसे बड़ी चुनौती उसके संरक्षण को लेकर होती है। लोक साहित्य लोक की एक अत्यन्त महत्त्वपूर्ण सम्पदा है। इस सम्पदा को सुरक्षित करके ही हम भावी पीढ़ियों को इस सांस्कृतिक गौरव और मूल्यबोध से समृद्ध कर सकते हैं। प्रसिद्ध भाषाविद् सुनीति कुमार चटर्जी ने लोक साहित्य के संग्रहकर्ताओं के सन्दर्भ में कहा था—"जो लोग लोक साहित्य का संग्रह कर रहे हैं, वे भावी भाषाशास्त्रियों के लिए अमूल्य सामग्री उपस्थित कर

रहे हैं। लोकगीतों, गाथाओं और कथाओं में व्यवहृत शब्दों की निरुक्ति का पता लगाने पर भाषाशास्त्र सम्बन्धी अनेक गुत्थियाँ सुलझाई जा सकती हैं। इनमें प्रचलित शब्दों के द्वारा हिन्दी के अनेक शब्दों की विकास परम्परा को हम वैदिक संस्कृत से जोड़ सकते हैं।" लोक साहित्य का संरक्षण एक नैतिक व सांस्कृतिक कर्तव्य है। कर्नल टॉड और 'एशियाटिक सोसाइटी ऑफ बंगाल' से शुरू हुआ लोक साहित्य के संकलन और संरक्षण का कार्य आज अपने उन्नत रूप में अग्रसर है। लोक साहित्य के संकलन और संरक्षण की दिशा में बंगाल में डॉ. दिनेशचन्द्र सेन, बिहार में राय बहादुर शरच्चन्द्र राय, उत्तर प्रदेश में पं. रामनरेश त्रिपाठी, जगदीश प्रसाद पीयूष, गुजरात में झबेर चन्द्र मेघाणी, राजस्थान में देवीलाल सामर, विजयदान देथा, मोतीलाल मेनारिया तथा त्रिपुरा में डॉ. मिलनरानी जमातिया आदि का इस दिशा में महत्त्वपूर्ण योगदान है।

लोक साहित्य के संरक्षण में डॉ. वासुदेवशरण अग्रवाल एवं पं. बनारसीदास चतुर्वेदी की भूमिका अत्यन्त महत्त्वपूर्ण रही है। वर्ष 1944 ई. में पं. बनारसीदास चतुर्वेदी की प्रेरणा तथा अथक प्रयास से ओरछा राज्य की राजधानी टीकमगढ़ में 'लोकवार्तापरिषद्' की स्थापना हुई थी, जिसका उद्देश्य लोक साहित्य तथा लोक संस्कृति के विविध अंगों का संकलन, सम्पादन एवं प्रकाशन करना था। 'लोकवार्तापरिषद्' के तत्त्वावधान में 'लोकवार्ता' नामक एक त्रैमासिक पत्रिका का प्रकाशन भी होता था, जिसका सम्पादन श्री कृष्णानन्द जी गुप्त द्वारा होता था। यह पत्रिका पाँच-छह अंकों के बाद बन्द हो गई थी। पं. बनारसीदास चतुर्वेदी द्वारा 'मधुकर' नामक पत्रिका प्रकाशित होती थी। बुन्देलखंडी लोक साहित्य के संरक्षण में इस पत्रिका का अभूतपूर्व योगदान था। पं. रामनरेश त्रिपाठी का लोक साहित्य के संकलन व संरक्षण में महत्त्वपूर्ण योगदान रहा है। पं. रामनरेश त्रिपाठी ने दिन-रात भारत के विविध प्रान्तों का भ्रमण करके लोकगीतों के संकलन का अभूतपूर्व कार्य किया। वर्ष 1929 ई. में 'कविता कौमुदी' नामक ग्रन्थ का प्रकाशन हुआ। यह ग्रन्थ कुल पाँच भागों में प्रकाशित हुआ। इस ग्रन्थ में उत्तर प्रदेश तथा पश्चिमी बिहार के लोकगीतों का संकलन है। इन्होंने 'हमारा ग्राम साहित्य' नामक ग्रन्थ भी लिखा, जिसमें लोकगीतों, कहावतों एवं मुहावरों का संकलन है।

वर्तमान समय में लोक साहित्य के संकलन व संवर्द्धन की दिशा में काफी प्रयास किये जा रहे हैं। लोक साहित्य के प्रति जिज्ञासा, अकादमिक प्रयास धीरे-धीरे अपनी निरन्तरता की ओर अग्रसर हैं। व्यक्तिगत एवं सांस्थानिक स्तर पर लोक साहित्य के संरक्षण व उसके अभिलेखन का प्रयास किया जा रहा है। आज देश भर के विश्वविद्यालयों में लोक साहित्य पर शोध, संगोष्ठियाँ एवं कार्यशालाएँ आयोजित की जा रही हैं। उन पर परियोजना कार्य सम्पादित किया जा रहा है। साहित्यिक जगत् से जुड़ी हुई पत्रिकाओं में लोक साहित्य पर विशेषांक तथा 'स्तम्भ लेख' के

अन्तर्गत शोधलेख भी प्रकाशित किये जा रहे हैं। इस दिशा में सरकारी, निजी एवं स्वयंसेवी संस्थाओं का प्रयास भी प्रशंसनीय है। सुभाषचन्द्र कुशवाहा के सम्पादन में 'लोकरंग', पीयूष दइया के सम्पादन में 'लोकविद्या', रायपुर से प्रकाशित होने वाली 'मड़ई', उदयपुर की त्रैमासिक पत्रिका 'रंगायन' तथा जोधपुर से डॉ. जयपाल सिंह के सम्पादन में प्रकाशित पत्रिका 'लूर' का लोक साहित्य के संरक्षण एवं संवर्द्धन में महत्त्वपूर्ण अवदान है।

सम्पूर्ण भारतीय भाषाओं के लोक साहित्य के मध्य परस्पर संवाद आज के समय की सबसे बड़ी जरूरत है। ताकि भारतीय साहित्य, विश्व साहित्य एवं तुलनात्मक साहित्य जैसी अवधारणाओं के सन्दर्भ में लोक साहित्य के सन्दर्भों को बखूबी समझा जा सके। मानव विज्ञान तथा जन संस्कृति के वैज्ञानिक अध्ययन के लिए इनका संकलन आवश्यक है। अतएव लोक साहित्य का संकलन और उसका संवर्द्धन एक आवश्यक व महत्त्वपूर्ण रचनात्मक प्रक्रिया है।

राष्ट्रीय जीवन में लोक साहित्य का महत्त्व

लोक साहित्य लोकजीवन की अभिव्यक्ति है। शिष्ट साहित्य की तरह लोक साहित्य का भी जीवन में अत्यन्त महत्त्वपूर्ण स्थान है। लोक साहित्य, लोकजीवन के साथ ही देश की सामाजिक, आर्थिक, राजनीतिक एवं सांस्कृतिक परिस्थितियों के ज्ञान परम्परा से हमें समृद्ध करती हैं। लोक साहित्य में स्थानीयता के रंग, संस्कृति, इतिहास के साथ ही उसमें भौगोलिक ज्ञान दर्ज होता है। लोक साहित्य का अध्ययन, चिन्तन और मनन करने का अभिप्राय विभिन्न प्रान्तों की बोलियों, भाषाओं के ज्ञान और उसमें संचित लोक मूल्यों को आत्मसात करना है।

किसी देश की सभ्यता और संस्कृति, उसके समाज के प्राचीन स्वरूप को जानने और समझने में लोक साहित्य एक रचनात्मक साधन के रूप में महत्त्वपूर्ण है। लोककथाओं, लोकगाथाओं और लोकगीतों में स्थानीयता के रंग के साथ ही स्थानीय इतिहास की भी झलक देखने को मिलती है।

लोक साहित्य का सामाजिक महत्त्व

लोक साहित्य की विभिन्न विधाओं यथा—लोककथा, लोकगाथा, लोकगीत, लोकसंगीत तथा लोकनाट्य के जरिये लोक की संरचना, लोक का मनोविज्ञान, उसका जीवन संघर्ष, रीति-रिवाज, परम्परा, संस्कृति, इतिहास, दर्शन, धर्म, आध्यत्मिकता, मूल्य, विचार, संवेदना, स्वप्न, आशा, आकांक्षा का प्रतिबिम्ब हम लोक साहित्य से प्राप्त कर सकते हैं। भारत की सामाजिक संरचना और उसकी असल तस्वीर हम

लोक साहित्य में तलाश सकते हैं। जन्म से मृत्यु तक के षोडश संस्कार परम्परा लोकगीतों में हमें सहजता से मिलते है। इसमें जीवन के हर रंग समाहित हैं। खेती-बाड़ी से लेकर रिश्ते-नातों तक की एक विकसित समझ हमें इन्हीं लोकगीतों में प्राप्त होती है। व्रत, तीज-त्योहार, अनुष्ठान एवं संस्कार की दृष्टि से लोक साहित्य एक समृद्ध कोष के रूप में हम सबके लिए एक बहुमूल्य सांस्कृतिक धरोहर है। लोक साहित्य का समाजशास्त्रीय दृष्टि से अध्ययन लोक समाज के विविध नवीन पक्षों का एक बृहत् उद्घाटन करता है। मध्य प्रदेश की आदिवासी जातियों में एक गीत प्रचलित है—"यदि तुम मेरे जीवन की सच्ची कहानी जानना चाहते हो, तो मेरे गीतों को सुनो!" इनमें स्त्रियों का सुख-दुख और संघर्ष लिपिबद्ध है। प्रकृति का मनुष्य के प्रति प्रेमिल रिश्ता रेखांकित हुआ है। लोक साहित्य में समाज की जो तस्वीर मिलती है, वह सभ्य, श्लील और मर्यादित है। रिश्तों में प्रेम, स्निग्धता और भावनाओं का माधुर्य है, तो कहीं तिक्तता, खटास और मतभेद भी है।

भारतीय समाज में कन्या के जन्म लेते ही माँ-बाप के मन में बेटी के विवाह को लेकर चिन्ताएँ अपना घर बनाने लगती हैं। ऐसी ही चिन्ता भोजपुरी लोकगीतों में दिखाई पड़ती है—

पुरुब में खोजलों बेटी, पछीमों खोजलों,
खोजलों सहर गुजरात बिटिया।
तोरे जोग बेटी हो बर नाहीं मिलले
कइसे करिबे कन्यादान बिटिया॥

इसी तरह स्त्री जीवन की त्रासद कहानी और उसके मानसिक यंत्रणा का प्रतिबिम्ब हमें भोजपुरी लोकगीतों में मिलता है। अनमेल विवाह से एक स्त्री के जीवन में उपजे दर्द और उसके प्रतिरोध की चेतना भिखारी ठाकुर के लोकगीतों में दिखाई पड़ती है—

कवन कसूर कइली, बूढ़ से विवाह कइल
सौदा में काहें के ठगइल, हे बाबूजी।
बभना के पोथी जरौ, नउवा के बजर टूटौ
अगुआ के मुबो जेठ, पुतवा हे बाबूजी।

इसी तरह भारतीय समाज में निःसन्तान स्त्री के दुख भी कम नहीं हैं। निःसन्तानता उसके लिए अभिशाप बन जाता है, जिसके कारण उसे नारकीय स्थितियों से होकर गुजरना पड़ता है—

सासु मोरी कहेली बंझिनियाँ, ननद ब्रजबासिनी हो।
रामा जिनके मैं बारी रे बिआही ऊहो घर से निकसलनि हो॥

सम्पूर्ण समाज का मनोविज्ञान और स्थिति को सम्यक् ढंग से समझने के लिए लोक साहित्य का अपना विशिष्ट महत्त्व है। अत: हम कह सकते हैं कि सामाजिक दृष्टि से लोक साहित्य का अवदान अत्यन्त बहुमूल्य है।

लोक साहित्य का आर्थिक महत्त्व

लोक साहित्य आर्थिक महत्त्व की दृष्टि से अत्यन्त बेजोड़ है। लोकगीतों में समाज की आर्थिक स्थिति का भली-भाँति चित्रण है। भोजपुरी प्रदेश के लोग व्यापार करने के लिए पूर्व देश (बंगाल या बर्मा) जाते थे और बारह वर्षों के लम्बे अन्तराल के उपरान्त धन कमाकर लौटते थे। कोई स्त्री कहती है कि मेरा पति व्यापार करने के लिए पूर्व देश की ओर जा रहा है। अब मेरे उजड़े हुए घर को कौन छावेगा?

पियवा जे चलेले उत्तर बनजरिया, कि केइ रे छइहें ना
मोरा उजड़ल बँगलवा कि केइ रे छइहें ना।

समाज में आर्थिक चुनौतियाँ भी विद्यमान थीं। इस चुनौती का सामना पुरुष के साथ स्त्री भी कर रही थी। लोकगीतों में इसका प्रतिबिम्ब दिखाई पड़ता है। भोजपुरी झूमर गीतों में सोने की थाली में भोजन परोसने का उल्लेख बार-बार मिलता है। परदेश गए पति को लक्षित करके पत्नी कहती है—

सोने के थाली में जेवनाँ परोसलों
जेवना न जेवें अलबेला
बलमु कलकत्ता निकल गयो जी॥

लोक साहित्य में आर्थिक जीवन संघर्ष का प्रतिबिम्ब झलकता है। निम्न, गरीब व वंचित समाज के सामने भूख, अकाल, अभाव जैसी आर्थिक चुनौतियाँ हैं। ग्रामीण समाज की एक-एक ऐसी ही गरीब स्त्री की मनोदशा लोकगीतों में अभिव्यक्त हुई है। इन लोकगीतों में आर्थिक असमानता से उपजा दर्द मुखरित हुआ है—

कातिक है सखि पुण्य महीना, सखि
सब कोइ पहिने पाट पटंबर
हम सखि गुदरी पुरान है।
पूस हे सखि ओस पड़ि गेल,
मीजि गेल लामी लामी केरा है।
जाड़ा दे, तन सुइ सन छन छन
थर थर काँपइ करेज हे।

लोक साहित्य का सांस्कृतिक महत्त्व

लोक साहित्य जनता के हृदय के उद्‌गार हैं। इसका सांस्कृतिक पक्ष अत्यन्त व्यापक है। विश्व की संस्कृतियाँ कैसे उत्पन्न हुईं? कैसी पनपीं? इस रहस्य की कहानी अथवा इतिहास लोक साहित्य के सम्यक् अध्ययन से ही हम प्राप्त कर सकते हैं। लोक साहित्य में विभिन्न संस्कृतियों का स्वरूप, उसका वैशिष्ट्य और दर्शन निहित है। काका कालेलकर ने कहा था—"लोक साहित्य के अध्ययन से, उसके उद्धार से हम कृत्रिमता का कवच तोड़ सकेंगे और स्वाभाविकता की शुद्ध हवा में फिरने-डोलने की शक्ति प्राप्त कर सकेंगे। स्वाभाविकता से ही आत्मशुद्धि सम्भव है।"

लोक साहित्य का ऐतिहासिक महत्त्व

लोक साहित्य के अध्ययन से हम प्राचीन ऐतिहासिक परिस्थितियों, घटनाओं तथा स्थानीय इतिहास की जानकारी प्राप्त कर सकते हैं। किसी देश व समाज के प्राचीन रूप को बेहतर ढंग से समझने के लिए लोक साहित्य एक अनुपम दस्तावेज है। इसमें ऐतिहासिक घटनाओं का वर्णन इतिहास की भाँति न होकर सामान्य जनता के ध्यान, समझ व दृष्टिकोण को रखकर किया जाता है। लोकगीतों, लोककथाओं व लोकगाथाओं में स्थानीय इतिहास की झलक देखने को मिलती है। हिन्दी क्षेत्र की विविध भाषाओं के लोक साहित्य में उन्नीसवीं शताब्दी के नवजागरण और बीसवीं शताब्दी के स्वाधीनता आन्दोलन के विविध पहलुओं के साथ-साथ देश विभाजन और स्वतंत्रता प्राप्ति की घटना लिपिबद्ध है। लोकगीतों में भारत की पराधीनता और देश की आजादी का स्वप्न देखने को मिलता है—

सिर पर लीहल आजादी गगरिया,
डगरिया सम्हरि के चलिहा ना।
एक कुँअना पर दु पनिहारिनि,
एक ओर खींचें हिन्दुस्तानी,
एक ओर पाकिस्तानी,
डगरिया सम्हरि के चलिहा ना।

लोकगीतों में ब्रिटिश साम्राज्यवाद के विरुद्ध आक्रोश का स्वर सुनाई पड़ता है। ब्रिटिश औपनिवेशिक भारत की गरीबी, भुखमरी, बेकारी व आर्थिक-सामाजिक दुर्दशा का चित्र इन लोकगीतों में स्पष्ट रूप से दिखाई पड़ता है—

होइ गइले कंगाल हो विदेसी तोरे रजवा में।
सोनवा के थाली जहवाँ जेवना जेवत रहली।

कठवा के डोकिया के होइ गइल मुहाल हो।
भारत के लोग आज दाना बिन तरसै भइया।
लन्दन के कुत्ता उड़ावे मजा माल हो॥

बिहार और पूर्वी उत्तर प्रदेश के लोकगीतों में युवकों से आग्रह किया गया कि वे मातृभूमि की रक्षा के लिए अपने यौवन के जोश, उमंग व साहस का प्रयोग कर देश को पराधीनता की बेड़ियों से मुक्त कर दें—

मातृभूमि तो खोज रहल बा, गरम खून कुर्बानी के।
हे भारत के लाल दिखावा जौहर अपन जवानी के॥

बिहार का भोजपुर मंडल अपनी वीरता के लिए प्रख्यात है। शत्रुओं का दमन करने की ढेरों कहानियाँ इस क्षेत्र में प्रचलित हैं। सन् 1857 के भारत के प्रथम स्वतंत्रता संग्राम में बिहार के भोजपुर क्षेत्र के आरा जिले के पास जगदीशपुर गाँव में जन्मे बाबू कुँवर सिंह ने अंग्रेजों को अपने अदम्य साहस से पराजित कर दिया था। देश की आजादी उनका सपना था। अस्सी वर्ष की अवस्था में वे अन्याय और पराधीनता के खिलाफ संघर्ष करते रहे। इन सबका उल्लेख भोजपुरी लोकगीतों में स्पष्टत: मिलता है—

लिखि लिखि पतिया के भेजलन कुँवरसिंह,
ए सुन अमरसिंह भाय हो राम।
चमड़ा टोड़वा दाँत से हो काटे कि,
छतरी के धरम नसाय हो राम॥
बाबू कुँवरसिंह और भाई अमरसिंह
दोनों अपने हैं भाय हो राम।
बतिया के कारण से बाबू कुँवरसिंह,
फिरंगी से हो रेढ़ बढ़ाय हो राम॥
दानापुर से जब सजलक हो कम्पू,
कोइलवर में रहे छाय हो राम।
लाख गोला तुहुँ कै गनि के मरिहौं,
छोड़ बरहरवा के राज हो राम॥
रोवत बाड़े बाबू हो कुँअरसिंह,
मुखवा पर धर के रूमाल हो राम।
ले ली लड़इया हम तो बूढ़ा हो समय में,
अब कवन होइहे हवाल हो राम।

भारतीय इतिहास से जुड़ी तमाम घटनाओं को लोकगीतों में पिरोया गया है। वर्ष 1947 ई. में वर्षों के संघर्ष के उपरान्त भारत को मिली आजादी के साथ भारत-पाकिस्तान विभाजन और उसकी पीड़ा इन लोकगीतों में सहजता से छलकती है—

सन् सैंतालिस में देसवा आजाद भइलैं।
विलग भइलैं हिन्दू-पाकिस्तानी जी॥
दे के पाकिस्तान गांधी लेहनैं हिन्दुस्तनवा हो।
तब ले अंबेडकर हठ ठानी जी॥

नैतिक मूल्य की दृष्टि से लोक साहित्य का महत्त्व

नैतिक मूल्य की दृष्टि से लोक साहित्य का अनुपम महत्त्व है। लोक साहित्य की सभी विधा—लोकगीत, लोककथा, लोकगाथा, लोकसंगीत, लोकनाट्य आदि में नैतिक मूल्यों का समावेश है। लोक साहित्य लोक मंगल, सदाचार व आचरण की शुद्धता आदि की सर्वत्र प्रतिष्ठा करता है। संत साधिका कुसुमा देवी ने तालाब में डूबकर मुगलों से अपने सतीत्व की रक्षा किया था। इसी प्रकार भोजपुरी लोकगीतों में एक कहावत प्रचलित है—"भाई के चोट अवरु केहुनी के चोट न सहाला।" अर्थात् भाई और कुहनी का चोट असह्य होता है। भोजपुरी का एक लोकगीत बहुत प्रसिद्ध है, जिसमें एक स्त्री स्वयं को नहीं परिवार को महत्त्व देती है। दूसरे को सुख देने में ही सौभाग्य और शान्ति मानती है—

ए राम ताही गेहुँआ खइहें मोरी सासु
ते ससुर देवरवा खइहें हो राम।
ए राम कहे मोरा खइहें रस रोटिया त
हम परथनिया खइबे हो राम॥

अर्थात् सास, ससुर, देवर और पति रोटी खाएँगे। मैं रोटी बनाने के लिए प्रयुक्त होने वाला पयथन ही खा लूँगी।

भाषा विज्ञान की दृष्टि से लोक साहित्य का महत्त्व

भाषा विज्ञान की दृष्टि से लोक साहित्य का विशेष महत्त्व है। लोक साहित्य के अध्ययन से यह ज्ञात हो सकता है कि विभिन्न ग्रामीण अंचलों में किस प्रकार की बोली और भाषा का प्रचलन था। उन भाषाओं के विकास की परम्परा क्या रही है? तथा आधुनिक भाषा के निर्माण में उनकी क्या भूमिका रही है? लोक साहित्य

में कथ्य को सरल, सहज ढंग से अभिव्यक्त करने के लिए लोकोक्तियों, पहेलियों, मुहावरों, सूक्तियों और सुभाषितों का प्रयोग किया गया है। इनका अध्ययन करके हम एक बृहत् ज्ञान राशि से समृद्ध होने के साथ ही एक समृद्ध शब्द भंडार तथा नये-नये शब्दों, मुहावरों, लोकोक्तियों और कहावतों के ग्रहण से हमारी भाषा की सम्प्रेषण शक्ति में वृद्धि होगी। जैसे लोक में प्रचलित एक मुहावरा है—'आग में मूतना'। अर्थात् अधिक अत्याचार करना।

लोककथाओं, लोकगीतों एवं लोकगाथाओं में व्यापक शब्द सम्पत्ति निहित है। इसका अध्ययन भाषा विज्ञान के लिए एक महती उपलब्धि होगी। सर अब्राह्म जार्ज ग्रियर्सन ने भोजपुरी लोकगीतों के सन्दर्भ में कहा था—"ये लोकगीत उस खान के समान है जिसके खोदने का कार्य अभी आरम्भ नहीं हुआ है। इन गीतों की प्रत्येक पंक्ति में ऐसी विशेषता है जिससे भाषाशास्त्र सम्बन्धी अनेक समस्या हल की जा सकती है।" लोक साहित्य में जटिल से जटिल भावों की सफल अभिव्यक्ति के लिए सरल से सरल सटीक शब्दों का प्रयोग किया गया है। इन शब्दों की व्युत्पत्ति का अध्ययन रोचक और महत्त्वपूर्ण हो सकता है।

लोक साहित्य की विविध विधाएँ

लोकगीत

लोक साहित्य में लोकगीतों का स्थान अत्यन्त महत्त्वपूर्ण है। लोकगीत लोक के गीत हैं। यह समूचे लोक की सम्पत्ति है। साधारणत: लोक में प्रचलित लोक द्वारा रचित गीतों को ही लोकगीत कहा जाता है। इसमें लोकमन की सहज भावनात्मक अभिव्यक्ति होती है। लोकगीतों के सन्दर्भ में राष्ट्रपिता महात्मा गांधी ने कहा था—"लोकगीतों में धरती गाती है, फसलें गाती हैं, उत्सव और मेले, ऋतुएँ और परम्पराएँ गाती हैं।" लोकजीवन के सारे तत्त्व लोकगीतों में निहित होते हैं। लोकगीतों के सन्दर्भ में प्रसिद्ध साहित्यकार देवेन्द्र सत्यार्थी ने कहा था—"जीवन के सुख, जीवन के दुख, ये हैं लोकगीत के बीज।" 'कविता कौमुदी' में संकलित लाला लाजपत राय का लोकगीतों के सन्दर्भ में उनकी टिप्पणी अत्यन्त महत्त्वपूर्ण है—"देश का सच्चा इतिहास और उसका नैतिक और सामाजिक आदर्श इन गीतों में ऐसा सुरक्षित है कि इनका नाश हमारे लिए दुर्भाग्य की बात होगी।"

लोकगीतों के सन्दर्भ में डॉ. कृष्णदेव उपाध्याय का विचार है—"लोकजीवन का सुन्दरतम प्रतिबिम्ब लोकगीत और लोक संगीत में दिखाई पड़ता है। क्योंकि लोकगीतों में शब्दों और स्वरों के चयन में कृत्रिमता का अभाव रहता है। इनमें लोकजीवन का सीधा-सादा चित्र भी रहता है, लोकगीत सरल, सुन्दर, अनुभूतिमय तथा संगीतमय होते हैं। कदाचित् ही कोई ऐसा लोकगीत हो जो संगीत से अनुप्राणित न हुआ हो।" लोकगीतों में स्वर, लय या ध्वनि का इतना महत्त्व होता है कि उसके अभाव में लोकगीत के सौन्दर्य के स्वरूप की कल्पना नहीं की जा सकती है।

पाश्चात्य विद्वान ग्रिम ने लोकगीतों को परिभाषित करते हुए कहा है—"A ballad is the poetry of the people, for the people." अर्थात् लोकगीत जनता का, जनता के द्वारा रचा गया जन काव्य है। इसी प्रकार पाश्चात्य विद्वान राल्फ विलियन्स ने लोकगीतों के सन्दर्भ में कहा है—"लोकगीत न पुराना होता है और न नया। वह तो उस जंगली पेड़ की तरह होता है जिसकी जड़ें अतीत की गहराई में घुसी होती हैं, परन्तु जिनमें नित नई शाखाएँ, नई पत्तियाँ और नये फल निकलते रहते हैं।"

लोकगीतों के प्रकार

डॉ. कृष्णदेव उपाध्याय ने लोकगीतों को विषय वस्तु के आधार पर 6 श्रेणियों में विभक्त किया है—

1. संस्कार सम्बन्धी लोकगीत
2. ऋतु सम्बन्धी लोकगीत
3. व्रत सम्बन्धी लोकगीत
4. देवता सम्बन्धी लोकगीत
5. जाति सम्बन्धी लोकगीत
6. श्रम सम्बन्धी लोकगीत

संस्कार सम्बन्धी लोकगीत : इसमें जन्म, अन्न प्राशन संस्कार, मुंडन, यज्ञोपवीत संस्कार, विवाह, गौना आदि विषयों से सम्बन्धित लोकगीत होते हैं। ब्रज में श्रीकृष्ण के जन्मोत्सव पर बधाई गीत गाये जाते हैं। ब्रज में नंद के द्वारे बधाई के गीत गाये जाते हैं—

ब्रज में बाजत बधाई अरी मैं सुनकर आई, मैं सुनकर आई।
नंद दुलारे दुलारे नौबत बाजे रे बाजे शहनाई।
रतन जड़ित चन्दन पालने पर सोहे कृष्ण कन्हाई।
ब्रज में बाजत बधाई अरी मैं सुनकर आई, मैं सुनकर आई।
भर भर थाल में मोगरा बेला मालिनिया ले आई।
बन्दनवार बना फूलन से ड्योढ़ी दई सजाई।
ब्रज में बाजत बधाई अरी मैं सुनकर आई, मैं सुनकर आई।

यह लोकगीत बच्चे के जन्म पर गाया जाता है। इस गीत को गाने में ढोलक का प्रयोग किया जाता है।

'सोहर गीत' घर में सन्तान होने की खुशी में गाया जाने वाला एक मंगल गीत है। सोहर गीतों में राम और कृष्ण के जन्म कथा का सुन्दर अंकन भी है। राम के जन्मोत्सव 'रामनवमी' एवं कृष्ण के जन्मोत्सव 'कृष्ण जन्माष्टमी' के अवसर पर सोहर गाने की एक समृद्ध परम्परा रही है। मगही भाषा में सोहर का एक उदाहरण है, जिसमें ननद भतीजे के होने पर अपनी भाभी से नेग माँगती है—

साड़ी न लहँगा लहरदार लेबो भउजो हे।
चोली न अँगिया बूटेदार लेबो भउजो हे॥
कंगना न लेबो, पहुँची न लेबो।
बाला ते लेबो चमकदार, सुनु भउजो हे॥
रुपया न लेबो, अठन्नी न लेबो।

गिन्नी ते लेबो हम हजार, सुनु भउजो हे॥
चानी न लेबो, सोना न लेबो।
हम लेबो गिनि गिनि लाल, सुनु भउजो हे॥
जुग जुग जीओ भउजो, तोहरो होरिलवा।
जुग जुग बढ़ो अहिबात, सुनो भउजो हे॥

मुंडन संस्कार : सोलह संस्कारों में मुंडन एक प्रमुख संस्कार है। जब बच्चा बड़ा हो जाता है, तब उसका मुंडन किया जाता है। यह संस्कार जन्म के पहले, तीसरे, पाँचवें और सातवें वर्ष में किया जाता है। यह संस्कार किसी देव स्थान या किसी पवित्र नदी के किनारे सम्पन्न होता है। इस अवसर पर जो लोकगीत गाये जाते हैं, उनमें बच्चे के उत्तम जीवन और सौभाग्य के लिए मंगलमय प्रार्थना, दीर्घ जीवन की कामना, पिता और भाई से बच्चे के मुंडन के लिए नेग माँगने आदि विषयक गीत होते हैं। बच्चे के बारह वर्ष के हो जाने पर एक स्त्री अपने पति से बच्चे के मुंडन संस्कार के लिए कहती है—

आरे आरे स्वामी कवन राजा
कहल कुछु मानहु हो।
बारह बरिस के लाल भये,
तुहु मुंडन करावहु हो॥

यज्ञोपवीत गीत : सोलह संस्कारों में यह भी एक प्रमुख संस्कार है। प्राचीनकाल में इन संस्कारों का बड़ा महत्त्व था। आज भी यह संस्कार ब्राह्मण, क्षत्रिय और वैश्य समाज में बड़े धूमधाम से होता है। यज्ञोपवीत को 'जनेऊ' कहा जाता है। इसे 'उपनयन' भी कहते हैं। 'उपनयन' का शाब्दिक अर्थ है—'वह संस्कार जिसके द्वारा छात्र गुरु के समीप लाया जाता है—

उपनीयते गुरुसमीपं प्रापयते अनेनेति उपनयनम्।

कृष्ण और बलराम के यज्ञोपवीत संस्कार का वर्णन 'सूरसागर' में किया गया है—

आजु परम दिन मंगलकारी।
लोक लोक की टीकौ आयौ, मुदित सकल नर-नारी।

जनेऊ के गीतों में विधि-विधान का वर्णन पाया जाता है। ब्रह्मचारी बालक जिसे बटुक कहा जाता है, वह मूंज की करधनी और पलाश के दंड धारण करता है। स्त्री को माता कहकर सम्बोधित करता है। तीन बार भिक्षा माँगने की प्रार्थना करता

है। वह विद्या अध्ययन के लिए गुरुकुल, काशी या कश्मीर जाता है। यज्ञोपवीत से सम्बन्धित एक लोकगीत इस प्रकार है—

पाँच सखी आहो मीलिके
हरदी चढ़ावहु हमरा लाल के।
बारहो बाजन बजाई के
हरदी चढ़ावहु हमरा लाल के॥

विवाह गीत : सोलह संस्कारों में विवाह एक प्रमुख संस्कार है। विवाह के अवसर पर जो लोकगीत गाये जाते हैं, उन्हें 'विवाह लोकगीत' कहा जाता है। विवाह के गीत कन्या और वर दोनों के घरों में गाये जाते हैं। जिस दिन वर का तिलक का कार्यक्रम प्रारम्भ होता है, उस दिन से विवाह गीत शुरू हो जाता है। वर पक्ष की तरफ से गाये जाने वाले गीतों में उमंग और उल्लास का जहाँ भाव होता है, वहीं कन्या पक्ष की तरफ से गाये जाने वाले गीतों में वियोग, विषाद और दुख की छाप आसानी से देखी जा सकती है। विवाह के अवसर पर अनेक प्रक़ार के गीत गाये जाते हैं। जैसे—तिलक के गीत, हल्दी के गीत, मातृ पूजा के गीत, सगुन के गीत, द्वारचार के गीत, विदाई के गीत, बारात की विदाई का गीत आदि।

विवाह गीतों का विषय विविध है। इसमें कन्या के विवाह की चिन्ता, योग्य व सुन्दर वर के तलाश की चिन्ता, बेटी के परायी हो जाने की विवशता, बेटी के बारात आने की चिन्ता आदि का वर्णन इन गीतों में मिलता है। विवाह गीतों में बन्ना-बन्नी गीतों की बहुलता है। इन गीतों में कन्या विदाई का दृश्य अत्यन्त मार्मिक होता है। मैथिली विवाह गीत का एक दृश्य ऐसा ही है—

जेहि घर आहो बाबा कन्या कुमारि,
सेहो कैसे सुतय निचिंत।

अवधी का एक लोकगीत अत्यन्त मार्मिक व भावुक कर देने वाला है—

मोह न छोड़यो मोर महतारी।
एक कोखि के भैया बहिनिया
एकहि दूध पियायो महतारी
मोह न छोड़यो मोर महतारी॥
भैया के भए बाजै अनद बधैया।
हमरे भए काहे रोयो महतारी?
मोह न छोड़यो मोर महतारी॥
भैया का दिह्मो मैया लाली चौपरिया।
हमका दिह्मो परदेस महतारी

मोह न छोड़यो मोर महतारी॥
सँकरी गलिय होई के डोला जो निकरा।
छूटा आपन देस महतारी
मोह न छोड़यो मोर महतारी॥

गौना के गीत : विवाहोपरान्त की यह रस्म है। इसमें विवाह के बाद वर-वधू की विदाई कराकर अपने घर लाता है। इसे 'द्विरागमन' भी कहते हैं। कुछ लोगों के यहाँ विवाह के साथ कन्या की विदाई नहीं सहती है। इसलिए गौना या गवना की रस्म निभाई जाती है। यह विवाह के बाद वधू का ससुराल में प्रथम आगमन होता है। इस अवसर पर वर के साथ उसके सगे-सम्बन्धी वधू की विदाई कराने जाते हैं। इस अवसर पर जो गीत गाये जाते हैं, उन्हें 'गवना या गौना गीत' कहा जाता है। एक नवविवाहिता अपने मन की आकांक्षा व्यक्त करते हुए कहती है—

फाल्गुन में ब्याह रचइयो,
बैसाख में गौना करइयो,
भाभी तीजो पे लियो बुलाय,
रसीले दोऊ नैना।

मृत्यु गीत : जन्म और मृत्यु दोनों शाश्वत हैं। भारतीय धर्म, दर्शन एवं चिन्तन परम्परा में 'षोडश संस्कार' का उल्लेख मिलता है। इन सोलह संस्कारों में मृत्यु भी एक महत्त्वपूर्ण संस्कार है। महाकवि कालिदास ने लिखा है—"मरणं प्रकृति: शरीरिणाम्। विकृति:जीवन मुच्यते बुधै।" अर्थात् मृत्यु मनुष्य की प्रकृति है और जीवन को विकृति समझना चाहिए। मृत्यु मानव जीवन का अन्तिम संस्कार है। पूरी दुनिया में यह संस्कार किसी-न-किसी रूप में सम्पादित किया जाता है। मृत्यु गीत में पीड़ा व वेदना की झलक देखने को मिलती है। यह गीत दो रूपों में होता है। एक में मृत व्यक्ति के गुणों एवं उसकी तमाम अच्छाइयों का वर्णन होता है, तो दूसरी तरफ उसकी मृत्यु से परिवार जनों में उत्पन्न कष्ट, दुख व संत्रास का उल्लेख होता है। परदेस पैसा कमाने गए पति की मृत्यु हो जाए, घर की जिम्मेदारियों का बोझ उठाने वाले की मृत्यु हो जाए या किसी अबोध बच्चे की मृत्यु हो या अकाल किसी की मृत्यु हो जाए तब ऐसे मृत्यु गीत स्त्रियों के भीतर से स्वत: उत्पन्न हो जाते हैं। पति की परदेस में मृत्यु होने की खबर सुनकर विलाप करती स्त्री का एक ऐसा ही दुख भोजपुरी में 'मृत्यु गीत' के रूप में है—

हम नाहीं जनलीं विदेसवा में मरिहे
नाहीं त जाए ना दिहिती ऐ रामा।

अब कै हमार दिनवा पार लगाई ऐ रामा।
कवन घटवा हम लागबि ऐ रामा॥

इन गीतों में एक साथ स्त्री जीवन के सम्पूर्ण दर्द, वेदना व संघर्ष की अभिव्यक्ति हुई है। स्त्री मनोविज्ञान समझने में इन लोकगीतों की बड़ी महती भूमिका है।

ऋतु सम्बन्धी लोकगीत : बारहमासा, फाल्गुन, वसन्त, चौमासा आदि गीत इसी श्रेणी में आते हैं। खेती-किसानी से सम्बन्धित जैसे—बीज बोने, फसल पकने, फसल काटने, पिसाई इत्यादि से सम्बन्धित गीत इसमें शामिल होते हैं।

1. कजली लोकगीत : कजली उत्तर प्रदेश का एक प्रमुख लोकगीत है। यह गीत सावन मास में गाया जाता है। इस समय पूरी प्रकृति हरीतिमा से सम्पन्न होती है। चारों तरफ एक मनमोहक वातावरण प्रकृति द्वारा सृजित होता है। ऐसा माना जाता है कि श्रावण मास में वर्षा ऋतु में आकाश में छाए काले बादल काजल के समान प्रतीत होते है। इसी काजल से 'कजली' या 'कजरी' शब्द बना है। सावन के महीने में भारत के प्रत्येक गाँव में बाग में झूले लगाये जाते हैं, जिस पर स्त्री और पुरुष दोनों झूला झूलते हैं। मिथिला अंचल में 'मलार' और राजस्थान में 'हिंडोले' इसी के अन्तर्गत आते हैं। मिर्जापुर की कजली अत्यन्त प्रसिद्ध है। इस सन्दर्भ में एक लोकोक्ति भी प्रचलित है—

लीला रामनगर की भारी, कजली मिर्जापुर सरनाम।

प्रेम और श्रृंगार कजली के प्रमुख विषय हैं। इन गीतों में श्रृंगार के संयोग और वियोग दोनों पक्षों की अभिव्यक्ति हुई है। लेकिन इसमें प्रधानता संयोग पक्ष की ही है। इन गीतों में कहीं पति और पत्नी के मध्य माधुर्य सम्बन्धों की सर्जना है, तो कहीं पति के वियोग में संतप्त स्त्री मन का स्वर है। कजली का एक उदाहरण है—

हरि बिन जियरा मोरा तरसे, सावन बरसै घनघोर।
रूम झूम नभ बादर आए, चहुँ दिसि बोले मोर।
रैन अँधेरी रिमझिम बरसै, डरपै जियरा मोर॥

2. होली : फाल्गुन मास में होली के अवसर पर जो गीत गाये जाते हैं, उन्हें 'होली' कहा जाता है। फाल्गुन मास में गाये जाने के कारण इसे 'फगुआ' भी कहा जाता है। मैथिली में इन गीतों को 'फाग' कहा जाता है। इन गीतों में प्रेम और मस्ती का स्वर है। ये गीत जनता का मनोरंजन करते हैं। इन गीतों में कहीं राधा-कृष्ण का होली खेलते हुए दृश्य का चित्रण है, तो कहीं भगवान शिव द्वारा होली खेलने का तथा कहीं राम और सीता द्वारा एक-दूसरे पर गुलाल डालने का मनमोहक बिम्ब निहित है। ये गीत जनता को आनन्द के रस में सराबोर कर देते

हैं। ब्रज की होली तो पूरी दुनिया में प्रसिद्ध है। उत्तर प्रदेश में होली ढोलक, झाल बजाकर गायी जाती है। होली का गीत वसन्त से शुरू होकर पूरे फाल्गुन मास तक चलता रहता है।

ब्रज की होरी का एक उदाहरण है—

आज बिरज में होरी रे रसिया
होरी रे रसिया बरजोरी रे रसिया।
उड़त गुलाल लाल भये बादर,
केसर रंग में बोरी रे रसिया।
बाजत ताल मृदंग झाँझ डफ,
और मजीरन जोरी रे रसिया॥

3. चैता : चैत्र मास में गाये जाने वाले गीतों को 'चैता' कहा जाता है। मैथिली में इन गीतों को 'चैतवार' कहा जाता है। भोजपुरी में इन्हें 'घाटो' कहा जाता है। चैता प्रेम के गीत हैं। इसमें श्रृंगार के संयोग एवं वियोग दोनों पक्षों की अभिव्यक्ति हुई है। इन गीतों में पति-पत्नी का प्रेम, वियोग, कलह, आलसी पति को सूर्योदय के उपरान्त जगाने आदि का वर्णन देखने को मिलता है।

मैथिली चैता का एक उदाहरण है—

चैत बीति जयतइ हो रामा
तब पिया की करे अयतइ।
आरे अमुआ मोजर गेल,
फरि गेल टिकोरवा
डारे-पाते भेल मतलवा हो रामा॥

अर्थात् विरहिणी स्त्री अपनी व्यथा व्यक्त करते हुए कह रही है कि जब चैत मास बीत जाएगा, तब मेरा मूर्ख पति घर आकर क्या करेगा? आम के बौर में टिकोरे निकल आए, टहनी-टहनी में रस का संचार हो गया है, लेकिन तुम नहीं आए।

4. बारहमासा : 'बारहमासा' उन गीतों को कहा जाता है, जिसमें वर्ष के बारह महीने का वर्णन होता है। बारहमासा प्राय: वर्षा ऋतु में गाया जाता है। ग्रामीण समाज में ये गीत अत्यन्त लोकप्रिय हैं। इसमें वर्ष के बारह महीनों का सुख-दुख एक साथ दिखाई पड़ने लगता है। बारहमासा में विप्रलम्भ श्रृंगार का वर्णन प्रधान रूप से पाया जाता है। इसमें प्रिय के विदेश गमन से उपजे दुख और वेदना का भाव, परदेश जाने से रोकने के लिए पति से प्रार्थना की अनुगूँज सुनाई पड़ती है। मैथिली लोकगीतों में बारहमासा का स्थान विशिष्ट व महत्त्वपूर्ण

है। हिन्दी साहित्य में जायसी ने अपने प्रबन्धकाव्य 'पद्मावत' में बारहमासा का वर्णन किया है। जायसी 'पद्मावत' में नागमती वियोग वर्णन में बारहमासा का वर्णन करते हुए कहते हैं—

चढ़ा असाढ़ गगन घन गाजा।
साजा बिरह दुंद दल बाजा॥
धूम धाम, धौरे घन धाए।
सेज धजा बग पाँति देखाए।

अर्थात् आसाढ़ का महीना आ गया है, आकाश में बादलों की घोर गर्जना होने लगी है। इस समय रानी नागमति को प्रतीत होता है कि विरह ने अपनी सेना सजाकर युद्ध के नगाड़े बजा दिये हैं। आकाश रूपी रणक्षेत्र में धूमिल, श्यामल, धवल रंग के बादल रूपी योद्धा इधर से उधर दौड़ने लगे हैं। बगुलों की श्वेत पंक्ति ही मानो आकाश में फहराती हुई श्वेत पताका है।

व्रत सम्बन्धी लोकगीत : भारत एक बहुलतावादी धर्म और संस्कृति से सम्पन्न राष्ट्र है। विभिन्न धर्मों के लोग अपने पर्व और तीज-त्योहारों को उत्साह से मनाते हैं। व्रत और पूजा-पाठ का आयोजन करते हैं। ये यब भारतीय जनजीवन में उमंग, उल्लास व आनन्द की सर्जना करते हैं। जीवन को एक सुदृढ़ आधार, सांस्कृतिक गौरवबोध तथा आध्यात्मिक शान्ति व ऊर्जा प्रदान करते हैं। इन सभी पर्वों से लोक गहराई से जुड़ता है। इन पर्वों पर गीत गाने की एक समृद्ध परम्परा भी रही है। ऐसे व्रत सम्बन्धी लोकगीत प्रमुख हैं—

1. नागपंचमी के गीत : नागपंचमी का पर्व हिन्दुओं का एक प्रमुख पर्व है। श्रावण शुक्ल की पंचमी को नागपूजा का विधान है। इसलिए इसे 'नागपंचमी' कहा जाता है। इस दिन घर की स्त्रियाँ प्रातःकाल शुद्ध होकर घर के मुख्य द्वार पर नाग की आकृतियाँ बनाती हैं। एक कटोरे में दूध और धान का लावा नाग देवता के लिए किसी एकान्त स्थान पर रख दिया जाता है। लोक में यह प्रचलित है कि इस दिन नाग देवता का आगमन होता है और दूध पीते हैं। इस दिन जो नाग देवता की पूजा करते हैं, उन्हें सर्प दंश का भय नहीं होता है। भारत में नाग पूजा की परम्परा बहुत प्राचीनकाल से रही है। भारत के बंगाल प्रान्त में नागों की अधिष्ठात्री मनसा देवी की पूजा-अर्चना का प्रचार-प्रसार है। देवी की उपासना में सैकड़ों ग्रन्थ स्तुति रूप में रचे गए हैं।

2. गोधन : 'गोधन' शब्द 'गोवर्द्धन' का अपभ्रंश है। कार्तिक शुक्ल पक्ष की प्रतिपदा को 'गोधन' का व्रत किया जाता है। पूर्वी उत्तर प्रदेश में इस दिन गाय के गोबर से इन्द्र देव की प्रतिमा बनाई जाती है। स्त्रियाँ इसे मूसल से कूटती हैं। इसे गोधन कूटना कहते हैं। कृष्ण ने इन्द्र के गर्व को चूर किया था। गोवर्द्धन पूजा की

यह परम्परा इसी का संकेतक है। इस अवसर पर गाये जाने वाले गीतों में भाई-बहन का प्रेम निहित है।

3. पिंडिया : पिंडिया का व्रत कार्तिक शुक्ल प्रतिपदा से प्रारम्भ होकर अगहन शुक्ल प्रतिपदा पूरे मास तक रहता है। इस दिन गोवर्द्धन पूजा में गाय के गोबर से जो प्रतिमा बनाई जाती है, उसी का कुछ अंश लेकर कुँवारी लड़कियाँ पिंडिया बनाती हैं। पिंडिया का अर्थ है—'गोबर का बना हुआ छोटा पिंड।' घर की दीवार पर छोटी-छोटी सैकड़ों मनुष्य की आकृतियाँ बनाई जाती हैं। उस पर आटे और रंग से चित्र बनाया जाता है। इस पूरी प्रक्रिया को पिंडिया लगाना कहते हैं। इस अवसर पर जो गीत गाये जाते हैं, उन्हें 'पिंडिया गीत' कहा जाता है। इन गीतों में भाई-बहन का प्रेम व सौहार्द निहित होता है।

4. छठी माता के गीत : छठ पूजा बिहार और पूर्वी उत्तर प्रदेश में धूमधाम से मनाया जाने वाला एक प्रमुख पर्व है। अब इस पर्व के रंग में पूरा देश रंग गया है। छठी मैया का व्रत कार्तिक मास की शुक्ल पक्ष की षष्ठी तिथि को किया जाता है। यह पर्व प्रतिवर्ष दीपावली पर्व के छह दिन के बाद मनाया जाता है। इस दौरान घर की साफ-सफाई से लेकर घाट तक की साफ-सफाई की जाती है। इस पर्व में डूबते हुए सूर्य की उपासना की जाती है। यह व्रत स्त्रियों का है। इसे 'षष्ठी व्रत' भी कहा जाता है। स्त्रियाँ यह व्रत पुत्र की मंगल कामना और परिवार की सुख-समृद्धि के लिए करती हैं। छठ पर्व में लोकगीतों का बहुत महत्त्वपूर्ण स्थान है। छठी माता से प्रार्थना का एक गीत है, जिसमें बहू अपनी सास से पुत्र पैदा करने का उपाय पूछती है—

मोहि तोहि पुछिला मायरि हो
कवना तपे पवलु गनपति सुत
कातिक मासे कतिकी छठि कइलों,
अगहन कइलो अवतार बड़े ही जेठ को जवाब नाहि दिहली,
ओह तपे पवली होसियार॥

अर्थात् पुत्रवधू अपनी सास से पूछ रही है कि तुमने कौन-सी तपस्या की है जिसके कारण तुम्हें गनपति जैसा पुत्र पैदा हुआ है। सास उत्तर देते हुए कहती है कि कार्तिक मास में मैंने छठी माता का व्रत किया था और अगहन में रविवार का। मैंने कभी अपने से बड़े लोगों को उत्तर नहीं दिया। इसी कारण गनपति के समान चतुर पुत्र पैदा हुआ।

व्रती छठी माता से छठ पूजा करने की अपनी प्रतिबद्धता दर्शाती है—

कबहूँ ना छूटी छठ मइया, हमनी से वरत तोहार।
तोहरे भरोसा हमनी के, छूटी नाहीं छठ के त्योहार॥

जाति गीत : विभिन्न जातियों—अहीर, धोबी, चमार, तेली, नट, वनराजा, मुंडा, ओराव, संथाल आदि के द्वारा गाये जाने वाले गीत 'जाति गीत' कहलाते हैं। कुछ प्रमुख 'जाति गीत' निम्नवत् हैं—

1. अहीर गीत : अहीरों का प्रमुख लोकगीत 'विरहा' है। यह अहीर जाति का जातीय गान है। अहीर जातियों के यहाँ विवाह के अवसर पर यह लोकगीत गाने की प्रतियोगिता होती है। इसमें जो जितना अधिक 'विरहा' गाता है, उसी की विजय सुनिश्चित होती है। इस गीत को बहुत उमंगं व उत्साह के साथ गाया जाता है। 'विरहा' विरह से उत्पन्न हुआ है जिसमें लोगों की सामाजिक वेदना को आसानी से दर्शाया गया है। श्रोतागण मनोरंजन के साथ-साथ गीत का भी आनन्द लेते हैं।

2. दुसाधों के गीत : दुसाध जाति के लोग 'पचरा' नामक लोकगीत गाते हैं। दुसाध जाति के लोगों के यहाँ जब कोई बीमार पड़ जाता है अथवा भूत-प्रेत की बाधा से घिर जाता है, तब उस जाति के सबसे बूढ़े व्यक्ति को इस समस्या के निस्तारण के लिए बुलाया जाता है। वह देवी से प्रार्थना करते हुए 'पचरा' गीत गाता है। गीत गाने का यह क्रम कई दिनों तक चलता है और प्राय: यह माना जाता है कि अन्त में रोगी निरोगी हो जाता है।

3. गोंडों के गीत : गोंड पूर्वी उत्तर प्रदेश के जिलों में पाई जाने वाली एक जनजाति है। ये लोग विवाह आदि के अवसर पर एक विशेष प्रकार का नृत्य करते हैं जिसे 'गोड़ऊँ नाच' कहा जाता है। इसमें नृत्य के साथ-साथ गीत भी गाये जाते हैं। पूर्वांचल के गोरखपुर, बलिया और देवरिया जिले में 'गोड़ऊँ नाच' बहुत प्रसिद्ध है। इसमें नृत्य का प्रमुख भाग 'हरबोल' कहा जाता है। जो लोग अभिनय करते हैं उसे 'हरबोलाई' कहा जाता है। इस नृत्य में भक्ति और श्रृंगार के गीतों का समावेश होता है।

श्रमगीत : लोकगीतों में 'श्रमगीतों' का अत्यन्त महत्त्वपूर्ण स्थान है। इन गीतों में श्रम की भावना से सम्बन्धित गीत होते हैं। श्रमगीत जीवन को संजीवनी प्रदान करते हैं। श्रम करते समय थकान का अनुभव न हो या श्रम के उपरान्त थकान मिटाने के लिए जो गीत गाये जाते हैं, उन्हें 'श्रमगीत' कहा जाता है। इन श्रमगीतों में कर्म का सौन्दर्य और कर्म करने की प्रेरणा का गुण विद्यमान है। पैदल यात्री गीत गाकर अपनी थकान मिटाते हैं, तो पालकी ढोने वाले कहार रास्ते को तय करने के लिए गीत गाते हैं। मजदूर गीत गाकर जहाँ अपनी थकान मिटाते हैं, तो वहीं चरवाहे मवेशी चराते हुए गीत गाते हैं। जैसे जाँत पीसते समय, कोल्हू पेरते समय, चरखा कातते समय, धान रोपते समय, कुएँ से पानी भरते समय, गाय-भैंस चराते समय, नाव खेते समय, धोबियों द्वारा कपड़े धोते समय, पैदल अथवा सामूहिक यात्रा करते समय श्रमगीत गाये जाते हैं। कुछ प्रमुख श्रमगीत निम्नवत् हैं—

1. जाँत के गीत : चक्की पीसते समय जो गीत महिलाओं द्वारा गाये जाते हैं। उन्हें 'जाँत गीत' कहा जाता है। इन गीतों में स्त्री जीवन संघर्ष व उसकी मनोदशा का भावपूर्ण वर्णन होता है। जैसे सास द्वारा बहू की प्रताड़ना, नि:सन्तान स्त्री का दुख, विधवा स्त्री का विलाप, पति वियोग आदि का चित्रण इन गीतों में दिखाई पड़ता है। इन गीतों में करुण रस की प्रमुखता होती है। भोजपुरी में जाँत के गीत का उदाहरण इस प्रकार है—

भारी भइले राम अँखिया
अमरा मोजरि गइले महुआ टपकलें।
कत दिन बटिया जोहइबे रे लोभिया॥
भारी भइले।

अर्थात् हे राम! मेरी आँखें राह देखते-देखते थककर भारी हो रही हैं। आम में मंजरी निकल आई है, महुए के फूल टपकने लगे हैं। हे धन के लोभी मेरे प्रियतम! मुझे और कितने दिन तुम्हारी प्रतीक्षा करनी होगी?

2. रोपनी के गीत : रोपनी के गीत खेत में धान बोते समय गाये जाते हैं। वर्षा ऋतु में धान के बीज किसी खेत में बो दिये जाते हैं। जब धान के पौधे रोपनुमा तैयार हो जाते हैं, तब इन्हें उखाड़कर दूसरे खेत में लाकर रोप दिया जाता है। इस अवसर पर जो गीत गाये जाते हैं, उन्हें ही 'रोपनी गीत' कहा जाता है। यह कार्य श्रमिक वर्ग की महिलाएँ विशेष रूप से करती हैं। गृहस्थ जीवन का चित्रण इन गीतों में विशेष रूप से दिखाई पड़ता है। इन गीतों में स्त्री मन की पीड़ा, संघर्ष, चुनौती का स्वर और प्रेम की झलक देखने को मिलती है। रोपनी गीत में धान लगाते समय स्त्रियाँ ससुराल के कष्ट और दुखों को गीतों में पिरोते हुए अपनी मानसिक व्यथा का वर्णन करते हुए कहती हैं—

जहिया से अइली पिया तोहरी महलिया में,
रात दिन कइली टहलिया रे पियवा॥
घर के करत काम सूखल देही के चाम।
सुखवा सा पाना वा होई गइले रे पियवा॥

अर्थात् स्त्री कहती है—"ऐ पति! जब से मैं तुम्हारे घर आई हूँ, तब से मैं रात-दिन काम कर रही हूँ। घर का काम करते-करते मेरे शरीर का चमड़ा सूख गया है और सुख स्वप्न के समान अत्यन्त दुर्लभ हो गया है।" इसी तरह वे अपने पति से शिकायती स्वर में कहती है—

चिपरी के पाथि-पाथि दिन हम काटिब।
अब नाहीं आइबि तोर दुअरिया रे पियवा॥

अर्थात् "मैं उपले पाथ-पाथ करके अपना दिन काट लूँगी, लेकिन तुम्हारे दरवाजे नहीं आऊँगी।"

इसी तरह अवधी में रोपनी का एक लोकगीत है—

रिमझिम बरसे पनियाँ, आवा चली धान रोपै धनियाँ।
लहरत बा तलवा में पनियाँ, आवा चली धान रोपै धनियाँ।

3. सोहनी के गीत : खेत में व्यर्थ के घास-फूस और खरपतवार को उखाड़कर फेंकने को 'निराना' या 'सेहना' कहा जाता है। इस अवसर पर जो गीत गाये जाते हैं, वे 'सोहनी गीत' कहलाते हैं। वर्षा ऋतु में आषाढ़ मास में बोये गए खेतों में जब फसल उग आती है, उस समय खेतों में घास-फूस और खरपतवार जमा हो जाती है। इनको काटते समय महिलाएँ जो गीत गाती हैं, उसे 'सोहनी' अथवा 'निरवाही गीत' कहा जाता है। इन गीतों में स्त्री जीवन की संवेदनात्मक स्थिति का मार्मिक चित्रण होता है। सोहनी के गीतों में मुगलों के अत्याचार का वर्णन है, तो कहीं उनसे युद्ध कर किसी वीर पुरुष के द्वारा किसी स्त्री के उद्धार का, कहीं सास और बहू के मध्य पारस्परिक कलह का और पति द्वारा पत्नी के चरित्र पर सन्देह जैसी स्थितियों का वर्णन हुआ है।

फिरू चलु फिरू बबुआ अब घरवा हो।
बिरही कोइलिया सेजिया बोले हो राम॥

लोकगीतों की विशेषता

1. लोकगीतों में मानव मन की सहज भावनात्मक अभिव्यक्ति होती है। लोकगीत जीवन के तमाम संघर्षों के मध्य उल्लास की तलाश करता है।
2. लोकगीत कृत्रिमता व औपचारिकता के स्थान पर सहज जीवन की अभिव्यक्ति को प्राथमिकता देते हैं। यह समाज में प्रचलित सर्वसाधारण धुनों पर आधारित होता है।
3. लोकगीतों का उद्‌भव यथार्थ के धरातल पर होता है। वह जीवनानुभवों पर आधारित होता है।
4. लोकगीतों में अपनी संस्कृति और परम्परा के प्रति अनुराग व उदात्त भावना निहित होती है।
5. लोकगीतों में भारतीय संस्कृति की मूल चेतना 'वसुधैव कुटुम्बकम्' की भावना अन्तर्निहित है।
6. लोकगीत मनुष्य के सुख-दुख, राग-रंग, परम्परा, संस्कृति, मूल्य, जीवन व सौन्दर्यबोध का संचित कोश है।

7. ग्राम्य संस्कृति का सौन्दर्यबोध व जीवन दर्शन लोकगीतों की सांस्कृतिक विरासत है। अधिकांश लोकगीत उत्सव, पर्व, तीज-त्योहार और विशेष अवसरों से सम्बन्धित होते हैं।
8. लोकगीत हमारे अंचल विशेष की संस्कृति के संवाहक होते हैं।
9. लोकगीतों में लोक मन और लोकजीवन का सुन्दरतम रूप दिखाई पड़ता है। इसमें देशीपन और देशज का गुण संचित है।
10. लोकगीतों में सामूहिकता, सामाजिकता व समष्टि चेतना का दर्शन निहित होता है। यह सब मिलकर मानवता, आत्मीयता व एकता की सर्जना करते हैं।

लोकगाथा

'लोकगाथा' लोकसाहित्य की एक प्रमुख व प्रभावशाली विधा है। लोकसाहित्य की अन्य विधाओं की भाँति लोकगाथा का उत्स लोकमानस ही है। अंग्रेजी में इसके लिए 'बैलेड' शब्द का प्रयोग किया जाता है। बैलेड (Ballad) शब्द की व्युत्पत्ति लैटिन भाषा के शब्द 'बैलारे' (Ballare) शब्द से हुई है। जिसका अभिप्राय है—'नाचना'। 'एनसाइक्लोपीडिया ऑफ ब्रिटेनिका' के अनुसार—"बैलेड एक ऐसी परम्परा का नाम है, जिसका स्त्रष्टा अज्ञात हो, जिसमें सामान्य आख्यान हो, सरल मौखिक परम्परा हेतु उपयुक्त हो तथा ललित कला के सौष्ठव से रहित हो। वस्तुत: लोकगाथा वह कथा है, जो गीतों के माध्यम से कही गई हो। यह गीतात्मक कथानक है।" लोकगाथा में कथा की प्रधानता के साथ ही गेयता का भी गुण विद्यमान होता है। अर्थात् इसमें कथात्मकता और गीतात्मकता दोनों का समावेश होता है। साधारणत: लोकगाथा लोक प्रसिद्ध व्यक्तियों के जीवन से जुड़ी होती है। मौखिक रूप से संगीत की लयात्मक टेक के साथ गाई जाती है। लोकगाथा को विद्वानों ने 'लोक महाकाव्य' की संज्ञा प्रदान की है। लोकगाथाओं में प्रेम, वीरता व रोमांच की प्रमुखता होती है। लोकगाथा कथात्मक, गीतात्मक तथा लोककंठ पर आधारित वह प्रबन्धकाव्य है, जिसका रचयिता अज्ञात होता है। लोकगाथाएँ जनमानस का मनोरंजन व ज्ञानवर्द्धन दोनों करती हैं। यह लोक समाज का अमर साहित्य है, जो कि वाणी के रूप में लोक कंठों में समाया हुआ है।

विश्व की अनेक भाषाओं में लोकगाथा के लिए भिन्न-भिन्न शब्द प्रयुक्त होते हैं। 'हिन्दी साहित्य के बृहत् इतिहास' के अनुसार रूसी भाषा में 'विलीना', स्पेनिश में 'रोमांश', डेनिश में 'वाईज', यूक्रेन भाषा में 'डूमी' और सर्वियन भाषा में 'पेस्मी' के नाम से प्रसिद्ध है।" भारतीय भाषाओं में भी लोकगाथा के लिए अनेक शब्द प्रचलित हैं। उदाहरण के तौर पर इसे गुजरात में 'कथागीत', महाराष्ट्र

में 'पंवाड़ा', असमिया में 'मालिता', डोगरी में 'कारक', मैथिली में 'लोकगाथा', राजस्थानी में 'गीत कथा', 'पवाड़ा', ब्रज में 'प्रबन्ध गीत', 'पवारा', कन्नौज में 'साको', मराठी और छत्तीसगढ़ में 'पंवाडा', मालवी में 'पवाड़ों', भोजपुरी और मगही में 'लोकगाथा', 'पंवारा', तेलुगु में 'चारित्रिक गेयामुलु', 'वीर गीतमुलु', मलयालम में 'वडक्कन पाट्टुकल', कन्नड़ में 'कथन गीत' तथा तमिल में 'कदै पाडल' आदि नाम प्रचलित है।

लोकगाथाओं की विशेषता

1. लोकगाथाओं में जनजीवन की झाँकी संचित है। यह पीढ़ी दर पीढ़ी मौखिक परम्परा में जीवित व सुरक्षित रहती है। लोकगाथाओं का रचयिता अज्ञात होता है। इसलिए यह सम्पूर्ण समाज की सम्पत्ति होती है। हीर-राँझा, ढोला-मारू, गोपीचन्द-राजा भरथरी आदि की अनेक लोकगाथाएँ उत्तर भारत में प्रचलित है।
2. लोकगाथाओं का कोई मूल, प्रामाणिक तथा विशुद्ध पाठ नहीं होता है। लोकगाथा सम्पूर्ण समुदाय की सम्मिलित रचना है। इसमें समय के साथ-साथ लोक कवियों द्वारा इतना परिवर्तन कर दिया जाता है कि इसके मूल स्वरूप और लेखक का पता लगाना कठिन हो जाता है। नये पद जोड़ दिये जाते हैं। कुछ पुराने पद निकाल दिये जाते हैं। इन लोककथाओं की भाषा और पात्रों के नाम में भी परिवर्तन आ जाता है।
3. 'सर्व धर्म समभाव' लोकगाथाओं की अद्वितीय विशिष्टता है। इस प्रवृत्ति ने लोक मन को समाज से जोड़ने का प्रेमिल कार्य किया है।
4. आंचलिकता लोकगाथाओं की अनुपम विशिष्टता है। लोकगाथाओं में प्रत्येक प्रदेश और अंचल की सम्पूर्ण विशेषताएँ समृद्ध रूप से सुरक्षित रहती है।
5. लोकगाथाओं में लोक प्रचलित जन भाषा का प्रयोग किया गया है। यह भाषा कृत्रिमता व आडम्बर से मुक्त हैं।
6. लोकगाथाओं में इतिहास और कल्पना का सम्मिश्रण होता है। इसमें ऐतिहासिक तत्त्वों का अभाव पाया जाता है, लेकिन कल्पना प्रचुर मात्रा में पाई जाती है। इसका शिल्प विन्यास सरल, सहज व प्रभावी होता है।
7. लोकगाथा का नायक सर्वगुणसम्पन्न होता है। इसका नायक साहसी, पराक्रमी, उदार व दयालु प्रवृत्ति का होता है। वह अपनी शक्तियों से शत्रुओं को परास्त कर विजयश्री प्राप्त करता है। शोषित व पीड़ित

समाज को अत्याचार व दुख से मुक्ति दिलाता है। वह उद्धारक के रूप में प्रस्तुत होता है।

8. लोकगाथाओं ने मनुष्य व समाज को संस्कारित व विवेकशील बनाने का लक्ष्य केन्द्रित करते हुए महान् उद्देश्य, जीवन दर्शन, नैतिक मूल्यों व जीवन सत्य की स्थापनाएँ की हैं।
9. लोकगाथाओं में देशज शब्दों के साथ-साथ लोकोक्तियों एवं मुहावरों का सुन्दर व सफल प्रयोग है। इसमें भाषा एवं संवेदना के स्तर पर स्थानीयता के रंगों का समावेश भी देखने को मिलता है।
10. लोकगाथाओं का अन्त सुखान्त होता है, जो समाज पर अपना गहरा व अमिट प्रभाव छोड़ता है।
11. प्रेम, संवेदना, सौन्दर्य, साहस, नैतिकता, मूल्य, सरोकार, बलिदान, दया, धर्म आदि लोकगाथाओं के विषय हैं। इन विषयों ने जीवन में सामाजिकता, सरोकार, व मानवीय गौरव की स्थापनाएँ की हैं।
12. लोकगाथाओं में स्थानीयता का विशेष प्रभाव रहता है। स्थान विशेष की भाषा, रहन-सहन, खान-पान, परिधान, जीवन संस्कृति, कला, सामाजिक परम्परा, प्रथाएँ, ऋतुएँ, ऐतिहासिक घटनाएँ, मूल्य एवं विचार आदि वर्णित होते हैं।
13. लोकगाथाएँ मनुष्य को उपदेश नहीं देती हैं। ये लोक नायक के जीवन चरित के माध्यम से हमारे भीतर शौर्य, भक्ति और श्रृंगार की भावनाएँ जगाते हैं। इनसे आत्मबल प्राप्त होता है। हमारे भीतर चेतना की नई ऊर्जा जन्म लेती है।
14. लम्बा कथानक लोकगाथाओं की एक प्रधान प्रवृत्ति है। इन लोकगाथाओं का आख्यान बृहत् होता है। इसकी कथावस्तु में विस्तार होता है। एक लोकगाथा को कई रातों में गाकर पूरा किया जाता है। 'ढोला मारू रा दूहा' एवं भरथरी की लोकगाथा सैकड़ों पृष्ठों में है।
15. टेक पदों की आवृत्ति लोकगाथाओं की एक प्रमुख प्रवृत्ति है। गीतों को जितनी बार दोहराया जाता है, उतनी बार उसमें आनन्द की निष्पत्ति होती है। इन टेक पदों की आवृत्ति से गीत अत्यधिक संगीतात्मक हो जाते हैं और श्रोता आनन्द के रस में सराबोर हो जाता है।
16. लोकगाथाओं में संगीत और नृत्य का विशिष्ट स्थान है। संगीत और नृत्य लोकगाथाओं को रोचकता व मधुरता प्रदान करते हैं। अलग-अलग लोकगाथाओं के साथ भिन्न-भिन्न प्रकार के वाद्य यंत्रों का प्रयोग किया जाता है। उदाहरण के तौर पर आल्हा गाने वाले अल्हैत गले में ढोल बाँधकर ऊँचे स्वर में गाते हैं।

लोकगाथाओं के प्रकार

डॉ. कृष्णदेव उपाध्याय द्वारा लोकगाथाओं का वर्गीकरण निम्नांकित है—

1. प्रेम कथात्मक गाथाएँ
2. वीर कथात्मक गाथाएँ
3. रोमांच कथात्मक गाथाएँ

प्रेम कथात्मक गाथाएँ : प्रेम कथात्मक गाथाओं के अन्तर्गत प्रेम का अथवा प्रेम सम्बन्धी घटनाओं का वर्णन होता है। यह प्रेम साधारण परिस्थिति में उत्पन्न नहीं होता है, अपितु विषम परिस्थिति में यह प्रेम उत्पन्न होता है। इस प्रेम की प्राप्ति संघर्ष से होती है। 'हीर-रांझा', 'लैला-मजनू', 'सोहनी-महिवाल', 'ढोला मारू रा', 'धीरा विजया', 'विहुला', 'सासा-सारंगा', 'सीत-वसन्त' आदि प्रमुख प्रेम कथात्मक गाथाएँ हैं।

'सोहनी-महिवाल' पंजाब का एक प्रसिद्ध लोकगाथा गीत है। यह पंजाब की ऐसी प्रेम कहानी है, जो प्रेम और श्रृंगार के साथ वीर रस क़ी प्रतिष्ठा करती है। यह प्रेम गाथा पंजाब के लोकमानस में गहरे स्तर पर संचित है। यह एक दुखान्त गीत कथा है। सोहनी चिनाब नदी के किनारे बसे एक गाँव के कुम्हार की बेटी थी। उसके रूप, गुण और सौन्दर्य पर महिवाल मोहित था। सोहनी को प्राप्त करने के लिए महिवाल धूनी लगाकर चिनाब के दूसरे किनारे पर बैठ गया। सोहनी प्रतिदिन पक्के घड़े की सहायता से चिनाब नदी तैरकर राजकुमार महिवाल से मिलने आती थी। एक दिन सोहनी की भाभी ने उसे ऐसा करते देख लिया था। उसने चुपके से पक्के घड़े के स्थान पर कच्चे घड़े को रख दिया था। सोहनी प्रतिदिन की तरह इन बातों से बेखबर होकर महिवाल से मिलने के लिए उस घड़े को लेकर निकल पड़ती है। बीच रास्ते में ही घड़ा फूट गया और सोहनी नदी में डूब गई। नदी के बीच डूबती हुई सोहनी लगातार चिल्लाती रही महिवाल-महिवाल। सोहनी का शरीर नदी में अब भी तैर रहा था—

सोहणी महिवाल-महिवाल कर दी
विच दरिआवां दे
सोहणी आप डुब्बी जिंद तरदी
विच दरिआवां दे।

भारतीय ऐतिहासिक लोकगाथाओं में राजा भरथरी का नाम अत्यन्त प्रसिद्ध है। राजा भरथरी की लोकगाथा बंगाल, बिहार, उत्तर प्रदेश, पंजाब, हरियाणा एवं छत्तीसगढ़ के राज्यों में बहुत प्रचलित है। भरथरी के सन्दर्भ में अनेक लोकगाथा प्रचलित है। उज्जैन राज्य के प्रतापी राजा चन्द्रसेन के पुत्र इन्द्रसेन पिता की तरह प्रतापी राजा थे। इन्द्रसेन की पत्नी रूपदेई के गर्भ से भरथरी का जन्म हुआ था,

जो आगे चलकर उज्जैन के एक प्रतापी राजा के रूप में प्रसिद्ध हुए। इनके जन्म पर पूरे राज्य में उत्सव मनाया गया। बधाई के गीत गाये गए। राजा ने ब्राह्मणों को और प्रजा को गो दान, वस्त्र दान एवं अन्न दान दिया। राजा भरथरी के जन्म लग्न पर विचार करने के लिए काशी के पुरोहित को बुलाया गया। जन्म कुंडली देखकर ब्राह्मण ने बताया कि युवराज एक दिन महान् योगी बनेगा। देश-दुनिया में उसका नाम होगा। माँ रामदेई ने सुना तो वह विलाप करने लगी और मूर्च्छित हो गईं। पुनः चेतना में आने पर उन्होंने पुरोहित से किसी तरह युवराज का भाग्य बदलने के लिए कहा। बदले में पचास हाथी और घोड़े दान में देने का वचन भी दिया, लेकिन यह सम्भव नहीं था। तब पुरोहित ने कहा कि भाग्य तो गंगा की धार की तरह है, दाता ने जो लिख दिया, उसे मिटाने वाला कोई नहीं है—

तब बोले पंडित काशी के, रानी सुन मेरी बात।
लिखने वाला दाता लिख गया, मेटने वाला कोई नहीं
जैसे गंगा जी की धारा, वैसे योग लिखा करतार
नाम फेरे योग न घटे, रानी सुन मेरी बात
इतना कहा पंडित काशी का, रानी सुन मेरी बात॥

पुरोहित ने रानी रामदेई को पुनः समझाते हुए कहा कि अंधा और लँगड़ा पुत्र पाकर भी लोग प्रसन्न रहते हैं। यह शिशु तो साक्षात् सूर्य के समान तेजस्वी होगा। योगी होकर घूमते हुए सबको सद्कर्म और ईश्वर प्रेम की शिक्षा देगा। यह उज्जैन के लिए गर्व का विषय होगा। राजा भरथरी युवा हो गए और उधर सिंहद्वीप के राजा के घर एक सुन्दर कन्या 'सामदेई' का जन्म हुआ। दोनों के विवाह की योजना बनती है—

दोनों सयाने हुए, तो उनके विवाह की बात चलने लगी।
दोनों का विवाह योग मिला और बात आगे बढ़ चली॥

बावन सूबों के सूबेदार और छप्पन गढ़ों के राजा बारात में जाते हैं। पूरा उज्जैन खुशी से झूम उठता है। उज्जैन में एक उत्सव का वातावरण सृजित होता है। राजा भरथरी पालकी से दूल्हे के रूप में दरबार में उतरते हैं। बावन पाट के जामा और रत्न जड़ित टोप पहन पहने हुए हैं। मोरपंख की माला पर मोतियों का गुच्छा अत्यन्त सुशोभित हो रहा है। इस समय भरथरी का सौन्दर्य अनुपम प्रतीत हो रहा था।

बावन पाट का तो जामा टोपी रतन जड़ाव।
मोर की तो माला जी तीस पर मोतियन का गुच्छा॥

विवाह मंडप पर ज्यों ही सामदेई आई। भरथरी उसके सौन्दर्य पर मोहित हो गए। लेकिन सामदेई का मुख पीला पड़ने लगा। सामदेई को ज्ञात हो गया कि

भरथरी उसके पूर्व जन्म का बेटा है। आज वह पति बनने के लिए विवाह मंडप में बैठा है। परन्तु सामदेई ने ईश्वर के निर्णय के सम्मुख स्वयं को समर्पित कर दिया और इस तरह राजा भरथरी का विवाह सामदेई से हो गया। रानी सामदेई उज्जैन के महल में पहुँची। भरथरी की माँ रानी रामदेई ने खुशी में लोगों को दान दिया।

उधर कोहबर घर में सोने का पलंग बिछा और चौमुख दिये जला दिये गए। सामदेई सोने की पलंग पर बैठी थी। वह सोच रही थी कि पूर्व जन्म में उसका बेटा इस जन्म में उसे भोगने के लिए आज उपस्थित हुआ है। यह सोचकर वह काँप उठी। उसने ईश्वर का स्मरण किया। जैसे ही राजा भरथरी पलंग पर बैठते हैं, वैसे ही पलंग की पाटी टूट जाती है। राजा भरथरी को आश्चर्य होता है कि सोने का पलंग अचानक कैसे टूट गया? यह तो अपशकुन हो गया। राजा भरथरी ने सामदेई से इसका कारण जानना चाहा। बहुत पूछने पर रानी सामदेई ने बताया कि इसका रहस्य आपकी बहन पिंगला ही बता सकती है, जो दिल्ली में रहती है।

जवने दिन राजा गवना ले अइला
और पैर पालन पर धरें राजा
कि पलंग गइल टूट
ये पलंग टूटले के भेदिया पूछे राजा भरथरी
पलंगे टूटले के भेद हम ना जानी,
जाने छोटी बहिनिया पिंगल मोर॥

राजा भरथरी तुरन्त पिंगला को सन्देश भेजवाते हैं। पिंगला ने पूरी घटना बताया और कहा कि हे राजा! रानी सामदेई पूर्व जन्म में तुम्हारी माता थी, इसी कारण पलंग की पाटी टूट गई। अब तुम्हें भोग करना हो तो भोग करो और जोग करना हो तो जोग करो। यह जानकर राजा उदास हो गया।

वीर कथात्मक गाथा : वीर कथात्मक गाथाओं में किसी वीर पुरुष के साहस, पराक्रम व शौर्य का वर्णन है। इन लोकगाथाओं में वीर पुरुष द्वारा किसी अबला स्त्री की रक्षा, न्याय के लिए युद्ध करना, मातृभूमि के रक्षार्थ, शत्रुओं को परास्त करना, विवाह के लिए युद्ध करना आदि लोकगाथाओं के विषय हैं। अलौकिक वीरता का वर्णन करना इन लोकगाथाओं का प्रधान लक्ष्य है। वीर रसपरक लोकगाथा में 'आल्हा' का स्थान प्रमुख है। 'आल्हाखंड' की रचना जगनिक ने की थी। जगनिक कालिंजर के राजा परमर्दिदेव के राज्याश्रय में थे। इस कृति में आल्हा और ऊदल की वीरता व पराक्रम का वर्णन है। इन दोनों भाइयों ने मातृभूमि की रक्षा के लिए अपने जीवन का परित्याग कर दिया।

'कुँवर विजयी' जिसे 'विजयमल' कहते हैं कि वीर गाथा लोक में प्रचलित है। वह अपने समय का वीर रणबाँकुरा था, जिसके शौर्य के आगे शत्रु गण परास्त हो जाते थे। यह वीर गाथा भोजपुरी प्रदेश में लोक के बीच अत्यन्त प्रचलित है। इनके साहसपूर्ण वीरगाथा को भोजपुरी प्रदेश में अत्यन्त प्रसन्नता से सुना जाता है।

रोमांच कथात्मक गाथाएँ : इस प्रकार की लोकगाथाओं में रोमांच की प्रवृत्ति पाई जाती है। इसमें ऐसी लोकगाथाएँ आती हैं, जिसमें नायक का जीवन संघर्ष, कष्ट, रोमांचक कृत्यों व चुनौतियों से भरा होता है। 'सोरठी' ऐसा ही रोमांचक कथात्मक लोकगाथा है। सोरठी का जन्म एक साधारण घर में हुआ था, जो अपनी माँ के विवाह के पूर्व जन्मी थी। लोक-लाज के भयवश सोरठी को उन्होंने त्याग दिया। सोरठी की माँ ने सोरठी को पालने में सुलाकर नदी में प्रवाहित कर दिया। लेकिन नियति को कुछ और ही मंजूर था और सोरठी को एक मल्लाह ने बचा लिया। उसने सोरठी को घर लाकर उसका पालन-पोषण किया। समय बीतता गया और उस मल्लाह ने सोरठी के बड़े होने पर उसका विवाह कर दिया।

लोककथा

लोकगीतों की भाँति लोककथाओं की परम्परा भी बहुत समृद्ध है। मनुष्य के जन्म के साथ ही लोककथा का भी उद्गम हुआ है। मनुष्यों के बीच कहानी कहने और सुनने की परम्परा आदि समय से ही रही है। दादी और नानियों की वे तमाम कथाएँ जिनमें मनुष्य के सुख-दुख, आशा-अभिलाषा, विचारों का समावेश है, वे लोककथाओं का ही हिस्सा हैं। लोककथा मौखिक रूप से प्राप्त होती है। कला एवं संस्कृति के मर्मज्ञ प्रसिद्ध लेखक डॉ. वासुदेवशरण अग्रवाल का विचार है—"मानव के सुख-दुख, प्रीति, श्रृंगार, वीर भाव और बैर इन सब ने खाद बनकर लोककथाओं को पुष्ट किया है। रहन-सहन, रीति-रिवाज, धार्मिक विश्वास, पूजा-उपासना इन सबसे कहानी का ठाठ बनता है और बदलता रहता है।"

लोककथा को अंग्रेजी में 'Foketale' कहते हैं। लोककथा से अभिप्राय उस कथा से है, जो किसी क्षेत्र विशेष में, लोक समाज के बीच में प्रचलित है। लोककथाओं का जनक कौन है? इसका निर्माण कब, कैसे और कहाँ हुआ? यह कहना असम्भव है। लोककथाएँ एक पीढ़ी से दूसरी पीढ़ी तक जनश्रुति रूप में ही प्राप्त होती हैं। लोककथा की शैली वाचनिक होती है तथा लोककथाओं का कथावाचक एक होता है। लोककथाएँ धार्मिक, सात्त्विक, श्रृंगार व नीति से सम्बन्धित होती हैं। इन कथाओं की विशेषता यह है कि एक ही कथा अलग-अलग अंचलों में भिन्न-भिन्न रूपों में प्रचलित है। यह मनुष्य की समृद्ध परम्परा और धरोहर के

रूप में हमें प्राप्त होती हैं। लोककथाओं की महत्ता के सन्दर्भ में पाश्चात्य विद्वान एभेलिन मार्टिनेंगो का मत है—"लोककथाएँ कहानियों की जनक हैं और लोकगीत समस्त कविताओं की जननी है।"

आचार्य हजारी प्रसाद द्विवेदी ने लोककथा को परिभाषित करते हुए कहा था—"लोककथा शब्द मोटे तौर पर लोक प्रचलित उन कथानकों के लिए व्यवहत होता रहा है, जो मौखिक या लिखित परम्परा से क्रमश: एक पीढ़ी से दूसरी पीढ़ी को प्राप्त होता है।"

लोककथाओं की विशिष्टता

1. लोककथा मनुष्य की समृद्ध विरासत है। यह पूरे विश्व में अलग-अलग रूपों में प्रचलित है।
2. लोककथाओं में लोक विश्वास निहित होता है। इसमें लोक की परम्परा, संस्कृति, जीवन, दर्शन और विचारों का समावेश दिखाई पड़ता है।
3. लोककथाएँ जीवन को प्रेरणा देती हैं और हमारे भीतर चेतना का अंकुरण पैदा करती हैं। यह मनुष्य के लिए जीवन की अविरल धारा का काम करती हैं।
4. लोककथाएँ जीवन को व्यावहारिक ज्ञान, अनुभव, विवेक और संवेदना प्रदान करती हैं।
5. अपनी उपदेशात्मक प्रवृत्ति और मनोरंजन की विशिष्टता के कारण लोककथाएँ लोकमानस में सदियों से अपनी जगह बनाए हुए हैं।
6. विश्व मंगल तथा 'सर्वे भवन्तु सुखिन:, सर्वे सन्तु निरामया:' का विधान करती हैं, लोककथाएँ।
7. रहस्य, रोमांच, साहस, पराक्रम, वीरता, त्याग और अलौकिकता के गुणों से समृद्ध हैं, लोककथाएँ। इस प्रकार की लोककथाएँ राजा-महाराजाओं के अतुल शौर्य से भरी पड़ी हुई हैं। राजा चन्द्रभानु की कथा अत्यन्त प्रसिद्ध है। इनके सात बेटों ने विभिन्न देशों में जाकर अपनी वीरता और साहस से विराट कार्य को सम्पन्न कर दिया।
8. लोककथाएँ व्यक्ति के भीतर उत्सुकता का सृजन करती हैं। उसके भीतर आनन्द की निष्पत्ति करती हैं।
9. प्रेम का उदात्त व अश्लीलत्व से मुक्त सौन्दर्य लोककथाओं में दिखाई पड़ता है।
10. लोककथाओं का पर्यवसान दुख में नहीं अपितु सुख में होता है। अर्थात् भारतीय नाटकों की भाँति लोककथाएँ भी सुखान्त होती हैं।

लोककथाओं का वर्गीकरण

डॉ. कृष्णदेव उपाध्याय ने विषय वस्तु की दृष्टि से लोककथाओं को कुल 06 भागों में विभाजित किया है—

1. उपदेश कथा
2. व्रत कथा
3. प्रेमकथा
4. मनोरंजन कथा
5. सामाजिक कथा
6. पौराणिक कथा

उपदेश कथा

लोक साहित्य में लोककथाओं का विशिष्ट स्थान है। लोककथाओं का प्रधान स्वर उपदेशात्मकता ही है। मानव जीवन को सफल एवं सुखी बनाने के बीज मंत्र लोककथाओं में उपदेश के रूप में ही निहित हैं।

इस तरह की लोककथाएँ मनुष्य का नैतिक एवं चारित्रिक उन्नयन करती हैं। 'पंचतंत्र' एवं 'हितोपदेश' इसी श्रेणी की लोककथाएँ हैं। इन कथाओं की सर्जना लोकहित को ध्यान में ही रखकर की गई है।

व्रत कथा

भारतीय समाज में धर्म का महत्त्वपूर्ण स्थान है। देवी-देवताओं की स्तुति और आराधना के साथ ही व्रत का भी विधान है। लोकजीवन में इन व्रतों का अत्यन्त महत्त्व है। यह व्रत कथा किसी देवी-देवता अथवा इष्ट से जुड़ी हुई होती हैं। इन व्रत कथाओं में अच्छे और बुरे फल की प्राप्ति व्यक्ति के कर्म और नीयत के अनुसार प्राप्त होती है। इस तरह की व्रत कथाओं को करने का मुख्य उद्‌देश्य परिवार की सुख-समृद्धि, यश, कीर्ति, प्रतिष्ठा एवं पुण्य फल की प्राप्ति से है। अपना लोक और परलोक सुधारने और सँवारने से है। इन लोककथाओं का फल सुखान्त होता है। पुरुषों की अपेक्षा महिलाओं में इस तरह के व्रत कथा करने का प्रचलन अधिक है। कुछ व्रत कथाएँ लोकजीवन में अत्यधिक प्रचलित हैं। जैसे—'सत्यनारायण की कथा', 'बड़ सावित्री की कथा', 'गणेश जी की कथा', 'भगवान अनन्त की कथा', 'शिव कथा', 'प्रदोष व्रत कथा', 'करवा चौथ व्रत कथा', 'शीतला सप्तमी की कथा', 'कार्तिक स्नान व्रत की कथा', 'नाग पंचमी की कथा' आदि।

प्रेमकथा

प्रेमकथाओं में प्रेम की सुन्दर अभिव्यंजना हुई है। इन कथाओं में प्रेम को अलग-अलग रूपों में चित्रित किया गया है। वात्सल्य, माधुर्य, सख्य एवं भगवद् भक्ति के रूप को इन कथाओं में दर्शाया गया है। लोककथाओं में प्रेम के उदात्त, सात्त्विक व पवित्र पक्ष को उद्घाटित किया गया है। दाम्पत्य प्रेम में काम वासना की गंध रंच मात्र भी नहीं है।

मनोरंजनपरक कथा

लोककथाओं का एक उद्देश्य लोक का मनोरंजन करना भी है। ऐसी लोककथाओं को बच्चे बड़े मनोयोग से सुनते हैं। वह बच्चे के मनोविज्ञान को प्रभावित करती है। 'ढेला-पत्ती की कहानी' ऐसी ही कहानी है, जिसमें कथा के अन्त में मिट्टी गल जाती है और पत्ती हवा में उड़ जाती है। कथा का समापन इस प्रकार होता है—

ढेला गइले गिहिलाई
पतई गइले उड़ियाई
अवरू कथा गले ओराई।

सामाजिक कथा

सामाजिक कथा के अन्तर्गत समाज का वर्णन मिलता है। इसमें समाज की अच्छाइयों और बुराइयों का उद्घाटन प्राप्त होता है। बाल विवाह, बहु विवाह, आर्थिक संकट, गरीबी, भुखमरी, अन्याय का विरोध, न्याय की कामना, परोपकार, प्रेम, दया, ममता तथा करुणा आदि से सम्बन्धित विषय सामाजिक कहानियों के विषय हैं।

पौराणिक कथा

लोक समाज में पौराणिक कथाओं का विशेष महत्त्व है। पौराणिक घटना और चरित्र के माध्यम से समाज को संस्कारित करने का प्रयत्न किया जाता है। राजा भरथरी की कथा, गोपीचन्द की कथा, श्रवण कुमार की कथा, शिव-पार्वती की कथा आदि प्रचलित है।

लोकनाट्य

लोक साहित्य की समस्त विधाओं में लोकनाट्य का महत्त्वपूर्ण स्थान है। लोक द्वारा अपनाई गई कोई कृति नाट्य रूप में जब प्रस्तुत की जाती है, तो उसे 'लोकनाट्य'

कहा जाता है। लोकनाट्य से तात्पर्य नाटक के उस रूप से है, जिसका सम्बन्ध विशिष्ट समाज से भिन्न सर्व साधारण के जीवन से हो जो लोक का मनोरंजन करता हो, जिसमें मंचीय नाटकों जैसी शास्त्रीयता नहीं होती है। इन लोकनाट्यों का कोई रचयिता नहीं होता है। लोकनाट्य लोक का मनोरंजन करता है। भारतीय लोकनाट्यों की समृद्ध परम्परा रही है। लोकनाटकों के सन्दर्भ में डॉ. नगेन्द्र का मत है—"लोकनाटक सामूहिक आवश्यकताओं और प्रेरणाओं के कारण निर्मित होने से लोककथानकों, लोकविश्वासों और लोक तत्त्वों को समेटे हुए चलता है और जीवन का प्रतिनिधित्व करता है।" इसी प्रकार डॉ. श्याम परमार लोकनाटकों की परिभाषा देते हुए कहते हैं—"लोकनाट्य से तात्पर्य नाटक के रूप से है, जिसका सम्बन्ध विशिष्ट शिक्षित समाज से भिन्न सर्वसाधारण के जीवन से हो और जो परम्परा से अपने-अपने क्षेत्र के जन समुदाय के मनोरंजन का साधन रहा हो।"

लोकनाट्य की प्रवृत्तियाँ

1. लोकनाट्य व्यक्ति की कृति न होकर समूह की सम्पत्ति होती है।
2. लोकनाटक में जीवन का जीवंत चित्रण होता है।
3. लोकनाटक में लम्बे कथोपकथन का अभाव पाया जाता है। संवाद बहुत छोटे तथा सरल होते हैं। ग्रामीण जनता में लम्बे संवाद सुनने के लिए धैर्य नहीं होता है। अत: नाटकीय पात्र अपने संवादों को संक्षिप्त रूप में प्रयुक्त करते हैं।
4. लोकनाटकों का कथानक ऐतिहासिक, पौराणिक व सामाजिक होता है। ऐतिहासिक कथानकों में राजस्थान में प्रचलित अमरसिंह राठौर की कथा प्रसिद्ध है। उ.प्र. में रामकथा से सम्बन्धित 'रामलीला' तथा कृष्णकथा से सम्बन्धित 'रासलीला' तथा केरल में प्रचलित लोकनाटक 'यक्षगाान', बंगाल का जात्रा और कीर्तन का स्वरूप पौराणिक कथानकों पर ही केन्द्रित है।
5. लोकनाटकों की भाषा क्षेत्रीय एवं सरल होती है। कोई भी निरक्षर व्यक्ति इस भाषा को सरलता से समझ सकता है। भाषा में किसी भी प्रकार की बनावट या शब्दाडाम्बर नहीं होता है।
6. लोकनाटकों में अभिनय पर विशेष बल दिया जाता है।
7. लोकनाटकों का उद्देश्य जनता का मनोरंजन करने के साथ हीं शिक्षाप्रद उपदेश देना भी है।
8. लोकनाटकों में बोलियों का विशेष महत्त्व होता है।
9. लोकनाटक में लोकमानस का बिम्ब दिखाई पड़ता है।

10. लोकनाटक के लिए किसी भी प्रकार के मंच की आवश्यकता नहीं होती है। लोकनाटक खुले मंच पर अभिनीत किये जाते हैं। इसमें मंच चारों तरफ से खुला होता है। जनता खुले आसमान के नीचे बैठकर इन नाटकों का आनन्द लेती है। किसी मन्दिर के आगे ऊँचे चबूतरे पर अथवा किसी स्थान पर मौजूद ऊँचा टीला ही रंगमंच का काम करता है।
11. किसी भी नाटक में पात्र अथवा किरदार की महत्त्वपूर्ण भूमिका होती है। संवाद के द्वारा ही कथा आगे बढ़ती है। लोकनाटकों में स्त्रियों के चरित्र को प्राय: पुरुष ही निभाते हैं। विदूषक अपने हाव-भाव से जनता का मनोरंजन करते हैं। विशेषत: जो किरदार निभाए जाते हैं, उनमें दुष्ट सास, कंजूस बनिया, खुसड्ड बुड्ढा, सुन्दर युवा, शराबी एवं अत्याचारी पति, सौतेली माँ, सौतेला बाप और भाई, ढोंगी साधू, चोर, डाकू, पुलिस, ईमानदार अफसर, स्वार्थी नेता आदि प्रमुख हैं।
12. लोकनाटकों में अभिनय प्रदर्शन के लिए किसी विशेष प्रकार के वस्त्र, आभूषण, साज-सज्जा एवं प्रसाधन का प्रयोग नहीं किया जाता है। कोयला, काजल, खड़िया आदि देशी प्रसाधनों का प्रयोग पात्र अपने सजने और सँवरने के लिए ही करता है।
13. लोकनाट्य की सबसे बड़ी विशेषता उनका लोकधर्मी होना है। यह मिले-जुले समाज का जनमंच होता है। यह जनसंचार का एक माध्यम भी बनता है।

भारत के प्रसिद्ध लोकनाट्य

तमाशा : यह महाराष्ट्र का प्रसिद्ध लोकनाट्य है। तमाशा साधारण रंगमंच पर प्रस्तुत होता है। इसका प्रदर्शन किसी खुले मैदान या किसी ऊँची जगह पर किया जाता है। तमाशा के कलाकारों को 'तमाशगीर' कहा जाता है। सात-आठ तमाशगीरों का एक संच (दल) होता है। 'संच' को 'फड़' (टोली) कहा जाता है। 'फड़' के मुखिया को 'कर' अथवा 'नाइक' कहा जाता है। स्त्री वेश में रहने वाली नर्तकी को 'नायिका' कहा जाता है। नर्तकी अपनी भाव-भंगिमाओं से जनता का मनोरंजन करती है। इसमें एक हँसाने वाला पात्र 'सोगड़िया' होता है। सामान्य रूप से यह विदूषक होता है, जो नाटक में हास्य की सृष्टि करता है। गाँव के मेलों, तीज-त्योहारों, होली आदि के अवसर पर 'तमाशा' का आयोजन किया जाता है। महाराष्ट्र की गोंधकी, डोरी, कोल्हाटी, महार आदि गाने-बजाने वाली जातियों ने इस कला के विकास में अपना महत्त्वपूर्ण योगदान दिया है। तमाशा पर शोध कार्य करने वाले नामदेव व्हटकर के अनुसार 'औरंगजेब के शासनकाल में इस कला का जन्म हुआ था।'

लावणी : यह महाराष्ट्र का प्रसिद्ध लोकनाट्य है। इसमें घुँघरू और नौवारी साड़ी पहने महिलाएँ ढोलक की थाप पर नृत्य प्रस्तुत करती हैं। कलाकारों को 'नौवारी' कहा जाता है और साड़ी पहनने की शैली को 'काष्टा' कहा जाता है। यह वीरता, प्रेम, भक्ति, दुख, राजनीति व धर्म के विषयों पर यह नृत्य प्रस्तुत किया जाता है। लावणी श्रृंगारिकता से ओत-प्रोत काव्य है। इसे गाते हुए तमाशे की नर्तकी उत्तेजक हाव-भाव पैदा करती है।

गोंधल : यह महाराष्ट्र का प्रसिद्ध लोकनाट्य है। यह धर्ममूलक नाट्य है। महाराष्ट्र में इसका आनुष्ठानिक महत्त्व है। विवाह आदि के अवसर पर मोंधल की व्यवस्था की जाती है। मंडप के नीचे वस्त्र बिछाकर आम्र पत्र तथा कलश सहित अम्बा की प्रतिष्ठा करके गोंधल प्रारम्भ किया जाता है। वाद्ययंत्रों का प्रयोग करते हुए 'पवाड़े' गाये जाते हैं तथा अभिनय प्रस्तुत किया जाता है।

यक्षगान : यक्षगान कर्नाटक का प्रमुख लोकनाट्य है, जो लगभग सोलहवीं शताब्दी से प्रचलित है। इस लोकनाट्य का विषय धर्ममूलक है। यह नाट्य मिथकीय कथाओं और पुराणों पर आधारित है। यक्षगान की कथावस्तु प्रायः रामायण, महाभारत एवं श्रीमद्भागवत पुराण से ली जाती है। तमिल, तेलुगु तथा कन्नड़ भाषी क्षेत्रों में यह अत्यन्त प्रचलित है। तेलुगु में इसे 'विधि भागवतम्' कहते हैं।

नौटंकी : नौटंकी लोकनाट्य उत्तर प्रदेश में प्रचलित है। इसमें दोहा, चौबोला, छप्पय छन्दों का प्रयोग किया जाता है। पहले नौटंकी में पुरुष ही स्त्री पात्रों का अभिनय प्रस्तुत करते थे, लेकिन अब स्त्रियाँ भी इसमें प्रतिभाग करने लगी हैं। संगीत घरानों की तरह नौटंकी के भी कई घराने हैं। इसकी कई शैलियाँ हैं। जिनमें हाथरस शैली और कानपुर शैली प्रमुख है। कानपुर की गुलाबबाई ने नौटंकी के क्षेत्र में प्राण फूँक दिया है। गुलाबबाई और कृष्णाबाई नौटंकी के क्षेत्र में एक स्थापित नाम है।

बिदेसिया : 'बिदेसिया' भिखारी ठाकुर द्वारा लिखित एक बहुचर्चित लोकनाट्य है। यह बिहार प्रान्त का भोजपुरी भाषी क्षेत्र में प्रसिद्ध लोकनाट्य है। इसमें परदेश गए हुए पति का वर्णन है। पति के वियोग में विरहदग्ध पत्नी का मानसिक वेदना, संघर्ष व पीड़ा की अभिव्यक्ति हुई है। अपनी आपबीती वह पति को सन्देश के रूप में भेजवाती है, जिसे पढ़कर उसका पति वापस घर लौट आता है। 'बिदेसिया' की मूल कथा यही है। बिदेसिया में यह लोकगीत मिलता है—

गवना कराई सइयाँ घर बइठवले से
अपने चलेले परदेस रे बिदेसिया।
चढ़ली जवनियाँ बैरिन मइली हमरी से के
मोर हारी है कलेस रे बिदेसिया॥
दिनवा बीतेला सइयाँ बटिया जोहत और
रतिया बीतेली जागि-जागि रे बिदेसिया॥

घरी राति गइले पहर रात गइले से
धधके करेजवा में आगि रे बिदेसिया॥

इस लोकनाट्य में सामाजिक बुराइयों, विशेषकर बाल-विवाह और वृद्ध विवाह की ओर जनता का ध्यान उन्हीं की बोली भोजपुरी में आकर्षित किया जाता है। महापंडित राहुल सांकृत्यायन ने भिखारी ठाकुर को 'भोजपुरी का शेक्सपियर' कहा है। यह नाटक मंगलाचरण से प्रारम्भ होता है। नाटक में महिला पात्रों की भूमिका पुरुषों द्वारा तय की जाती है।

भवाई : भवाई गुजरात का प्रसिद्ध लोकनाट्य है। गुजरात में आश्विन मास की नवरात्रि के अवसर से 'भवाई' का प्रदर्शन प्रारम्भ होता है। दीपावली के बाद भवाई मंडलियाँ अपने नियत तथा आमंत्रित क्षेत्रों में भवाई के प्रदर्शन के लिए जाती हैं। भवाई की मंडली को 'ढोकू', 'पेडु' कहा जाता है। इसमें 20 से अधिक सदस्य नहीं होते हैं और 9 से कम कलाकार नहीं होते हैं। खुले रंगमंच पर रात भर गीत, संगीत और अभिनय प्रस्तुत किया जाता है। मुख्य रूप से 'तरगाला' जाति ही इसे खेलती थी। लेकिन आज गुजरात में इसे अनेक जातियाँ खेलती हैं। इसमें परियों की कथाओं से लेकर पौराणिक-ऐतिहासिक प्रसंगों के साथ ही समकालीन समस्याओं तक का वर्णन होता है। इसमें प्रहसन प्रमुख तत्त्व है, जो लोक का मनोरंजन करता है।

जात्रा : 'जात्रा' का अर्थ है—'जुलूस'। जात्रा लोकनाट्य का प्राचीन रूप है। ऐसा माना जाता है कि प्रारम्भ में भक्तगण अपने देवताओं की प्रतिमा का जुलूस निकालते समय किसी-न-किसी प्रकार का अभिनय करते रहे होंगे और उस अभिनय विशेष का नाम 'जात्रा' किया गया हो। इसमें संगीत और नृत्य को स्थान दिया गया है। जात्रा लोकनाट्य मुख्यतः रामायण, महाभारत एवं पुराणों की घटनाओं पर आधारित होता है।

माच : 'माच' मालवा का प्रमुख लोकनाट्य है। इस लोकनाट्य का जन्म उज्जैन में और प्रसार क्षेत्र मालवा है। वस्तुतः'माच' मंच पर अभिनीत किया जाने वाला मालवी लोकनाट्य है। माच अर्थात् मंच बनाकर उस पर अभिनीत किये जाने वाली नाट्य प्रस्तुति है। ऐतिहासिक, पौराणिक, प्रेमकथात्मक, वीरगाथात्मक माच के मुख्य विषय होते हैं। ढोलक और सारंगी माच में प्रयुक्त होने वाला प्रमुख वाद्य यंत्र है। माच में मनोरंजन के साथ जन जागरूकता का भी सन्देश मिलता है—

सहकारी खेती में लछमी आवस्याँ जी म्हारा राज
धरती अन्न दे, धरती धन दे,
रेंट लगावो जी राज
बाग बगीचा सीचा तो,
अमरत फल पावाँजी राज।

स्वाँग : 'स्वाँग' का लोकनाट्य परम्परा में महत्त्वपूर्ण स्थान है। यह ठेठ ग्रामीण लोक मनोरंजन का एक प्रमुख साधन है। उत्तर प्रदेश, राजस्थान और हरियाणा में स्वाँग की परम्परा बहुत प्रचलित है। 'स्वाँग' का अर्थ है—'नकल करना अथवा नाटक करना।' किसी रूप में स्वयं को आरोपित कर उसे प्रस्तुत करना स्वाँग कहलाता है। स्वाँग का कथानक सामाजिक, ऐतिहासिक, पौराणिक व धार्मिक विषयों पर आधारित होता है। किसी विशेष ऐतिहासिक, पौराणिक चरित्र लोक समाज में प्रसिद्ध किसी देवी-देवता की नकल में स्वयं का श्रृंगार करके अभिनय प्रस्तुत करना 'स्वाँग' कहलाता है। स्वाँग के द्वारा लोक मान्यताओं, लोक विश्वासों और लोक संस्कृति को प्रदर्शित किया जाता है।

'स्वाँग' शब्द का प्रथम प्रयोग सिद्ध कवि कण्हपा (9वीं सदी) की वाणी में मिलता है, जहाँ उन्होंने डोमिनी के 'आह्वान गीत' में स्वाँग का वर्णन किया है—"आलो डोंबि! तोए सम करिब य सांग निधिणकणह कपाली जोइ लाग।" सूफी कवि जायसी ने 'पद्मावत' में स्वाँग करने वाली स्त्री का उल्लेख किया है। 'बादशाह दूती खंड' में अलाउद्दीन ने चित्तौड़ भेजने के लिए जोगिन का सफल स्वाँग करने वाली एक गणिका को राजमहल में आमंत्रित किया और उसे तैयार कर दूती रूप में उसे महल भेजा। संत कवि कबीर ने भी अपनी साखी में 'तमाशा' और 'स्वाँग' की चर्चा की है—"होय जहाँ कहीं स्वाँग तमाशा, तनिक न नींद सताया रे।" अभिनय प्रधान होने के साथ ही प्रहसनपरक भी होते हैं। इसमें व्यंग्य के सहारे सामाजिक विसंगतियों पर कटाक्ष भी किया जाता है। समाज को बेहतर बनाने का सन्देश इसमें निहित होता है। इसमें गायन, वादन और नर्तन तीनों का समावेश होता है। स्वाँग में गायन की शुरुआत 'दोहा' गाकर शुरू होती है। स्वाँग का मंचन खुले आकाश में होता है। इसमें किसी प्रकार के पर्दे की आवश्यकता नहीं होती है।

लोक नृत्य

'लोक नृत्य' को अंग्रेजी में 'Folk Dance' कहा जाता है। लोक नृत्य कला का एक उत्कृष्ट रूप है। यह विभिन्न वाद्ययंत्रों की सहायता से लोक धुन पर नर्तकों द्वारा किसी भाव अथवा विषय वस्तु को शारीरिक गतिविधियों के माध्यम से प्रभावपूर्ण ढंग से लोक के समक्ष प्रस्तुत किया जाता है। अधिकांश लोक नृत्य किसी शुभ मांगलिक अवसर पर, पर्व एवं त्योहारों पर, शादी-विवाह के अवसर पर या फसलों की बोआई और कटाई के अवसर पर, ईश्वर की अर्चना और भक्ति के अवसर पर प्रस्तुत किया जाता है। लोक नृत्य लोक के आनन्द और मनोरंजन का अवसर है। इसमें स्थानीय परम्परा और संस्कृति का रंग देखने को मिलता है। लोक नृत्य

लोक की प्रसन्नता, प्रेम, अपनापा, सौहार्द, कृतज्ञता को व्यक्त करने का भी एक विशिष्ट कारक है।

1. शास्त्रीय एवं लोक नृत्य भारतवर्ष के दो सबसे प्रमुख लोक नृत्य है। लोक नृत्य राज्य, जातीय एवं भौगोलिक क्षेत्र की स्थानीय परम्परा से उत्पन्न होते हैं।
2. भारत के लोक नृत्य भारत की सामासिक संस्कृति, परम्परा, जीवन मूल्य, दर्शन और विचार को अभिव्यक्त करते हैं। इन लोक नृत्यों से उस प्रान्त व क्षेत्र विशेष की सांस्कृतिक पहचान जुड़ी होती है।
3. देश के अधिकांश लोक नृत्यों का अपना पारम्परिक परिधान होता है, जो वहाँ की संस्कृति का प्रतिनिधित्व करते हैं। लोक नृत्यों का आयोजन जन्म, विवाह, अतिथि स्वागत, गृह प्रवेश, बोआई के समय, फसल काटने के समय, ऋतुओं के आगमन, धार्मिक आयोजन आदि के समय प्रस्तुत किये जाते हैं।
4. लोक नृत्यों में लोकजीवन और लोक संस्कृति का प्रतिबिम्ब झलकता है।
5. लोक नृत्य आनन्दमय नृत्य है, जो लोक का मनोरंजन व जीवन में उल्लास तथा उमंग का संचार करते हैं।
6. लोक नृत्य में देशी वाद्य यंत्रों का प्रयोग उसे संगीतात्मकता प्रदान करता है।

उत्तर प्रदेश का प्रमुख लोक नृत्य

उत्तर प्रदेश भारत का एक प्रमुख राज्य है। सांस्कृतिक एवं कला की दृष्टि से यह राज्य अत्यन्त समृद्ध है। पौराणिक मान्यताओं के अनुसार राम और कृष्ण जैसे नायकों का जन्म उत्तर प्रदेश की धरती पर ही हुआ था। उ.प्र. के प्रमुख लोक नृत्य निम्नवत् हैं—

चरकुला लोक नृत्य : चरकुला उ.प्र. का प्रमुख लोक नृत्य है। यह लोक नृत्य पश्चिमी उ.प्र. के ब्रज क्षेत्र में व्यापक रूप से प्रचलित है। इस लोक नृत्य में भगवान कृष्ण के प्रति प्रेम व आस्था प्रदर्शित की जाती है। यह नृत्य फाल्गुन मास में होली के तीसरे दिन किया जाता है। माना जाता है कि इस दिन राधा का जन्म हुआ था। तभी से ब्रज क्षेत्र में इस लोक नृत्य का आयोजन किया जाता है। इस नृत्य में सन्तुलन बनाए रखना एक चुनौती होता है। इस नृत्य में एक महिला नर्तक अपने सिर पर 108 तेल के दीयों को रखकर नृत्य प्रस्तुत करती है।

रास लीला : यह भी उ.प्र. का एक प्रमुख लोक नृत्य है। रास लीला पश्चिमी उत्तर प्रदेश में अत्यन्त प्रचलित है। इस नृत्य में भगवान कृष्ण की गाथाओं को प्रस्तुत किया जाता है।

उत्तराखंड का प्रमुख लोक नृत्य

पांडव लोक नृत्य : यह उत्तराखंड का एक लोक प्रचलित नृत्य है। इसमें ढोलक की थाप का प्रयोग करते हुए पांडव भाइयों के जीवन के विविध प्रसंगों को प्रस्तुत किया जाता है।

चोलिया लोक नृत्य : यह लोक नृत्य उत्तराखंड के कुमायूँनी आदिवासी समाज में प्रचलित है। यह एक प्राचीन तलवार नृत्य है, जो आदिवासियों के आर्ट मार्शल को व्यक्त करता है।

झोरा लोक नृत्य : यह लोक नृत्य उत्तराखंड में प्रचलित है। स्थानीय लोग वसन्त ऋतु के आगमन पर जश्न मनाते हुए इसे प्रस्तुत करते हैं।

मुखौटा लोक नृत्य : मुखौटा लोक नृत्य उत्तराखंड की एक विशिष्ट नृत्य शैली है। इस नृत्य को मनुष्य का सबसे प्राचीन नृत्य रूप माना जाता है। यह नृत्य उत्तराखंड के गढ़वाल जनपद के चमोली क्षेत्र में आयोजित किया जाता है। इस लोक नृत्य का विषय पौराणिक, धार्मिक एवं ऐतिहासिक कथानकों पर केन्द्रित होता है। इसमें पात्र कथाचरित्र से सम्बन्धित मुखौटों को पहनकर, वेशभूषा धारण करके नृत्य करते हैं। जिस पेड़ से मुखौटे के लिए लकड़ी काटी जाती है, पहले उसकी पूजा किये जाने का प्रचलन है। गढ़वाल का यह मुखौटा लोक नृत्य बंगाल, बिहार एवं उड़ीसा के आदिवासी इलाकों में प्रचलित 'छऊ' लोक नृत्य से काफी समानता रखता है। किसी देवता का द्यवोरा (देवयात्रा) निकलता है तो उस अवधि में भी गाँव-गाँव जाकर रात्रि को मुखौटा नृत्य प्रस्तुत किया जाता है।

गुजरात का प्रमुख लोक नृत्य

गरबा लोक नृत्य : यह गुजरात का प्रसिद्ध लोक नृत्य है। यह लोक नृत्य ज्यादातर नवरात्रि पर्व के अवसर पर शक्ति की उपासना करते हुए प्रस्तुत किया जाता है। इस नृत्य में स्त्री और पुरुष दोनों की सहभागिता होती है।

डांडिया लोक नृत्य : यह गुजरात का प्रसिद्ध लोक नृत्य है। इसमें स्त्री और पुरुष देवी दुर्गा और राक्षस महिषासुर के मध्य नकली लड़ाई लड़ते हैं।

हिमाचल प्रदेश का लोक नृत्य

डांगी लोक नृत्य : यह हिमाचल प्रदेश का प्रमुख लोक नृत्य है। यह नृत्य महिला नर्तकियों द्वारा नैना देवी मन्दिर के प्रांगण में किया जाता है। यह राज्य का सबसे पुराना लोक नृत्य है। फसल काटने के समय इस नृत्य का आयोजन किया जाता है।

राक्षस नृत्य : यह पंजाब के भांगड़ा नृत्य के समान है। इस नृत्य के कलाकार दानव मुखौटे पहनते हैं और खेती की गई फसलों पर राक्षसों के हमले का प्रतिनिधित्व करते हैं।

छत्तीसगढ़ का लोक नृत्य

सरहुल लोक नृत्य : यह छत्तीसगढ़ की उरांव जाति का प्रसिद्ध लोक नृत्य है। इस नृत्य का आयोजन चैत्र मास की पूर्णिमा को रात के समय किया जाता है। इस नृत्य में प्रकृति की पूजा का विधान है। आदिवासियों में यह प्रचलित है कि इस पर्व के उपरान्त ही नई फसलों का प्रयोग किया जाता है।

पंथी लोक नृत्य : यह छत्तीसगढ़ का सबसे लोकप्रिय नृत्य है। यह सतनाम पंथ का लोक नृत्य है। यह नृत्य गुरु घासीदास के जन्मदिन के अवसर पर प्रतिवर्ष 18 दिसम्बर को मनाया जाता है। इस दन सफेद धोती, कमरबन्द, घुँघरू पहने मृदंग और झाँझ की लय पर नृत्य किया जाता है।

राउत लोक नृत्य : राज्य के ग्वालों द्वारा यह नृत्य दीपावली के अवसर पर प्रस्तुत किया जाता है। इसे 'चरवाहा लोक नृत्य' भी कहा जाता है। इस नृत्य में राउत लोग विशेष परिधान पहनकर हाथ में सजी हुई लाठी लेकर टोली में नाचते और गाते हुए प्रत्येक गृह स्वामी के घर जाते हैं और मंगल गीत गाकर उनके सुख और समृद्धि की कामना करते हैं। इस नृत्य में प्रमुख रूप से पुरुष शामिल होते हैं।

कर्मा लोक नृत्य : छत्तीसगढ़ के आदिवासी समाज का लोक नृत्य है। बैगा, गोंड और उराँव जनजाति के लोगों द्वारा कर्मा नृत्य प्रस्तुत किया जाता है। इस नृत्य का आयोजन नई फसल के आगमन की खुशी में किया जाता है। भादों मास की एकादशी को उपवास के पश्चात् करम वृक्ष की शाखा को घर के आँगन में रोपा जाता है। दूसरे दिन कुल देवता को नवान्न भेंट किया जाता है। यह नृत्य छत्तीसगढ़ में मनौती के रूप में मनाया जाता है। इस अवसर पर गीत गाये जाते हैं—

उठ उठ करमसेनी पाही गिस विहान हो,
चल चल जाबो अब गंगा असनांद हो॥

बिहार का लोक नृत्य

झिझिया लोक नृत्य : यह बिहार का प्रसिद्ध लोक नृत्य है। यह नृत्य प्रकृति के प्रति समर्पित है। अच्छी गुणवत्तायुक्त फसल प्राप्ति के लिए भगवान इन्द्र से अच्छी बारिश के लिए प्रार्थना की जाती है। फसल कटाई के मौसम में यह नृत्य काम करते समय किया जाता है।

झुमरी लोक नृत्य : बिहार का झुमरी लोक नृत्य गुजरात के गरबा लोक नृत्य के समान है। इसे केवल विवाहित महिलाएँ ही करती हैं। यह मिथिलांचल का लोक नृत्य है। यह एक अच्छे सगुन का प्रतीक है। सामान्यत: यह लोक नृत्य सितम्बर-अक्टूबर माह में आने वाले आश्विन महीने में किया जाता है। यह नृत्य बदलते मौसम के उपलक्ष्य में प्रस्तुत किया जाता है।

पाइका लोक नृत्य : यह एक मार्शल चरित्र नृत्य है। इस नृत्य में ढाल और तलवार का प्रयोग किया जाता है। इस नृत्य का मूल उद्देश्य नृत्य करने वाले योद्धाओं की शारीरिक उत्तेजना और साहसी गतिविधियों का विकास था। यह नृत्य ढाल और तलवार के साथ सन्तुलन बनाते हुए नर्तकियों के अद्भुत कौशल को व्यक्त करता है।

पंवड़िया लोक नृत्य : यह लोक नृत्य बच्चे के जन्मोत्सव के अवसर पर लोकगीत गाते हुए प्रस्तुत किया जाता है।

करमा लोक नृत्य : यह लोक नृत्य आदिवासियों द्वारा फसलों की कटाई और बोआई के अवसर पर 'कर्म देवता' के समक्ष प्रस्तुत किया जाता है। यह एक सामूहिक नृत्य है, जिसमें स्त्री और पुरुष कमर में हाथ डालकर श्रमपूर्वक नृत्य करते हैं।

बिदेसिया लोक नृत्य : 'बिदेसिया' मूलत: लोकनाटक है। बिदेसिया नृत्य नाटक का ही एक रूप है, जो बिहार के लोक नृत्यों में महत्त्वपूर्ण है। बिदेसिया के जनक प्रसिद्ध लोकनाट्यकार भिखारी ठाकुर हैं। 'बिदेसिया' ने सामाजिक विषयों पर जन जागरूकता पैदा करने का कार्य किया। गरीबों, वंचितों और स्त्रियों के लिए आवाज उठाई। बिदेसिया का स्वर भावात्मक और व्यंग्यात्मक है। इसमें नृत्य और संगीत दोनों का प्रयोग होता है।

झारखंड का लोक नृत्य

छउ लोक नृत्य : यह झारखंड का प्रसिद्ध लोक नृत्य है। युद्ध भूमि से सम्बन्धित यह लोक नृत्य शारीरिक भाव भंगिमा, ओजस्वी स्वरों तथा पगों की धीमी व तीव्र गति द्वारा संचालित होता है। इस लोक नृत्य में गुरु की भूमिका महत्त्वपूर्ण होती है।

जतरा नृत्य : यह एक सामूहिक नृत्य है। इसमें स्त्री और पुरुष दोनों की सहभागिता होती है। इसमें युवक और युवतियाँ कभी वृत्ताकार तो कभी अर्ध वृत्ताकार रूप में नृत्य प्रस्तुत करती हैं।

पाइका नृत्य : यह लोक नृत्य युद्ध से सम्बन्धित है। यह मुंडा जनजातियों का एक प्रसिद्ध लोक नृत्य है। इसमें नर्तक सैनिक वेश धारण करते हैं तथा नर्तक कलगी लगी पगड़ी बाँधते हैं।

कर्नाटक लोक नृत्य

यक्षगान लोक नृत्य : यह कर्नाटक का प्रसिद्ध लोक नृत्य है। यक्ष का शाब्दिक अर्थ है—'देवताओं का गीत'। इसमें खेल और नृत्य का समायोजन होता है। कर्नाटक में यह परम्परा लगभग 800 वर्ष पुरानी है। यह आमतौर पर सर्दियों की फसल की कटाई के बाद धान के खेतों में किया जाता है। इसमें रामायण और महाभारत की कथा को आधार बनाया जाता है। यक्षगान आमतौर पर कन्नड़ भाषा में प्रस्तुत किया जाता है।

डोल्लू कुनिथा : यह कर्नाटक का प्रसिद्ध लोक नृत्य है। यह लोक नृत्य ढोलक की धुन पर किया जाता है। इस नृत्य में प्रयुक्त गीत धार्मिक, युद्ध और वीरता जैसे भावों पर केन्द्रित होते हैं। यह कर्नाटक के आदिवासियों के आनुष्ठानिक नृत्य का एक हिस्सा है।

महाराष्ट्र का प्रमुख लोक नृत्य

लावणी लोक नृत्य : यह महाराष्ट्र का प्रमुख लोक नृत्य है। यह नृत्य महिलाओं द्वारा ढोलक की थाप पर प्रस्तुत किया जाता है।

धंगारी गाजा लोक नृत्य : यह महाराष्ट्र का प्रमुख लोक नृत्य है। यह नृत्य सोलापुर जिले के धनगर नामक चरवाहा समुदाय द्वारा किया जाता है।

पोवाड़ा लोक नृत्य : यह नृत्य महान् मराठा शासक छत्रपति शिवाजी महाराज के जीवन की उपलिब्धयों एवं पराक्रम को उद्‌घाटित करता है।

कोली लोक नृत्य : यह लोक नृत्य महाराष्ट्र में प्रचलित है। यह मछुआरा समाज का लोक नृत्य है, जिसमें स्त्री और पुरुष दोनों की सहभागिता होती है। इसमें मछुआरों के जीवन संघर्ष, समुद्र से प्रेम आदि का चित्रण होता है।

बंगाल का प्रमुख लोक नृत्य

गम्भीरा लोक नृत्य : पश्चिम बंगाल का यह एक प्रमुख लोक नृत्य है। इस लोक नृत्य में भक्ति और धर्म की तरफ अत्यधिक आकर्षण है। इस लोक नृत्य में प्रतिभागी मास्क पहने रखता है। उत्तर बंगाल में विशेष रूप से मालदा जिले में यह लोक नृत्य काफी प्रचलित है। यह लोक नृत्य मार्च-अप्रैल महीने में विशेष रूप से चादक त्योहार के अवसर पर किया जाता है।

टुसू लोक नृत्य : यह प. बंगाल का एक प्रमुख आदिवासी लोक नृत्य है। इस नृत्य में स्त्री और पुरुष दोनों की सहभागिता होती है। आगामी फसल अच्छी तरीके से पैदा हो इस उपलक्ष्य में यह नृत्य किया जाता है। इस नृत्य का आयोजन दिसम्बर और जनवरी माह में किया जाता है।

छउ लोक नृत्य : यह नृत्य प. बंगाल का लोकप्रिय नृत्य है। यह नृत्य एक मुखौटा नृत्य है, जो केवल बंगाल में पुरुष नर्तकों द्वारा किया जाता है। यह एक पौराणिक नृत्य भी है। महाभारत और रामायण के प्रसंगों पर यह नृत्य केन्द्रित होता है। यह भारत में प्रसिद्ध आदिवासी मार्शल नृत्यों में से एक है।

ब्रिता लोक नृत्य : यह प. बंगाल का एक प्रमुख लोक नृत्य है। इसे 'वृता नृत्य' भी कहा जाता है। यह मुख्य रूप से बंगाल की महिलाओं द्वारा किया जाने वाला एक आह्वान नृत्य है, जो महिलाएँ बच्चों को जन्म देने में असमर्थ हैं। सन्तान प्राप्ति होने के बाद भगवान के सामने झुककर महिलाएँ आभार स्वरूप नृत्य प्रस्तुत करती हैं। प्राय: यह नृत्य संक्रामक रोगों से उबरने के बाद भी किया जाता है।

राजस्थान लोक नृत्य

घूमर लोक नृत्य : यह राजस्थान का एक प्रमुख लोक नृत्य है। इस नृत्य को 'State Dance of Rajasthan' के रूप में मान्यता भी प्राप्त है। यह लोक नृत्य केवल महिलाओं द्वारा प्रस्तुत किया जाता है। इस नृत्य में ढोल, शहनाई और नगाड़े का प्रयोग किया जाता है। इस लोक नृत्य में पैरों के संचालन पर विशेष बल दिया जाता है। आमतौर पर इसे एक समूह में गोलाकार गति में किया जाता है।

चंग नृत्य : यह शेखावटी क्षेत्र का पुरुष प्रधान नृत्य है। यह नृत्य होली के अवसर पर किया जाता है। राजस्थान के प्रमुख लोक नृत्यों में से एक है।

लूर लोक नृत्य : यह मारवाड़ (राजस्थान) का प्रमुख लोक नृत्य है। यह नृत्य फाल्गुन मास में प्रारम्भ होकर होली दहन तक चलता है। यह नृत्य राजस्थानी महिलाओं द्वारा प्रस्तुत किया जाता है। 'लूर' कृषक, मजदूर व दलित वर्ग की महिलाओं के ऐसे लोकगीत हैं, जो नृत्य के साथ सम्पन्न होते हैं। इसमें महिलाएँ दोनों हाथ से करतल ताल देती हुई छोटी सरस लयबद्ध पंक्तियों के साथ आमने-सामने दो दल बनाकर लूर गीत गाती व नृत्य करती हैं।

चरी नृत्य : गुर्जर जाति की महिलाओं द्वारा यह लोक नृत्य प्रस्तुत किया जाता है। इस नृत्य में महिलाएँ अपने सिर पर मटकी रखकर उसमें काकडें के बीज (कपास के बीज) तथा तेल डालकर आग की लपटों के साथ यह नृत्य किया जाता है। इस लोक नृत्य की सर्वश्रेष्ठ कलाकार के रूप में 'फलकूबाई' का नाम प्रसिद्ध है।

मिजोरम का लोक नृत्य

चेरव नृत्य : इस नृत्य को 'बाँस' नृत्य के रूप में भी जाना जाता है। इसमें नृत्य करते समय बाँस का प्रयोग किया जाता है। यह मिजोरम का सबसे प्राचीन व

विशिष्ट नृत्यों में से एक है। इसमें बाँस की बीट के बीच में और बाहर नृत्य किया जाता है।

खुआलम नृत्य : 'इसे मेहमानों के नृत्य' के नाम से जाना जाता है। यह नृत्य 'खुंगचवी' नामक समारोह के अवसर पर किया जाता है। इस नृत्य में पुरुषों का एक समूह ड्रम और गोंग की धुन पर प्रस्तुति देता है।

सांवलिया नृत्य : 'साँवलिया नृत्य' को युद्ध जीतने के उपरान्त जश्न मनाने के अवसर पर प्रस्तुत किया जाता है। युद्ध जीतने वाले नायक के सम्मान को इस नृत्य के जरिये प्रस्तुत किया जाता है। यह मिजोरम का सबसे पहला और पारम्परिक लोक नृत्य है, जिसमें स्त्री और पुरुष के खड़े होने पर नायक गोंग बीट्स की धुन पर ढाल और तलवार लेकर नृत्य प्रस्तुत करता है।

असम का लोक नृत्य

देवधनी लोक नृत्य : यह लोक नृत्य सर्पों की देवी मनसा को श्रद्धांजलि देने के निमित्त प्रस्तुत किया जाता है। यह नृत्य एक लड़की के द्वारा किया जाता है।

बिहू नृत्य : यह असम का प्रमुख लोक नृत्य है। यह लोक नृत्य बिहू उत्सव से सम्बन्धित है। यह नृत्य फसलों की कटाई के बाद अत्यन्त धूमधाम से पूरे राज्य में मनाया जाता है।

झूमरे लोक नृत्य : यह लोक नृत्य असम के चाय श्रमिकों द्वारा किया जाता है। दिन भर के श्रम और उससे उपजे थकान को दूर करने के लिए चाय श्रमिकों द्वारा यह नृत्य प्रस्तुत किया जाता है।

बगरूम्बा नृत्य : यह लोक नृत्य असम के बोडो समाज द्वारा प्रस्तुत किया जाता है। इस नृत्य को 'बटरफ्लाई डांस' कहते हैं। यह नृत्य विशेष रूप से 'बिशुबा संक्रान्ति' के मौसम के दौरान अप्रैल के मध्य में आयोजित किया जाता है। नर्तकों के स्वरूप में तितली और पक्षी होते हैं।

गोवा लोक नृत्य

फुगड़ी लोक नृत्य : यह गोवा का प्रसिद्ध लोक नृत्य है, जो महिलाओं द्वारा प्रस्तुत किया जाता है। यह सामाजिक व आध्यात्मिक अवसरों पर गाया जाने वाला लोक नृत्य है।

भोंवादो लोक नृत्य : यह एक आनुष्ठानिक नृत्य है, जो आमतौर पर शिरगाओ में देवता 'लराई' की दावत के दौरान होता है। इसमें लोक कलाकार मन्दिर का घेराव कर शुरुआत करते हैं।

तलगड़ी : इस लोक नृत्य में नर्तक गाँव में घूमते हैं और घर के आँगन में प्रदर्शन करते हैं। रंग-बिरंगे परिधानों और फूलों से सजे झंज, शमेल और घामट जैसे वाद्ययंत्रों की थाप पर नृत्य प्रस्तुत करते हैं।

अरुणाचल प्रदेश का लोक नृत्य

पोनुंग नृत्य : पोनुंग नृत्य में युवतियाँ एक-दूसरे का हाथ पकड़कर और मंडलियों में घूमते हुए नृत्य करती हैं। यह जनजाति कृषि पर निर्भर है, इसलिए फसलों के अच्छे उत्पादन के लिए बुआई से पहले भगवान से प्रार्थना की जाती है। इस नृत्य में केवल एक पुरुष भाग लेता है, जो योक्ष नामक वाद्य यंत्र बजाता है।

बुइया लोक नृत्य : यह एक आनन्दमय लोकमय नृत्य है। इसे अरुणाचल प्रदेश की दिगारू मिश्मी जनजाति के पुरुष और महिलाओं द्वारा विशेष पर्व पर यथा—दुआ, तनुया, तजम्पु और पारिवारिक अवसरों पर प्रस्तुत किया जाता है।

लोकसंगीत

दुनिया भर में भारत की छवि अत्यन्त बेजोड़ और विशिष्ट है, तो सिर्फ इसलिए कि यह देश सांस्कृतिक स्तर पर बहुत ही समृद्ध व प्रभावशाली है। इसकी सांस्कृतिक जड़ें बहुत गहरी और समन्वित हैं। इस सांस्कृतिक गौरव और उन्नति के मूल में सांगीतिक कलाओं की विशेष भूमिका है। भारतीय संस्कृति में संगीत का रिश्ता जीवन और साँस की डोर जैसा है। इस संगीत के बिना हम भारतीय अपने किसी भी शुभ व मांगलिक कार्य की परिकल्पना नहीं कर सकते हैं। संगीत के सात स्वर मानव मन की अनुभूतियों को 'स्पेस' देते हैं। जीवन में संगीत की महत्त्वपूर्ण भूमिका व आवश्यकता पर बल देते हुए राष्ट्रपिता महात्मा गांधी ने कहा था—"सामवेद की ऋचाएँ संगीत की खदान हैं। कुरान शरीफ की एक भी आयत बिना स्वर के नहीं कही जाती और ईसाई धर्म में डेविड के साम सुनें तो ऐसा लगता है मानो हम सामवेद ही सुन रहे हैं। इसलिए मैं इस बात का समर्थन करता हूँ कि बच्चों को संगीत की शिक्षा अनिवार्य रूप से दी जाए।"[1]

संगीत की दो मुख्य धाराएँ हैं—एक शास्त्रीय संगीत और दूसरा लोकसंगीत। लोकसंगीत जनमानस का संगीत है, जो जनमानस के द्वारा सृजित होता है। "जनमानस के मनोरंजन हेतु जनमानस के द्वारा गाया जाने वाला संगीत लोकसंगीत है।" भारत की सांस्कृतिक परम्परा में लोकसंगीत का महत्त्वपूर्ण अवदान है। लोकसंगीत की परम्परा में भारत दर्शन की झलक देखने को मिलती है। समूची भारतीय सभ्यता की संरचना, सोच-विचार, संवेदना, जीवन, परम्परा और संस्कृति का रंग, राग

के रूप में इस लोकसंगीत में निबद्ध है। वस्तुत: लोकसंगीत एक प्रकार का गीत है जो कि किसी क्षेत्र विशेष में लोगों द्वारा पारम्परिक रूप से गाया जाता है। यह गीत संस्कृति वैशिष्ट्य की जीवन रेखा होती है। भारतीय संस्कृति बहुलतावादी, बहुभाषायी संस्कृति है। 'विविधता में एकता' इस संस्कृति की अद्वितीय विशिष्टता है। ऐसे में भारतीय लोकसंगीत का इस विशिष्टता से प्रभावित होना स्वाभाविक है। लोकसंगीत में लोकजीवन और ग्राम्य जीवन पूरी तरह रचा-बसा है। इसमें अपनी माटी और मानुष से गहरा जुड़ाव है। यह जीवन की अजेय ऊर्जा व सार्थक विकल्प की तलाश करता है। इसमें मनोरंजन भी है, जीवन की आस्था का स्वर भी है, तो वहीं जीवन दर्शन भी है। इस दृष्टिकोण से लोकसंगीत लोक और मन के बहुत नजदीक है। इसमें देशीपन और देशज का गुण संचित है। लोकजीवन का सुन्दरतम रूप हमें लोकसंगीत में दिखाई पड़ता है। यह ऐसा संगीत है जो जन रुचि के अनुसार अस्तित्व में आया है। यह जन साधारण द्वारा भावों की सरल व सहज भावाभिव्यक्ति है।

लोकसंगीत लोक के बीच से उत्पन्न हुआ है। यह अत्यन्त सरल व सहज है। इसे अनुकरण मात्र से सीखा जा सकता है। इसके लिए किसी भी प्रकार की शास्त्रीय संगीत की शिक्षा का बोध होना आवश्यक नहीं है। पं. ओंकार नाथ ठाकुर के अनुसार—"लोकसंगीत के माध्यम से समस्त विश्व में मानवता, आत्मीयता और एकता की स्थापना की जा सकती है।" डॉ. लक्ष्मीनारायण गर्ग ने अपनी पुस्तक 'ब्रज संस्कृति और लोकसंगीत' की भूमिका में कहा है—"लोकसंगीत का सृजन पहाड़, नदी-नाले, झरने, पोखर-तालाब, सागर, सूर्य, चन्द्र, तारे, बादल, बिजली, पेड़-पौधे, पशु-पक्षी और मानव के आन्तरिक सुख-दुख की स्थितियों से होता है। इसलिए वह हजारों वर्षों तक अपनी स्वाभाविक और अनवरत गति से चलता रहता है।"

भारत जैसे विशाल आबादी वाले देश में लोकसंगीत की जीवंत परम्परा विद्यमान है। भारत के प्रत्येक क्षेत्र का अपना लोकसंगीत है। इन लोकसंगीतों में क्षेत्रीय व स्थानीय संस्कृति के साथ-साथ वहाँ का जीवन प्रतिबिम्बित है। लोकसंगीत के सामाजिक सन्देश पीढ़ी दर पीढ़ी स्थानान्तरित होते रहते हैं। लोकसंगीत के गीत प्राय: स्त्री-पुरुष, बच्चे, जाति, समाज, कृषि, प्रकृति, पर्यावरण, धर्म, दर्शन, संस्कृति, देवी-देवताओं, फसल, खेत-खलिहान, मौसम, जीव-जन्तुओं, तीज-त्योहार आदि से सम्बद्ध होते हैं। लोकसंगीत में वाद्य यंत्रों की भूमिका अत्यन्त महत्त्वपूर्ण है। ढोलक, तुरही, झाँझ, सारंगी, बाँसुरी, नगाड़ा, खम्बूजी, एकतारा, खड़बज, शहनाई, मजीरा, विदाला, मंडल, ज्ञाला, मृदंग, शंख, वीणा, तुम्बी, खँझड़ी, गुबगुबा जैसे वाद्ययंत्रों का प्रयोग करके गायन होता है। ये वाद्य यंत्र स्थानीय कलाकारों द्वारा बनाए और विकसित किये जाते हैं।

लोकसंगीत भोले-भाले, आम आदमी के सुख-दुख, प्रेम, करुणा, आनन्द, संवेदना की सुरमयी अभिव्यक्ति है। लोकसंगीत में गीतों का अत्यधिक महत्त्व है। वाद्ययंत्रों का सहयोग प्राप्त करके ये गीत अत्यन्त हृदयस्पर्शी, आनन्ददायी व सुन्दर रूप सहज ग्रहण कर लेते हैं। लोकसंगीत सामूहिकता व सामाजिकता को जीवन में प्रश्रय देता है। यह लोकजीवन की सम्पत्ति है। लोकसंगीत से किसी जाति, क्षेत्र अथवा वर्ग विशेष का सम्पूर्ण सांस्कृतिक अध्ययन करना सम्भव है।

भारत का प्रमुख लोकसंगीत

सम्पूर्ण भारत में लोकसंगीत की समृद्ध परम्परा देखने को मिलती है। इस संगीत में विषय वैविध्य और वाद्ययंत्रों के प्रयोग की भिन्नता को देखा व समझा जा सकता है। जिस पर स्थानीयता का रंग व प्रभाव परिलक्षित होता है। भारत के प्रमुख लोकसंगीत निम्नलिखित हैं—

लावणी लोकसंगीत : यह महाराष्ट्र का प्रमुख लोकसंगीत है। इसका गायन ढोलकी वाद्ययंत्र पर किया जाता है। महाराष्ट्र के अतिरिक्त कर्नाटक तथा मध्य प्रदेश में भी इस संगीत का प्रचलन है। प्राचीन युग में इस संगीत का प्रयोग सैनिकों की थकान दूर करने के साथ उनके मनोरंजन के लिए भी किया जाता था। परम्परागत रूप से लावणी महिला कलाकारों द्वारा गाए जाते हैं, लेकिन कभी-कभी पुरुष कलाकार भी इसे गा सकते हैं। यह लोक समाज और राजनीति जैसे विषयों को अभिव्यक्त करता है।

उत्तराखंडी लोकसंगीत : इस लोक संगीत का जन्म प्रकृति की गोद में हुआ है। इस प्रकार के संगीत को मुख्यतः धार्मिक व विशेष पर्व के अवसर पर गाया जाता है। इसमें प्रकृति प्रेम, साहचर्य, ऐतिहासिक चरित्रों की वीरता और शौर्य तथा विशिष्ट सांस्कृतिक क्रियाकलापों को आधार बनाकर उसे संगीत के सुरों में निबद्ध किया जाता है।

पंडवानी लोकसंगीत : यह लोकसंगीत छत्तीसगढ़, मध्य प्रदेश, उड़ीसा एवं आन्ध्र प्रदेश में प्रसिद्ध है। इसमें महाभारत के विभिन्न चरित्रों के शौर्यगाथाओं को प्रस्तुत किया जाता है। प्रसिद्ध लोक कलाकार तीजन बाई ने इस लोकसंगीत को उत्कर्ष पर पहुँचाने का प्रशंसनीय कार्य किया है।

भवगीत : यह कर्नाटक का प्रसिद्ध लोकसंगीत है। 'भवगीत' शब्द का आशय है—'अभिव्यक्ति का संगीत'। इसमें गायक की अभिव्यक्ति पक्ष का बहुत महत्त्वपूर्ण स्थान है। इस संगीत में कृषि, प्रकृति, मानुष प्रेम, दर्शन, सौहार्द जैसे बहुमूल्य विषयों का प्रस्तुतीकरण होता है।

कोली लोक संगीत : यह महाराष्ट्र के मछुआरों का प्रसिद्ध लोक संगीत है। इसमें नृत्य की महत्त्वपूर्ण भूमिका होती है। समुद्र में मछली पकड़ने, समुद्र के साथ प्रेमिल रिश्ते, समुद्र को अपना देवता मानना, मछुआरों का दैनिक जीवन तथा उनका संघर्षपूर्ण जीवन आदि की भावाभिव्यक्ति इस लोक संगीत में होती है।

भटियाली लोक संगीत : भटियाली बंगाल के नाविकों का प्रसिद्ध लोक संगीत है। इस संगीत में नदी प्रेम, नदी सौन्दर्य के साथ-साथ बंगाल के नाविकों का जीवन दर्शन की भी भावनात्मक अभिव्यक्ति होती है। लोकसंगीत भोले-भाले, आम आदमी के सुख-दुख, प्रेम, करुणा, आनन्द, संवेदना की सुरमयी अभिव्यक्ति है। लोकसंगीत में गीतों का अत्यधिक महत्त्व है। वाद्य यंत्रों का सहयोग प्राप्त करके ये गीत अत्यन्त हृदयस्पर्शी, आनन्ददायी व सुन्दर रूप सहज ग्रहण कर लेते हैं। लोकसंगीत सामूहिकता व सामाजिकता को जीवन में प्रश्रय देता है। यह लोकजीवन की सम्पत्ति है। लोकसंगीत से किसी जाति, क्षेत्र अथवा वर्ग विशेष का सम्पूर्ण सांस्कृतिक अध्ययन करना सम्भव है।

भवसंगीत : 'भवसंगीत' कर्नाटक का प्रमुख लोक संगीत है। भवसंगीत का अर्थ है—'अभिव्यक्ति का संगीत'। अत: गायक की अभिव्यक्ति इस संगीत का सर्वाधिक महत्त्वपूर्ण पक्ष है। इस संगीत में प्रकृति, प्रेम, दर्शन आदि विषयों का समावेश है।

मांड लोकसंगीत : यह राजस्थान का प्रमुख पारम्परिक लोकसंगीत है। इस लोकसंगीत में राजस्थान की संस्कृति, उसका इतिहासबोध निहित है। अपने अर्थ पूर्ण भाव एवं रागात्मकता के कारण यह लोक संगीत लोक समाज के मध्य बहुत प्रसिद्ध है।

पंखिडा, राजस्थान : यह गीत खेतों में काम करते समय राजस्थान के काश्तकारों द्वारा गाया जाता है। काश्तकार अलगोजा और मजीरा बजाकर गाते और बात करते हैं। 'पंखिडा' शब्द का अर्थ—'प्रेम' है।

लोक का प्रकीर्ण साहित्य

'लोकोक्तियाँ'

'लोकोक्ति' संस्कृत भाषा का शब्द है। लोकोक्ति शब्द 'लोक' और 'उक्ति' दो शब्दों से मिलकर बना है। जिसका अर्थ है—'लोक में प्रचलित उक्ति या कथन'। लोक साहित्य में लोकोक्तियों का महत्त्वपूर्ण स्थान है। इनके प्रयोग से भाषा में सम्प्रेषणीयता व प्रभाव उत्पन्न होता है। पाठकों और श्रोताओं के मनोविज्ञान पर अमिट प्रभाव पड़ता है। लोकोक्तियों का जन्म मनुष्य के अनुभव संसार से होता है। इनकी उत्पत्ति और रचनाकार ज्ञात नहीं होते हैं। लोकोक्ति बड़ी और भावपूर्ण होती है। डॉ. धीरेन्द्र वर्मा के अनुसार—"लोकोक्तियाँ ग्रामीण जनता की नीतिशास्त्र हैं। यह मानवीय ज्ञान के घनीभूत रत्न हैं।"

संस्कृत में लोकोक्तियों को 'सूक्ति' अर्थात् सुन्दर या आदर्श उक्ति कहा जाता है। सुभाषित शब्द भी सूक्ति का ही पर्याय है। हिन्दी में लोकोक्ति को 'कहावत' भी कहते हैं। लोकोक्तियाँ प्राय: ऐतिहासिक एवं पौराणिक कथाओं तथा सामाजिक क्रियाकलापों पर आधारित होती हैं।

लोकोक्ति की विशेषता

1. लोकोक्तियाँ समाज का संस्कार व मार्गदर्शन करती हैं।
2. लोकोक्तियाँ जीवन के सभी पक्षों को स्पर्श करती हैं।
3. मनुष्य को शिक्षाप्रद उपदेश देती हैं।
4. लोकोक्तियाँ जीवन के अनुभव संसार से जुड़ी हुई होती हैं।
5. लोकोक्तियों का स्वरूप अपरिवर्तित रहता है।
6. लोकोक्तियों का प्रयोग अधिकतर स्वतंत्र वाक्य के रूप में होता है।
7. लोकोक्तियाँ समास शैली में होती हैं। इनमें कम शब्दों में अधिक बातों का समावेश होता है।
8. लोकोक्तियाँ अत्यन्त सरल भाषा में होती हैं। फलत: लोक समाज के भीतर आसानी से अपना प्रभाव छोड़ती हैं।

9. लोकोक्तियाँ भाषा की अभिव्यंजना शक्ति को बढ़ाती हैं। भाषा में गतिशीलता उत्पन्न करती हैं।
10. लोकोक्तियों में व्यावहारिक सत्य और जीवनानुभव छिपा होता है।

लोकोक्तियों की परम्परा

लोकोक्तियों की परम्परा लोककथा और लोकगाथा की तरह अत्यन्त प्राचीन है। इनके प्रारम्भ के विषय में निश्चित रूप से कुछ नहीं कहा जा सकता है। मानव समाज ने अपनी बातों को रोचक, सम्प्रेषणीय और प्रभावशाली बनाने के लिए लोकोक्तियों का प्रयोग करना प्रारम्भ किया। वेदों में भी लोकोक्तियों का प्रयोग देखने को मिलता है। जैसे—'चक्षुवे सत्यम्' अर्थात् आँखों देखा ही सत्य होता है। इसी प्रकार 'माता भूमि: पुत्रहम् पृथिव्या' अर्थात् भूमि मेरी माता है। मैं उसका पुत्र हूँ।

इसी प्रकार पुराणों और उपनिषदों में भी अनेक लोकोक्तियों का प्रयोग मिलता है, जो तद्‌युगीन समाज के ज्ञान, रीति और नीति परम्परा पर प्रकाश डालती हैं। रामायण और महाभारत जैसे महाकाव्यों में भी लोकोक्तियों का प्रचुर प्रयोग मिलता है। ये लोकोक्तियाँ लोक और समाज का संस्कार करती हैं। उन्हें जीवन के प्रति एक विकसित समझ पैदा करने के लिए प्रेरित करती हैं। लोक प्रचलित कृतियों 'पंचतंत्र' एवं 'हितोपदेश' में भी लोकोक्तियों की एक समृद्ध परम्परा मिलती है। ये लोकोक्तियाँ नीतिपरक हैं। व्यक्ति को विवेक और संस्कार प्रदान करती हैं। लोकोक्ति की दृष्टि से संस्कृत साहित्य अत्यन्त समृद्ध है। महाकवि कालिदास, भारवि, माघ, श्रीहर्ष, राजशेखर आदि कवियों ने अपनी रचनाओं में लोक को संस्कारित व जागृत करने के लिए लोकोक्तियों का प्रचुर मात्रा में प्रयोग किया है। महाकवि भारवि की कृति 'किरातार्जुनीयम्' में प्रयुक्त लोकोक्ति है—"सहसा विदधीत न क्रियाम्" अर्थात् कोई कार्य अचानक नहीं करना चाहिए। इसी प्रकार "हितं मनोहारि च दुर्लभं वच:" अर्थात् ऐसी बातें दुर्लभ होती हैं, जो हितकर भी हों और मनोहर भी हों। हिन्दी के प्रमुख कवियों कबीर, सूर, तुलसी, जायसी, रहीम आदि ने लोकोक्तियों का प्रयोग करके लोकोक्ति साहित्य की श्रीवृद्धि की है। मनुष्य के जन्म और उसके सोचने और समझने की शक्ति के साथ ही लोकोक्ति का उद्‌भव हुआ।

लोकोक्ति का महत्त्व

लोकोक्ति का लोकजीवन में अत्यन्त महत्त्वपूर्ण स्थान है। यह ग्रामीण जनता का नीतिशास्त्र है। लोकोक्ति गागर में सागर भरने की प्रवृत्ति का काम करती है। यह अभिधा अथवा व्यंजनामूलक होती है। यह सामाजिक नीति एवं आदर्श स्थापित

करने का माध्यम बनती हैं। लोकोक्तियों के प्रयोग से भाषा की कहन शक्ति में निखार, चमत्कार व सम्प्रेषणीयता उत्पन्न होती है। ये जटिल से जटिल विषयवस्तु को सरल, सहज व रोचक ढंग से आम आदमी के बीच स्पष्ट करने में सक्षम हैं। लोकोक्तियों का प्रयोग प्राचीनकाल से होता रहा है। इसके माध्यम से हम अपनी सामाजिक-सांस्कृतिक परम्परा, संस्कृति, जीवन, संघर्ष, चुनौती, सामाजिक-आर्थिक संरचना, लोक मनोविज्ञान, व्यवहार आदि को बेहतर ढंग से समझ सकते हैं। जैसे—आषाढ़ मास में खाद डालने से फसल खूब अच्छी होती है। इस सन्दर्भ में लोकोक्ति प्रचलित है-

असाढ़ में खाद खेत में जावै,
तब भरि मूठि दाना पावै॥

"का वर्षा जब कृषि सुखानी" अर्थात् अवसर बीतने पर की गई सहायता व्यर्थ होती है। इसी तरह "कागज की नाव बहुत दिन नहीं चलती" अर्थात् बेईमानी और धोखेबाजी बहुत दिन तक नहीं चलती है। "ढोल के भीतर पोल" अर्थात् दिखावटी शान-शौकत।

मुहावरा

'मुहावरा' अरबी भाषा का शब्द है। इसका अर्थ है—'परस्पर बातचीत और सवाल-जवाब करना।' अंग्रेजी में इसे 'Idioms' कहते हैं। मुहावरा एक शब्द या एक वाक्यांश होता है। किसी वाक्य में प्रयुक्त होकर उसके अर्थ में सौन्दर्य व चमत्कार उत्पन्न करता है। मुहावरे का सम्पूर्ण सौन्दर्य उसके लक्ष्यार्थ पर केन्द्रित होता है। ये प्रसंग के अनुरूप अर्थ देते हैं। मुहावरे में प्रयुक्त शब्दों के स्थान पर उनके पर्यायवाची शब्द नहीं प्रयुक्त किये जाते हैं। जैसे—'आँख मारना' को 'नेत्र मारना' नहीं कह सकते हैं। 'नाक रगड़ना' को 'नासिका रगड़ना' नहीं कह सकते हैं। इस प्रकार मुहावरे के मूल रूप में कभी परिवर्तन नहीं होता है। मुहावरे भाषा को प्रभावी, सम्प्रेषणीय, क्रियाशील, रुचिकर व सशक्त बनाते हैं।

मुहावरे की परम्परा

मुहावरों का इतिहास उतना ही पुराना है, जितना भाषा की व्युत्पत्ति का। संस्कृत साहित्य में इनका प्रचुर प्रयोग मिलता है। मुहावरों का प्रयोग संस्कृत महाकाव्यों तथा नाटकों में विशेष रूप से व्यवहत हुआ है। हिन्दी में मुहावरों की संख्या बहुत अधिक है। सिर से पैर तक ऐसा कोई अंग नहीं है, जिस पर मुहावरे न बने हों।

'कवि सम्राट' अयोध्यासिंह उपाध्याय 'हरिऔध' ने अपनी पुस्तक 'बोलचाल' में इन मुहावरों का प्रयोग पद्य में किया है। हिन्दी की विभिन्न बोलियों—भोजपुरी, ब्रज, अवधी, बुन्देलखंडी आदि में हजारों की संख्या में मुहावरे उपलब्ध हैं। भोजपुरी में अनेक ऐसे मुहावरे हैं, जो खड़ी बोली हिन्दी में नहीं मिलते हैं। जैसे—

1. 'पाताल खिलना'—बहुत दूर चला जाना।
2. 'हाथ में दही जमाना'—मारने पर भी क्रुद्ध न होकर चुप रहना।
3. 'हाथ झुलावत आना'—असफल होकर लौटना।
4. 'लग्गा लगाना'—किसी काम की शुरुआत करना।

मुहावरे की विशेषता

1. मुहावरे पूर्ण वाक्य नहीं होते हैं। ये एक शब्द के भी हो सकते हैं और वाक्यांश के भी हो सकते हैं।
2. मुहावरे की सबसे बड़ी विशेषता यह है कि यह किसी वाक्य का अंगीभूत बनकर रहता है। जैसे—'आग लगना' एक मुहावरा है। लेकिन इसकी कोई स्वतंत्र सत्ता नहीं है। जब तक इसका किसी वाक्य में प्रयोग नहीं होता है, तब तक इसका कोई अर्थ नहीं निकलता है। जैसे—मेरे और पड़ोसियों के बीच आग लगाकर वह घर से भाग निकला। 'आग लगाना' का अर्थ-झगड़ा कराना है।
3. मुहावरे हमेशा अपने मूल रूप में प्रयुक्त होते हैं। इसमें पर्यायवाची शब्दों का प्रयोग यदि किया जाए तो इससे मुहावरा नष्ट हो जाता है। जैसे—'हाथ धोना' मुहावरे के स्थान पर 'हस्त प्रक्षालन' शब्द का प्रयोग किया जाए तो अभीष्ट अर्थ की प्राप्ति में बाधा उत्पन्न होती है।
4. मुहावरे में लक्ष्यार्थ के द्वारा ही अभीष्ट अर्थ की प्राप्ति होती है। जैसे—'गड़े मुर्दे उखाड़ना'। इसका सामान्य अर्थ है कि कब्र को खोदकर लाश बाहर निकालना। लेकिन अभीष्ट अर्थ है—'बीती बातों को फिर से उठाना।'
5. मुहावरे जनजीवन, सामाजिक-आर्थिक स्थिति, व्यवहार, रूढ़ियों, परम्पराओं तथा विचारों को व्यक्त करते हैं। लोक का मनोविज्ञान, संस्कृति और इतिहास की झलक हमें मुहावरों में देखने को मिलती है। इस दृष्टि से मुहावरों का महत्त्वपूर्ण स्थान है। जैसे—'गरीबी में आटा गीला होना'। इस मुहावरे का अर्थ है—'एक संकट के बाद दूसरा संकट आना।' एक तो व्यक्ति गरीब है। उस पर उसके पास थोड़ा-सा आटा है। गूँधते समय वह भी गीला हो गया, जिस कारणवश रोटी नहीं बन सकती। इस विषम स्थिति के लिए 'गरीबी में आटा गीला होना' मुहावरे

का प्रयोग किया जाता है। इसी तरह आर्थिक जीवन की विवशता को रेखांकित करता हुआ एक मुहावरा है—'पेट काटना'। इस मुहावरे का अर्थ है—'आर्थिक अभाव के कारण अपना खर्च कम करना।' वाक्य रूप में इसका प्रयोग है—'प्रभा ने अपना पेट काटकर बच्चों को इस लायक बनाया कि वे समाज में खड़े हो सकें। इसी तरह 'घर में नहीं दाने अम्मा चली भुनाने' मुहावरे में गरीबी और अभाव का प्रतिबिम्ब झलकता है।

6. मुहावरों का प्रयोग बड़ा ही व्यापक है। हमारे जीवन का ऐसा कोई कार्य नहीं है, जिसमें मुहावरों का समावेश न हो। मुहावरे हमारे जीवन में एक विशिष्ट स्थान रखते हैं।

पहेली

भारतीय जनजीवन में मनोरंजन के विविध साधनों में पहेली का महत्त्वपूर्ण स्थान है। किसी व्यक्ति की बुद्धि या समझ की परीक्षा लेने वाले एक प्रकार के प्रश्न, वाक्य अथवा वर्णन को पहेली (Puzzle) कहते हैं। इसमें किसी वस्तु का लक्षण या गुण घुमा-फिराकर भ्रामक रूप में प्रस्तुत किया जाता है। फिर उस प्रश्न को बूझने के लिए कहा जाता है अथवा उस विशेष वस्तु का नाम बताने के लिए कहा जाता है। इसे 'बुझौवल' भी कहा जाता है। पहेली को संस्कृत में 'प्रहेलिका' कहते हैं। पहेलियाँ मनुष्य का मनोरंजन करती हैं। साथ ही व्यक्ति का मानसिक व्यायाम करती हैं। इसमें व्यक्ति की चतुरता को चुनौती देने वाले प्रश्न होते हैं। डॉ. फ्रेजर ने पहेलियों के सन्दर्भ में कहा है—"पहेलियों की रचना उस समय हुई होगी जब कुछ कारणों से वक्ता को स्पष्ट शब्दों में किसी बात को कहने में किसी प्रकार की अड़चन पड़ती होगी।"

पहेलियों का प्रचलन अत्यन्त प्राचीन है। इन पहेलियों में ज्ञान की अमूल्य निधि संचित है। मनुष्य की प्रकृति प्रारम्भ से ही रहस्यात्मक रही है। जब मनुष्य यह चाहता है कि उसकी बात को सर्वसाधारण जन समझ न सके, तब वह ऐसी भाषा का प्रयोग करता है, जो जन साधारण की समझ से परे होती है। मनुष्य की यही रहस्यमयी प्रवृत्ति पहेली को जन्म देती है। लोक समाज में यह मनोरंजन का महत्त्वपूर्ण साधन है। स्त्रियाँ पहेलियों को अपना अस्त्र मानती हैं। ससुराल में दामाद की परीक्षा लेने के लिए स्त्रियाँ पहेलियों की झड़ी लगा देती हैं। विवाह होने के उपरान्त कोहबर में दूल्हे से पूछे जाने वाली पहेली 'छन' कहलाती है। यह वास्तव में पहेली का ही एक रूप है। पहेलियों का विषय सम्पूर्ण लोकजीवन है। इसमें खेती-बाड़ी से लेकर प्रकृति के विविध रूपों का अंकन होता है।

पहेली की विशेषता

1. पहेलियाँ मनुष्य के मनोरंजन का एक उत्तम साधन हैं।
2. ये तर्क और बुद्धि पर केन्द्रित होती हैं।
3. पहेलियाँ मनुष्य का मानसिक व्यायाम करवाती हैं।
4. पहेलियाँ मनुष्य की कल्पना शक्ति और चिन्तन को विस्तार देती हैं।
5. यह बुद्धि परीक्षण का एक अन्यतम साधन है।
6. पहेली प्राय: पद्यमय होती है।
7. पहेलियों के द्वारा ज्ञान वृद्धि की प्रतियोगिता होती है।
8. पहेलियों के द्वारा मनुष्य की कल्पना शक्ति में वृद्धि होती है।
9. पहेलियों के द्वारा मनोरंजन के साथ लोक संस्कृति की भी अभिव्यक्ति होती है।
10. पहेलियाँ व्यक्ति की सूक्ष्म निरीक्षण शक्ति को विकसित करती हैं।

पहेलियों की परम्परा

पहेलियों की परम्परा भारत में अत्यन्त प्राचीनकाल से चली आ रही है। वैदिक काल में भी हमें पहेलियों की परम्परा देखने को मिलती है। ऋग्वेद के एक मंत्र में पहेली का रूप देखा जा सकता है—

चत्वारि श्रृंगा त्रयी अस्य पादा,
द्वे शीर्षे सप्त हस्तासो अस्य।
त्रिधा बधो वृषभौ रौरवीति,
महादेवी मर्त्या आ विवेश।

अर्थात् जिसके चार सींग हैं, तीन पैर हैं, दो सिर हैं, सात हाथ हैं, जो तीन जगहों से बँधा हुआ है, वह मनुष्यों में प्रविष्ट हुआ वृषभ शब्द करता हुआ महादेव है। साधारण अर्थ यही है। लेकिन गूढ़ार्थ यह है कि यह वृषभ यज्ञ है, जिसके चार सींग वेद हैं, प्रात:काल मध्याह्न और सायंकाल तीन पैर हैं, उदय और अस्त दो सिर हैं, सात प्रकार के छन्द सात हाथ हैं, वह मंत्र ब्राह्मण और कल्प रूपी तीन बन्धनों से बँधा हुआ मनुष्य में प्रविष्ट है। उपनिषदों की भाषा भी रहस्यात्मक है। यम-नचिकेता संवाद के दौरान नचिकेता ने यम से पूछा कि वह कौन-सा तत्त्व है? जिसको जान लेने या पाने से मनुष्य अमरत्व को प्राप्त कर लेता नचिकेता का प्रश्न एक पहेली ही है। इस पहेली को सुलझाने के लिए यम तैयार नहीं था। संस्कृत साहित्य में पहेलियाँ अधिकांश संख्या में मिलती हैं।

हिन्दी में पहेलियों की परम्परा अमीर खुसरो से मिलती है। खुसरो की कविता का लक्ष्य जनता का मनोरंजन करना था। उन्होंने 'पहेलियाँ' और 'मुकरियों' की रचना किया। ये पहेलियाँ आमजन के जीवन से जुड़ी हुई साधारण भाषा में थीं। अमीर खुसरो ने इन पहेलियों की रचना खड़ी बोली में किया था। खुसरो की पहेलियों हैं—

एक थाल मोती से भरा।
सबके सिर पर औंधा धरा॥
चारों ओर वह थाली फिरे।
मोती उससे एक न गिरे॥

(आकाश)

एक नार ने अचरज किया।
साँप मारि पिंजड़े में दिया॥
जों जों साँप ताल को खाए।
सूखे ताल साँप मर जाए॥

(दीया-बत्ती)

एक नार तरवर से उतरी, सर पर वाके पाँव
ऐसी नार कुनार को, मैं ना देखन जाँव॥

(मैना)

सावन भादों बहुत चलत है, माघ पूस में थोरी।
अमीर खुसरो यूँ कहें तू बूझ पहेली मोरी।

(नाली)

अचरज बेगला एक बनाया, बाँस न बल्ला बन्धन घने।
ऊपर नींव तरे घर छाया, कहे खुसरो घर कैसे बने॥

(बया पक्षी का घोंसला)

पहेलियों के प्रकार

1. **शरीर सम्बन्धी पहेलियाँ :** वह पहेलियाँ जिनका शारीरिक क्रियाओं तथा प्रतिक्रियाओं से सम्बन्ध रहता है। ये पहेलियाँ मनुष्य की इन्द्रियों से सम्बन्धित होती हैं।

   उदाहरण— *बीस्सों का सिर काट दिया।*
   ना मारा, ना खून किया॥

   (नाखून)

राजस्थान में प्रचलित कुछ पहेलियाँ ऐसी हैं, जिनका उत्तर गणितीय प्रक्रिया के द्वारा निकाला जाता है। जैसे—

दिन दूणै अर बाण रस, खंड मिलावौ सोय।
ज्यां में हमको राखजौ, जौ प्रीत रावळी होय॥

अर्थात् दिशाओं की संख्या दस मानी जाती है। उसे दुगुना करने पर बीस होता है। पाँच बाण (कामदेव) माने गए हैं। षट् रस (छह रस) भोज्य पदार्थों के माने गए हैं। भूमंडल के नौ खंड माने गए हैं। इन सभी का कुल योग चालीस होता है। चालीस सेर का एक मन माना गया है। इस प्रकार इस पहेली का अर्थ है कि हे प्रिय! तुम हमें अपने मन में बसाये रखना।

2. **प्रकृति सम्बन्धी पहेलियाँ :** ऐसी पहेलियों में प्रकृति सम्बन्धी रहस्यपरक बातें निहित होती हैं।

उदाहरण— *भरी परात गिने ना जाए।*

(आसमान के तारे)

एक बाग में ऐसा हुआ
आधा बगुला, आधा सुआ॥

(मूली)

चाँद सूरज में हुई लड़ाई
मंगती आई छुड़ावन।

(ग्रहण)

3. **खान-पान सम्बन्धी पहेलियाँ :** जीवन के विविध पक्षों से जुड़ी हुई पहेलियाँ मनुष्य के खान-पान से भी जुड़ी हुई हैं। इन पहेलियों में खान-पान से जुड़े रोचक तथ्य होते हैं।

उदाहरण— *चार कबूतर चार रंग,*
महल में जाकै एक रंग

(पान)

घर में उपजे घर बह जाए।
खेत में उपजे सब कोई खाये॥

उदाहरण— *लाल छड़ी भुँइ में गड़ी।*
सासु ले पतोही बड़ी॥

(फूट)

4. **जीव सम्बन्धी पहेलियाँ :** इन पहेलियों का सम्बन्ध जीवन जगत् के पशु-पक्षियों से होता है।

उदाहरण— *हम इत्ते से, तुम उत्ते बड़े।*
हमने छू दिया, तुम रो पड़े॥

(बिच्छू)

हेली री हेली तू हल्दी से पेली
छटाँक चुम्मा ले गई, परम दुख दे गई॥

(ततैया)

उज्ज्वल बरन अधीन गत एक चरन दो ध्यान।
दीखन मैं साधु-सा, गिरी कपट की खान॥

(बगुला)

पहेली का महत्त्व

पहेलियाँ जीवन में आनन्द, मनोरंजन एवं हास्य की सृष्टि करती हैं। व्यक्ति की मानसिक एवं काल्पनिक शक्ति का विकास करती हैं। पहेलियाँ लोक और समाज के प्रति हमारा ज्ञान बढ़ाती हैं। इससे हमारे भाषायी ज्ञान में समृद्धि होती है। व्यक्ति की तार्किक क्षमता विकसित और सुदृढ़ होती है। बच्चों के मानसिक विकास के लिए पहेलियाँ बहुत उपयोगी और महत्त्वपूर्ण हैं।

हिन्दी लोक साहित्य का विकासक्रम

- हिन्दी का लोक साहित्य : इतिहास, अध्ययन की सीमाएँ एवं आवश्यकताएँ
- हिन्दी का लोक साहित्य और बोलियाँ

लोक साहित्य के अध्ययन की शृंखला की आदिम कड़ी के रूप में अंग्रेज अधिकारियों की भूमिका अत्यन्त महत्त्वपूर्ण रही है। ये अंग्रेज अधिकारी भारत में शासन एवं प्रशासनिक कार्य करने के साथ-साथ लोक साहित्य एवं लोक संस्कृति के संग्राहक एवं आलोचक के रूप में महत्त्वपूर्ण भूमिका निभाते रहे हैं। इसके अतिरिक्त ईसाई मिशनरियों ने भारत में अपने धर्म का प्रचार-प्रसार करने के साथ ही भारत के विभिन्न प्रान्तों के जनपदों की बोलियों में निहित लोक संस्कृति एवं लोक साहित्य का ज्ञान प्राप्त कर उसे प्रकाशित कराने का कार्य किया। इस प्रकार भारत में लोक साहित्य के अध्ययन का प्रारम्भ अंग्रेजों द्वारा किया गया। इसका मूल कारण यही प्रतीत होता है कि यूरोप में समाजशास्त्र, नृ-विज्ञान एवं पुरातत्त्व आदि का अध्ययन करते समय

लोक संस्कृति एवं लोक साहित्य के अध्ययन की ओर इनकी पर्याप्त रुचि थी। ऐसे वातावरण में शिक्षित होकर भारत आए इन अंग्रेज अधिकारियों ने भारत के विभिन्न प्रान्तों की बोलियों, भाषाओं में निबद्ध संस्कृति, रीति-रिवाज, परम्परा, तीज-त्योहार, मेले, उत्सव एवं लोक साहित्य के विविध रूपों के ज्ञानार्जन की ओर उन्मुख हुए।

सर्वप्रथम 1829 ई. में कर्नल टॉड द्वारा लोक संस्कृति के संकलन एवं प्रकाशन का कार्य प्रारम्भ किया गया। इस सन्दर्भ में कर्नल टॉड का प्रसिद्ध ग्रन्थ 'एनल्स एंड एंटिक्विटीज ऑफ राजस्थान' प्रकाशित हुआ। यह ग्रन्थ राजस्थानी लोक साहित्य एवं संस्कृति की दृष्टि से बेजोड़ है। इस ग्रन्थ को कर्नल टॉड ने राजस्थान की लोकगाथाओं के आधार पर सम्पादित व संकलित किया है। 1854 ई. में रॉयल एशियाटिक सोसाइटी के मुख पत्र में श्री जे. एबट नामक एक विद्वान का एक लेख पंजाब की वीरगाथाओं का परिचय प्रस्तुत करता है। लोक साहित्य के संकलन व संवर्द्धन की दिशा में एबट का यह प्रयास सराहनीय था। वर्ष 1866 ई. में सर रिचर्ड टैम्पुल नामक विद्वान ने मध्य प्रदेश की जंगली जातियों की लोकवार्ता एवं लोक साहित्य को संकलित कर प्रकाशित कराया। 1868 ई. में मिस फ्रेजर द्वारा दक्षिण भारत की लोक कहानियों का एक संग्रह 'ओल्ड डेकन डेज' शीर्षक से प्रकाशित कराया गया। वर्ष 1871 ई. में चार्ल्स ई. ग्रोवर का 'फ्रॉम सांग्स ऑफ सदर्न इंडिया' नामक ग्रन्थ भारतीय लोकगीतों का सर्वप्रथम संग्रह कहा जा सकता है। कन्नड़, कुर्ग, तमिल, कूरल, मलयालम तथा तेलुगु आदि जनपदीय बोलियों के लोकगीतों के संग्रह के साथ अंग्रेजी में उनके अनुवाद का कार्य किया गया, जो इस दिशा में किया गया, जो इस दिशा में सार्थक प्रयास कहा जाएगा।

इसी प्रकार वर्ष 1872 ई. में डाल्टन का एक ग्रन्थ 'डिस्क्रिप्टिव एथनॉलॉजी ऑफ बंगाल' बंगाल की लोक संस्कृति का विस्तृत परिचय देता है। यह ग्रन्थ बंगाल की लोक संस्कृति के विविध आयामों को समझने में सहायता प्रदान करता है। 1876 ई. में जी.एच. दामंत ने बंगाली लोककथाओं का एक संग्रह 'बंगाली फोकलोर ऑफ दीनाजपुर' शीर्षक से प्रकाशित कराया। इन्होंने 1879 ई. तक 'इंडियन एंटीक्वेरी' नामक पत्रिका में लोक साहित्य पर अनेक निबन्ध लिखकर लोक साहित्य को प्रकाश में लाने का कार्य किया है।

वर्ष 1885 ई. में नटेश शास्त्री द्वारा लिखित 'फोकलोर इन सदर्न इंडिया' नामक ग्रन्थ अस्तित्व में आया। इसी वर्ष ई.जे. रॉबिन्सन ने दक्षिण भारत के लोकगीतों एवं लोककथाओं का सम्मिलित संग्रह 'टेल्स एंड पोइम्स ऑफ साउथ इंडिया' शीर्षक से प्रकाशित कराया। इस ग्रन्थ की विशेषता इसमें अंग्रेजी अनुवाद को प्रस्तुत करना रहा है। इसी वर्ष सर जी.ए. ग्रियर्सन ने 'इंडियन एंटिक्वैरी' में एक लेख 'द सांग्स ऑफ आल्हाज मैरिज' शीर्षक से लिखा था। वर्ष 1886 ई. में सर जार्ज ग्रियर्सन ने भोजपुरी जनपद के बिरहा, जैतसार और सोहर नामक लोकगीतों का संकलन

'सम भोजपुरी फोक सांग' शीर्षक से प्रकाशित किया। इस ग्रन्थ में लोकगीतों के मूल पाठ के अतिरिक्त अंग्रेजी अनुवाद भी उपलब्ध है। ग्रियर्सन का अन्य ग्रन्थ है—'बिरहा पीजेंट लाइफ'। यह ग्रन्थ 'भारतीय लोक संस्कृति क्षेत्र का मील का पत्थर' कहा जाता है। वर्ष 1891 ई. में विलियम कुक ने 'नार्थ इंडियन नोट्स एंड कवैरीज' पत्रिका का प्रकाशन प्रारम्भ किया। इन्होंने पाँच-छह वर्ष तक अनेक निबन्ध प्रकाशित किया। इस पत्रिका में विलियम कुक लोक साहित्य का परिचय प्रस्तुत करते थे। वर्ष 1907 ई. में डब्ल्यू.टी. डेम्स ने वीरगाथाओं, प्रेमगीतों एवं पहेलियों का संग्रह 'पॉपुलर पोइट्री ऑफ बिल्लोचीज' शीर्षक से प्रकाशित कराया।

अतएव वर्ष 1920 ई. तक लोक साहित्य से जितने भी संग्रह एवं व्याख्याएँ प्रकाशित हुईं, वे सब प्राय: अंग्रेज विद्वानों द्वारा ही संगृहीत थीं। इसके उपरान्त बंगाल में दिनेश चन्द्र सेन, बिहार में शरत् चन्द्र राय और उत्तर प्रदेश में रामनरेश त्रिपाठी और गुजरात में झबेरचन्द्र मेघाणी ने अपने-अपने जनपदों के लोक संस्कृति एवं साहित्य को प्रकाशित कराने का महत्त्वपूर्ण व प्रशंसनीय कार्य किया।

बीसवीं सदी के तीसरे दशक के अन्त में लोक साहित्य के संग्रह का शुभारम्भ रामनरेश त्रिपाठी द्वारा किया गया। वर्ष 1929 ई. में 'कविता कौमुदी' (05 भाग) प्रकाशित हुआ। इसमें उत्तर प्रदेश एवं पश्चिमी बिहार के लोकगीतों का संकलन था। इनकी एक अन्य कृति 'हमारा ग्राम साहित्य' शीर्षक से प्रकाशित हुआ। जिसमें लोकोक्तियों का संग्रह और संकलन समाहित है।

लोक साहित्य के अध्ययन की सीमाएँ

भारत एक बहुलतावादी, बहुभाषायी एवं संस्कृति से सम्पन्न विविधताओं का देश है। यहाँ भिन्न-भिन्न प्रकार के बहुभाषायी संस्कृति के लोग निवास करते हैं। उनकी अपनी संस्कृति और परम्पराएँ हैं। 'अनेकता में एकता' इस संस्कृति का वैशिष्ट्य है। ये संस्कृति और परम्पराएँ लोकभाषाओं में बिखरी पड़ी हुई हैं। अत: लोक साहित्य के समुचित अध्ययन के लिए जरूरी हो जाता है कि लोकभाषाओं का समृद्ध ज्ञान हो। तभी हम लोकजीवन, लोक संस्कृति को बेहतर ढंग से समझ सकते हैं। लोकभाषाओं के ज्ञान के अभाव में लोक साहित्य का अध्ययन कदापि सम्भव नहीं है। लोक साहित्य लोकजीवन का दर्पण है। इसमें लोकजीवन के विविध रंगों का संयोजन है। फलत: इसमें विषयगत विविधता है। अत: लोक साहित्य का क्षेत्र स्वत: अत्यन्त व्यापक हो जाता है। लोक साहित्य के अध्ययनकर्ता के लिए जरूरी हो जाता है कि उसे विषय का ज्ञान होने के साथ ही उसकी उपयुक्त समझ भी हो। लोक साहित्य का अध्ययन करने के लिए विविध भाषाओं के ज्ञान के साथ ही वैविध्यपूर्ण विषयों का ज्ञान आवश्यक हो जाता है। लोक साहित्य के अध्ययनकर्ता के मन में लोक साहित्य के

प्रति रुचि, उत्साह व गम्भीरता होनी चाहिए। इसीलिए डॉ. कृष्णदेव उपाध्याय ने लोक साहित्य के संकलन के मार्ग को 'कंटकाकीर्ण' कहा है। लोक साहित्य का अध्ययन करने के लिए अध्ययनकर्ता को अंचल विशेष के स्थानीय इतिहास, भूगोल, समाज व संस्कृति का ज्ञान होना चाहिए। इसके अभाव में वह लोक साहित्य का समुचित अनुशीलन नहीं कर पाएगा। पाश्चात्य शिक्षा व संस्कृति के व्यापक प्रचार-प्रसार के कारण वर्तमान समय में लोगों के भीतर लोकगीतों, लोककथाओं, लोकगाथाओं, लोकनाट्य एवं लोकसंगीत आदि के प्रति मोहभंग हुआ है। लोगों में लोक साहित्य की इन विधाओं के प्रति विरक्ति भी उत्पन्न हुई है। लोकगायकों की घटती संख्या के कारण भी लोक साहित्य के अध्ययन में कठिनाई आती है। इसके अतिरिक्त लोक साहित्य का संग्रह करने की कुशलता का अभाव, त्वरित लेखन में शिथिलता, आज की नई युवा पीढ़ी का अपनी संस्कृति और परम्पराओं के प्रति मोहभंग होना, पाश्चात्य संस्कृति के प्रति तीव्रता से बढ़ता आकर्षण, लोक साहित्य के संरक्षण के सरकारी बजट का अभाव, एकीकृत प्रयास का अभाव एवं बोलियों और भाषाओं को लेकर राजनीति करना आदि लोक साहित्य के अध्ययन में विघ्न बनते हैं।

लोक साहित्य की आवश्यकता

किसी देश की सामाजिक, सांस्कृतिक चेतना और परम्परा का ज्ञान प्राप्त करने के लिए वहाँ के लोक साहित्य का अध्ययन करना आवश्यक ही नहीं जरूरी हो जाता है। लोक साहित्य में लोकजीवन की सफलतम अभिव्यक्ति होती है। लोक समाज की आत्मा इसमें मुखरित होती है। लोक साहित्य में तद् युगीन इतिहास की झलक देखने को मिलती है। लोक साहित्य के अध्ययन से हम प्रदेश या अंचल विशेष के लुप्त ऐतिहासिक तथ्यों को प्रकाश में ला सकते हैं। जो विषय या ऐतिहासिक तथ्य हमें ऐतिहासिक ग्रन्थों में नहीं मिलते हैं, उन्हें हम सहज व सरल रूप में लोक साहित्य से प्राप्त कर सकते हैं। ऐतिहासिक चरित्रों, ऐतिहासिक घटनाओं, ऐतिहासिक युद्ध तथा राजाओं का जीवन और दर्शन हम लोक साहित्य से ग्रहण कर सकते हैं।

लोक साहित्य के सम्यक् अध्ययन से हम देश और प्रदेश की भौगोलिक स्थितियों का ज्ञान प्राप्त कर सकते हैं। लोकगीतों, लोककथाओं और लोकगाथाओं में व्यक्त नदी, पर्वत, झरने, झील, वन प्रदेश, दुर्ग, व्यापारिक केन्द्रों व भौगोलिक स्थलों आदि का ज्ञान हम प्राप्त कर सकते हैं। लोकगीतों में जिस परदेसी पति को चित्रित किया गया है, वह पूरब में व्यापार के लिए गया है। जब वह अपने घर लौटता है, तब अपनी पत्नी के लिए मगह का पान, बनारसी साड़ी, पटना की चोली, गोरखपुर का हाथी लाता है। इस प्रकार लोक साहित्य भौगोलिक ज्ञान का विस्तार करता है। इससे अंचल विशेष की कृषि व्यवस्था अथवा स्थानीय संस्कृति का ज्ञान प्राप्त होता है।

किसी भी देश अथवा समाज की आर्थिकी के विषय में ज्ञान प्राप्त करने का उत्तम साधन लोक साहित्य है। लोक साहित्य के अध्ययन से अंचल विशेष के लोगों की जीवन शैली, रहन-सहन, खान-पान, सामाजिक-आर्थिक स्तर, अमीरी और गरीबी का पता चलता है। लोक साहित्य की विविध विधाओं में इसका स्रोत ढूँढ़ा जा सकता है। किसी भी समाज की आर्थिक समृद्धि का बोध हमें लोक साहित्य से प्राप्त हो सकता है।

धर्म किसी भी लोक समाज की आस्था का आधार होता है। अंचल विशेष का धार्मिक जीवन, धार्मिक क्रियाकलाप, धार्मिक मान्यताएँ आदि का ज्ञान हम लोक साहित्य से प्राप्त कर सकते हैं। इस दृष्टि से लोक साहित्य की भूमिका अत्यन्त महत्त्वपूर्ण है। पूजा-पाठ, तीर्थ, व्रत, भगवद् भक्ति, लोक-परलोक, पाप-पुण्य आदि का सम्पूर्ण बिम्ब हम लोक साहित्य से प्राप्त कर सकते हैं। लोकगीतों में देवी स्तुति और लोककथाओं में धार्मिक विश्वास और मान्यताओं के एक साथ अनेक प्रतिबिम्ब देखे जा सकते हैं, जो हमारी भारतीय लोक संस्कृति का अटूट हिस्सा हैं। यह हमारी सांस्कृतिक विरासतों को रेखांकित करता है।

भाषाशास्त्र के ज्ञान और अभिव्यक्ति शैली को प्रभावी बनाने के लिए भी लोक साहित्य का अध्ययन नितान्त आवश्यक हो जाता है। जटिल से जटिल भावों की अभिव्यक्ति के लिए लोक साहित्य में सरल व सहज शब्द भरे पड़े हैं। लोक साहित्य में लोकोक्तियाँ, मुहावरे, कहावतें और सूक्तियों का भंडार है। भाषा को सम्प्रेषणीय व प्रभावी बनाने के लिए भी लोक साहित्य का अध्ययन और ज्ञान अपेक्षित हो जाता है।

नृशास्त्र (एन्थ्रोपालॉजी) की दृष्टि से भी लोक साहित्य का अध्ययन आवश्यक है। विभिन्न मानव जाति, उनके क्रियाकलाप और जीवन संस्कृति का चित्रण लोक साहित्य में मिलता है। भोजपुरी प्रदेश में पाई जाने वाली जातियों मल्लाह, चर्मकार, दुसाध, गोंड, धरकार आदि जातियों के जीवन के बहुआयामी पक्षों को समझने के लिए लोक साहित्य का अध्ययन आवश्यक है।

अतएव सामाजिक, आर्थिक, राजनीतिक, ऐतिहासिक, सांस्कृतिक, आध्यात्मिक, भाषाशास्त्रीय, मनोवैज्ञानिक एवं नैतिक मूल्यों की उपयोगिता के दृष्टिकोण से लोक साहित्य का अध्ययन अत्यन्त आवश्यक होने के साथ ही अनिवार्य भी हो जाता है। लोक साहित्य इतिहास, समाजशास्त्र, मनोविज्ञान और नृतत्वशास्त्र जैसे विषयों के लिए स्रोत सामग्री का कार्य करता है। लोक साहित्य ज्ञान का अक्षय भंडार है। मानवीय ज्ञान के प्रसार के लिए लोक साहित्य की आवश्यकता है। लोक साहित्य लोकजीवन के विविध पक्षों का उद्‌घाटन करता है। इसमें अर्थवत्ता के साथ रसज्ञता भी होती है। अत: लोक, लोकजीवन, लोक संस्कृति और उसकी संरचना को समझने में लोक साहित्य की अपरिमित आवश्यकता है।

हिन्दी का लोक साहित्य और बोलियाँ

हिन्दी की पाँच उपभाषा एवं 18 प्रमुख बोलियाँ हैं। पश्चिमी हिन्दी की प्रमुख बोली-कौरवी या खड़ी बोली, ब्रज, हरियाणवी या बांगरू, कन्नौजी, बुन्देली हैं। पूर्वी हिन्दी की प्रमुख बोली अवधी, बघेली एवं छत्तीसगढ़ी है। बिहारी हिन्दी की प्रमुख बोली-मैथिली, मगही, भोजपुरी तथा पहाड़ी हिन्दी की प्रमुख बोली कुमायूँनी, गढ़वाली, नेपाली है। इसी तरह राजस्थानी हिन्दी की प्रमुख बोली मारवाड़ी, मेवाती, मालवी एवं जयपुरी है। ये हिन्दी की अट्ठारह प्रमुख बोलियाँ हैं। इन बोलियों में उच्च कोटि का लोक साहित्य उपलब्ध है। ये बोलियाँ हिन्दी की विविधता, विशेषता, सम्पन्नता और शक्ति का प्रतीक हैं। इन बोलियों के लोक साहित्य में अंचल विशेष की परम्परा, संस्कृति, सौन्दर्य, लोकजीवन, रीति-रिवाज, पर्व, उत्सव, लोक मन की अनुभूतियाँ आदि का समावेश है।

पश्चिमी हिन्दी की बोलियाँ

खड़ी बोली : यह पश्चिमी हिन्दी की एक प्रमुख बोली है। 'खड़ी बोली' शब्द से आशय खड़ी बोली प्रदेश में बोली जाने वाली जनपदीय लोकभाषा से है। प्राचीन कुरु जनपद में बोली जाने के कारण इसे 'कौरवी' भी कहा जाता है। अत:'कौरवी' के नाम से भी जाना जाता है। यह बोली 'सरहिन्दी', 'नागरी', 'हिन्दुस्तानी' के रूप में भी प्रसिद्ध है। 'खड़ी बोली' शब्द का प्रथम प्रयोग फोर्ट विलियम कॉलेज में भाषा मुंशी रहे लल्लू लाल तथा सदल मिश्र ने किया था। कौरवी या खड़ी बोली दिल्ली, मुरादाबाद, मेरठ, रामपुर, बिजनौर, सहारनपुर, मुजफ्फरपुर, देहरादून के मैदानी भाग, अंबाला (पूर्वी भाग) तथा पटियाला (पूर्वी भाग) में बोली जाती है। आधुनिक हिन्दी की व्युत्पत्ति इसी भाषा से हुई है। लोक साहित्य की दृष्टि से खड़ी बोली का अपना विशिष्ट महत्त्व है। लोक साहित्य की प्रमुख विधाओं लोकगीत, लोककथा, लोकगाथा, लोकनाटक, लोक संगीत इस बोली में उपलब्ध है। महापंडित राहुल सांकृत्यायन ने कुरु प्रदेश के लोकगीतों का संग्रह 'आदि हिन्दी के गीत और कहानियाँ' शीर्षक से प्रकाशित

किया था। खड़ी बोली के लोक साहित्य के संकलन व संरक्षण की दिशा में राहुल जी का यह प्रयास प्रशंसनीय रहा है।

खड़ी बोली के लोकगीतों में मानवीय विचारों, आदर्शों, भावनाओं का प्रतिबिम्ब दिखाई पड़ता है। इसमें जीवन का सौन्दर्य और राग है। ससुराल में संतप्त एक स्त्री अपनी मनोव्यथा व्यक्त करते हुए कहती है—

ना इस घर में चक्की री ना चूल्हा
ना चक्की में चूण बैहण मेरी
बुरा है ससुर का देस।

ब्रजभाषा : यह पश्चिमी हिन्दी की एक प्रमुख बोली है। शौरसेनी प्राकृत से उत्पन्न ब्रजभाषा मथुरा, अलीगढ़, एटा, आगरा,, बुलन्दशहर, मैनपुरी, बदायूँ, बरेली, भरतपुर, धौलपुर, तथा ग्वालियर का पश्चिमी क्षेत्र, नैनीताल आदि जिलों में बोली जाती है। ब्रज का एक अन्य नाम 'अन्तर्वेदी' भी है। मथुरा, अलीगढ़, तथा पूर्वी आगरा की बोली आदर्श ब्रजभाषा है। ब्रजभाषा का साहित्य विशाल और अत्यन्त समृद्ध है। काव्यभाषा के रूप में ब्रजभाषा लम्बे समय तक प्रतिष्ठित रही है। सूरदास, रसखान, केशवदास, तुलसीदास, घनानन्द, बिहारी, पद्माकर, भूषण, देव, मतिराम, भारतेन्दु हरिश्चन्द्र, जगन्नाथ दास रत्नाकर आदि ब्रजभाषा के प्रसिद्ध रचनाकार हैं। यह पश्चिमी हिन्दी की ओकार बहुला भाषा है। जैसे—भलो, गयो, बुरो,बड़ो, छोरो इत्यादि। ब्रजभाषा की एक अन्य व्याकरणिक प्रवृत्ति है-उकारान्त की प्रवृत्ति। जैसे—आपु, सबु, भालु, इत्यादि। ब्रजभाषा में 'ने' के स्थान पर 'नै' तथा 'को' के स्थान पर 'कूँ' तथा 'पर' के स्थान पर 'पै' का प्रयोग मिलता है।

ब्रज लोक साहित्य की अत्यन्त समृद्ध परम्परा रही है। ब्रज भाषा के लोक साहित्य ने ब्रज प्रदेश को ही नहीं समूचे भारतीय जनजीवन और समाज को अपने माधुर्य, भाव प्रेषणीयता व लालित्य से प्रभावित किया है। ब्रज के प्रचलित लोकगीतों में ब्रज की संस्कृति, परम्परा व जीवन ही नहीं अभिव्यक्त हुआ है। अपितु राष्ट्रीय चेतना, देश भक्ति, वीर स्वतंत्रता सेनानियों की शहादत, ब्रज की रज में निहित मूल्य व गौरवबोध, स्वदेशानुराग का स्वर तीव्रता से मुखरित हुआ है—

भूल न जइयो भारतवासी उन वीरन की कुर्बानी।
हँसते-हँसते प्रान गँवाये अमर रखौ माँ कौ पानी।
जात-पाँत और मजहब नाम आज मचायौ हल्ला।
धरम बचाऔ, शक्ति बढ़ाऔ, जगह-जगह पर है गिल्ला।

ब्रज के लोकगीत, लोककथा, लोकगाथा व लोकनाटकों में ब्रज का लोकजीवन व उसकी अनुपम संस्कृति का चित्रण पूरे मनोयोग व संवेदनशीलता के साथ

अभिव्यक्त हुआ है। ब्रज का लोक साहित्य सांस्कृतिक परम्परा का अमूल्य कोष है। ब्रज क्षेत्र का ऐसा कोई विषय नहीं है, जो इन लोकगीतों में मुखरित नहीं हुआ हो। ब्रज के लोकगीतों में ब्रज की सामाजिक और सांस्कृतिक परम्परा प्रतिबिम्बित हुई है।

हरियाणवी : हरियाणवी पश्चिमी हिन्दी की एक प्रमुख बोली है। इसका दूसरा नाम 'बांगरू' या 'बांगडू' है। अम्बाला से दक्षिणी-पश्चिमी क्षेत्र के भू भाग को हरियाणा कहा जाता है। इसके अन्तर्गत रोहतक और करनाल, जींद और नाभा, हिसार का पूर्वी भाग और पटियाला का दक्षिणी-पूर्वी भाग सम्मिलित है। हरियाणा में बड़ी संख्या में जाट जाति निवास करती है। इसलिए इसका एक अन्य नाम 'जाटू' भी है। हरियाणवी और खड़ी बोली में बहुत कम अन्तर है। ध्वनियाँ सब की सब वही हैं। इसमें 'ए' का उच्चारण 'ऐ' होता है। हरियाणवी में क्रिया सम्बन्धी दो बातें अत्यन्त महत्त्वपूर्ण हैं। जैसे—है, हैं, हूँ, हो, को क्रमश: सै, सैं, सूँ, सों लिखा जाता है। वर्तमान कृदन्त हिन्दी का 'ता' और पंजाबी का 'दा' दोनों हो सकता है। जैसे—मिलता-मिलदा, करता-करदा इत्यादि।

हरियाणवी लोक साहित्य भी अत्यन्त समृद्ध है। हरियाणवी लोकगीतों का हरियाणवी लोक साहित्य में महत्त्वपूर्ण स्थान है। इन लोकगीतों में जीवन के प्रत्येक पक्ष का सुन्दरतम रूप दिखाई पड़ता है। हरियाणा में विभिन्न सांस्कृतिक अवसरों पर इन लोकगीतों को गाने की परम्परा रही है। सावन मास में गाये जाने वाले लोकगीतों में भाई-बहन के प्रेमिल रिश्ते का सौन्दर्य विद्यमान है—

आया तीजां का त्योहार
आज मेरा बीरा आवैगा
सामण में बादल छाए
सखियाँ नै झूले पाए
मैं कर लूँ मौज बहार
आज मेरा बीरा आवैगा।

इसी प्रकार हरियाणवी में प्रचलित एक 'विदाई' लोकगीत है, जिसमें स्त्री मन की पीड़ा की संवेदित अभिव्यक्ति हुई है। इस लोकगीत में स्त्री के घर छूटने का दर्द छलका है—

काहे को ब्याही बिदेस रे लक्खी बाबुल मेरे।
हम हैं रे बाबुल मुँडेरे की चिड़ियाँ,
कंकड़ी मारे उड़ जाएं रे, लक्खी बाबुल मेरे।
हम हैं रे बाबुल चोणे की गउएँ,
जिधर हाँको हँक जाएं रे, लक्खी बाबुल मेरे।

घर भी सूना आँगन भी सूना लाडो चली पिता घर त्याग।
घर में तो उस के बाबुल रोवैं अम्मां बहिन उदास।
कोठे के नीचे से निकली पलकिया-निकली पलकिया,
आम नीचे से निकला है डोला, भय्या ने खाई है पछाड़।

हरियाणवी लोककथाओं ने भी हरियाणवी लोक साहित्य को अत्यन्त समृद्ध किया है। लोककथाएँ मानव जाति की मूल्यवान सम्पदाओं में से एक है। हरियाणवी लोककथाओं में हरियाणवी समाज और संस्कृति के साथ ही परम्पराओं पर भी चिन्तन किया गया है। ये लोककथाएँ लोकजीवन और लोक संस्कृति को व्याख्यायित करती हैं। 'परियां अर राजकुमार' नामक लोककथा में एक राजा कै च्यार राणी थी। उनमैं तै किसी कै भी बालक नी होवैं थे। राजा इस बात से बड़ा दुखी था। एक दिन एक महात्मा राजदरबार मैं आया, राजा नै उसकी बड़ी सेवा करी। महात्मा नै खुश होकै राजा को आशीर्वाद दिया अक् थारे बच्चों की लम्बी उम्र हो अर सदा खुसी रहें। राजा महात्मा तै कहण लाग्या अक् महाराज म्हारै तो कोई औलाद नहीं है। महात्मा राजा की बात सुणकर कुछ देर सोचदा रह्या, फेर उसनै आपणे थैले मैं तै कुछ जड़ी-बूटी काढ़ कै राजा को दै दी, उसने राजा को कह्या अक् इन जड़ी-बूटियों नै कूट कै आपणी राणियों को बराबर हिस्सों में बाँटकर पिला देना। राजा नै महात्मा के कहण अनुसार जड़ी-बूटी कै राणियों को पिला दी।

कुछ दिन बाद भगवान की इसी किरपा होई अक् च्यारों राणियों कै लड़का पैदा होगे। सारे राज-पाट में खुशियाँ मनाई गई, गरीबां तै खूब दान दिया। ज्योतसियों नै पन्ना शोध्या अक् महाराज च्यारों राजकुमार खूब शक्तिशाली और बलवान हैं। इन्हें दक्षिण दिशा में डर है और बाकी तीनों दिशाओं में जा सकते हैं।

बुन्देली : बुन्देले राजपूतों के प्रभाव से मध्य प्रदेश की सीमा से लगे झाँसी, छतरपुर, सागर तथा आसपास के क्षेत्र को 'बुन्देलखंड' कहा जाता है। यहाँ बोली जाने वाली बोली को 'बुन्देली' कहा जाता है। बुन्देली का क्षेत्र झाँसी, जालौन, हमीरपुर, ग्वालियर, भोपाल, ओरछा, सागर, नृसिंहपुर, सिवनी, होशंगाबाद, तथा उसके आसपास है।

बुन्देली की व्याकरणिक विशेषताओं में अन्त्य अल्पप्राणीकरण की प्रवृत्ति पाई जाती है। जैसे—भूख-भूक, हाथ-हात्, दूध-दूद आदि। इसमें ब्रज के 'ऐ' और 'औ' का 'ए' तथा 'ओ' के रूप में प्रयोग मिलता है। बुन्देली में 'स' का 'छ' और 'स' का 'च' में परिवर्तन मिलता है। जैसे—सीढ़ी-छीढ़ी, साँचे-चाँचे।

बुन्देली में लोक साहित्य की समृद्ध वाचिक परम्परा रही है। बुन्देली भाषा में लोक साहित्य अत्यन्त समृद्ध है। लोक प्रचलित लोकगाथा काव्य 'आल्हाखंड' बुन्देली की उप बोली बनाफरी में है। ईसुरी का फाग भी बुन्देली में है। बुन्देलखंड की हरदौल गाथाएँ पूरे देश में प्रचलित हैं। लाल कवि ने बुन्देली में ही अपने साहित्य

की रचना की थी। बुन्देली लोकगीतों में स्त्री के दुख और विवशता को जगह दी गई है। नारी को बहू के रूप में ससुराल में अनेक यातनाएँ झेलनी पड़ती हैं। एक बालिका खेल-खेल में बाल सुलभ चंचलता के कारण स्त्री के इस उत्पीड़न का विरोध करती है—

तिल के फूल तिली के दाने चन्दा उँगे बड़े भुनसारे।
उँगन न होय बारो चन्दा, हम घर होय लिपना पुतना।
सास न होय दैहे गारियाँ, ननद न होय कोसे बिरना।
माई को कहो न करिहों, बाबुल को कहो न करिहों।
पानी के खेप न धरिहों, गोबर कह हेल न धरिहों।
चकिया को डड़ा न पकरिहों, तबा पे कुचैया न धरिहों।
बासी को कौर न दैहों, ताती होय सो लप लप खैहों।

कन्नौजी : कन्नौजी पश्चिमी हिन्दी की एक प्रमुख बोली है। वर्तमान फर्रुखाबाद का प्राचीन नाम कन्नौज या कान्यकुब्ज था, इसलिए इस क्षेत्र में बोली जाने वाली भाषा का नाम 'कन्नौजी' पड़ा। ब्रजभाषा से अत्यधिक समानता होने के कारण कुछ विद्वान इसे ब्रज की एक उपबोली भी मानते हैं। यह इटावा, फर्रुखाबाद, शाहजहाँपुर, कानपुर, हरदोई, पीलीभीत आदि क्षेत्रों में बोली जाती है। कन्नौजी की प्रमुख व्याकरणिक विशेषता हैं—उकारान्त की प्रवृत्ति। जैसे—खातु, घरु, सबु, जातु आदि। इसी तरह ओकारान्त की प्रवृत्ति भी कन्नौजी में मिलती है। जैसे—हमारो या हमाओ, तुम्हारो आदि। 'औ' का 'उ' की प्रवृत्ति भी पाई जाती है। जैसे—कौन-कउन। शब्द के अन्त में 'इया' और 'वा' प्रत्यय का प्रयोग किया जाता है। जैसे—छोकरा-छोकरिया, लड़की-लड़कियाँ आदि।

पूर्वी हिन्दी की प्रमुख बोली

अवधी : अवधी पूर्वी हिन्दी की एक प्रमुख बोली है। इसका विकास अर्धमागधी अपभ्रंश से हुआ है। लखनऊ, रायबरेली तथा फतेहपुर के कुछ क्षेत्र को 'बैसवाड़ा' कहा जाता है। इसलिए अवधी को 'बैसवाड़ी' भी कहा जाता है। इन सभी नामों में 'अवधी' नाम ही ज्यादा प्रचलित है। यह नाम प्रचलित होने के साथ ही उपयुक्त भी है। अवधी उत्तर प्रदेश में उन्नाव, लखनऊ, रायबरेली, फतेहपुर, सीतापुर, इलाहाबाद, गोंडा, बहराइच, सुलतानपुर, प्रतापगढ़, बाराबंकी आदि जनपदों में बोली जाती है।

अवधी भाषा का साहित्यिक एवं सांस्कृतिक दृष्टि से अत्यन्त महत्त्व है। हिन्दी साहित्य के इतिहास का भक्तिकाल का सूफी प्रेमाख्यानक काव्य एवं रामकाव्य

धारा के सम्पूर्ण काव्य की रचना अवधी भाषा में ही हुई है। जायसी, मंझन, कुतुबन, उस्मान, मुल्ला दाउद, नूर मुहम्मद, कासिमशाह आदि अवध प्रान्त के ही निवासी थे। रामभक्ति काव्यधारा के कवियों में गोस्वामी तुलसीदास का स्थान अत्यन्त महत्त्वपूर्ण स्थान है। तुलसीदास ने 'श्रीरामचरितमानस' महाकाव्य की रचना अवधी में ही किया है।

अवधी की प्रमुख व्याकरणिक विशेषताएँ हैं—अवधी में 'ल' के स्थान पर 'र' का प्रयोग मिलता है। जैसे—गाली-गारी। इसी तरह 'ण' के स्थान पर 'न' का प्रयोग किया जाता है। जैसे—प्राण-प्रान तथा 'ड़' के स्थान पर 'र' का प्रयोग मिलता है। जैसे—साड़ी-सारी। अवधी में 'इया', 'उवा', 'वा' प्रत्यय जोड़ दिये जाते हैं। जैसे—भरतवा, अवधेशवा, टेबुलवा, पेन्सिलिया।

बघेली : बघेलखंड क्षेत्र में बोली जाने वाली बोली को बघेली कहते हैं। इसका केन्द्र रीवा है। रीवा बघेल राजाओं की राजधानी थी, इसलिए बघेली को 'रीवाई' भी कहा जाता है। लोक में यह एक बोली के रूप में प्रतिष्ठित है। भाषाविद् इसे अवधी का ही एक दक्षिणी रूप मानते हैं। इसका क्षेत्र उत्तर में मध्य प्रदेश-उत्तर प्रदेश की सीमा से लेकर पूर्व में मिर्जापुर, छोटा नागपुर और बिलासपुर की पश्चिमी सीमा तक फैला है।

बघेली की व्याकरणिक विशेषताओं में बघेली अकारान्त प्रधान है। इसमें 'वा', 'इया' और 'कौना' संज्ञा के दीर्घतर रूप बनाए जाते हैं। जैसे—'ललन' से 'ललनवा', 'छोट' से 'छोटका' या 'छोटकौना', 'दुपहर' से 'दुपहरिया'। इसमें सर्वनाम 'मुझे' के लिए म्वाँ', मोही शब्द का प्रयोग किया जाता है। इसी प्रकार 'तुझे' के लिए 'त्वाँ', 'तोही' प्रयोग किया जाता है। विशेषण में 'हा' प्रत्यय लगाकर शब्द बनाये जाते हैं। जैसे—'नीक' से 'नीकहा'। बघेली में 'व' की जगह 'ब' का प्रयोग मिलता है। जैसे—'आवाज' की जगह 'आबाज' बोलना। कहीं-कहीं 'व' की जगह 'म' का प्रयोग मिलता है। जैसे—'चरावै' की जगह 'चरामै' बोलना। बघेली में 'क्या' के स्थान पर 'काह' का प्रयोग मिलता है। इसमें 'कउनी' का प्रयोग खूब मिलता है। यह खड़ी बोली के 'कोई' का प्रतिरूप है।

बघेली में ललित साहित्य का प्राय: अभाव पाया जाता है, लेकिन लोक साहित्य की दृष्टि से बघेली अत्यन्त समृद्ध है। बघेली में लोकगीत और लोककथाओं के संग्रह मिलते हैं। इसमें भगवती प्रसाद शुक्ल, श्री उरगेश, बैजू, तथा शम्भुनाथ द्विवेदी के द्वारा कविताओं एवं लोकगीतों के उत्कृष्ट संकलन प्रकाशित किये गए हैं। बघेली में लोकगीतों की एक समृद्ध परम्परा रही है। ये लोकगीत बघेलखंड की लोक संस्कृति को प्रस्तुत करते हैं। रक्षाबन्धन के पर्व के उपरान्त बघेलखंड में 'खजुलैया' का पर्व मनाया जाता है। यह पर्व सावन मास के शुक्ल पक्ष के चौदस के दिन बड़े उल्लास के साथ मनाया जाता है। इस दिन गाँव के लोग रथ सजाकर

किसी नदी या तालाब के पास जाते हैं और गाते-बजाते हुए खजुलैया विसर्जित करते हुए गीत गाये जाते हैं—

जल बिनु मछरी, पान बिन धान,
लेबा बिनु खुजलू, तुम बहुत अजान,
माई गांगे।
बेला री फूली चमेली गहदाय,
परवल फूटे मइया रहि नहिं जाए,
माई गंगे॥

बघेली लोकगीतों में स्त्री पीड़ा का स्वर मुखरित हुआ है। बघेली की एक नायिका ससुराल में प्राप्त अपने दुख को एक चिड़िया से कहती है। वह कहती है कि चिड़िया बहन मेरे मायके जाना और मेरे माँ से कहना कि झाड़ू का एक सींका टूट जाने पर मेरी सास मेरे भाई को दिन भर गाली देती है, इसलिए बोझा भर झाड़ू भाई लेता आए। भाई अपनी बहन का सन्देश पाकर झाड़ू का बोझा लिए ससुराल पहुँच जाता है—

अँगना बटोरत टूटि गई बढ़निया
पै सासु मोरी मुँह गरियावाइ हो न।
सरग उड़न बिनि चिरैया बहिनिया
पै माया ते कहतिउ संदेसबउ हो न॥
एक सींक बढ़नी के टूटे मोरी माया
पै सासु मोरी भइया गरियाबइहो न।
एक बोझा बढ़नी पठइ देइहीं मोरि माया
पै पठइ देइहीं बिरना हुमारेउ हो न॥

छत्तीसगढ़ी : अर्द्धमागधी अपभ्रंश के दक्षिणी रूप से विकसित छत्तीसगढ़ राज्य में बोली जाने वाली भाषा 'छत्तीसगढ़ी' कहलाती है। 'लरिया' एवं 'खल्टाही' या 'खलोटी' इसके अन्य नाम हैं। मध्य प्रदेश के बालाघाट के कुछ भागों में बोली जाने वाली छत्तीसगढ़ी खलोटी या खल्हाटी कही जाती है। छत्तीसगढ़ी, छत्तीसगढ़ के रायपुर, बिलासपुर जिले के अतिरिक्त सम्भलपुर जिले के पश्चिमी भाग में विशुद्ध रूप से बोली जाती है। कांकेर, नंदगाँव, खैरागढ़, चुइखदान, चाँदा जिले के उत्तर-पूर्व में और बालाघाट के पूर्व में भी छत्तीसगढ़ी बोली का प्रचलन है। इसका क्षेत्र सरगुजा, कोरिया, बिलासपुर, रायपुर, दुर्ग, नंदगाँव, कांकेर आदि है। छत्तीसगढ़ी की मुख्य उपबोलियाँ सरगुजिया, सदरी, बगानी, बिझवाली है।

छत्तीसगढ़ी की व्याकरणिक विशेषता में अल्पप्राण ध्वनि की जगह महाप्राण का प्रयोग किया जाता है। जैसे—दौड़-धौड़, कचहरी-कछेरी बोला जाता है। इस बोली में 'स' का 'छ' और 'छ' का 'स' उच्चारण किया जाता है। जैसे—सीता-छीता, छेना-सेना। श, ष की जगह स, ख का प्रयोग किया जाता है। जैसे—खुशी-खुसी, विष-विख। छत्तीसगढ़ी में 'ण' को 'न' उच्चरित करते हैं, तथा लिखते समय उसका स्थान अनुस्वार ले लेता है। इसमें ङ, ञ और ण ध्वनियाँ नहीं हैं।

छत्तीसगढ़ी लोक साहित्य अत्यन्त समृद्ध है। छत्तीसगढ़ी लोकगीत, लोककथा, लोकगाथा, लोकनाट्य और लोक सुभाषित छत्तीसगढ़ी लोक साहित्य को समृद्ध करता है। छत्तीसगढ़ी लोकगीतों का लोक साहित्य में अत्यन्त महत्त्वपूर्ण स्थान है। इन लोकगीतों में छत्तीसगढ़ का वैभव, सांस्कृतिक वैशिष्ट्य व गौरव निहित है। मनुष्य के सुख-दुख व उसके सरोकारों का वर्णन है। इन लोकगीतों में लोक की आशा-आकांक्षा, स्वप्न और दर्शन वर्णित हैं। यहाँ के लोकगीतों की समृद्ध परम्परा में भोजली, गौरा, सुआ जैसे गीत विशेष पर्व के अवसर पर गाये जाते हैं तथा करमा, ददरिया, बाँस, पंडवानी जैसे गीत भी गाये जाते हैं। इन लोकगीतों में छत्तीसगढ़ का सामाजिक जीवन, संस्कृति और परम्परा की बहुरंगी छटा देखने को मिलती है। 'सुआ गीत' छत्तीसगढ़ अंचल का प्रसिद्ध लोकगीत है। यह गीत स्त्रियों द्वारा प्रस्तुत किया जाता है। इस नृत्य गीत परम्परा में स्त्रियाँ धान से भरी बाँस की बनी एक टोकरी में मिट्टी का बना हुआ तोता रखती हैं। लोक मान्यता यह है कि इसमें रखा हुआ सुवा का जोड़ा शिव-पार्वती का प्रतीक है। महिलाएँ इन्हें ही सम्बोधित करके गीत गाती हैं। इसलिए इन्हें 'सुआ गीत' कहा जाता है। यह नृत्य गीत संध्याकाल में प्रस्तुत किया जाता है। गाँव के किसी नियत स्थल पर महिलाएँ एकत्र होती हैं। जहाँ इस टोकरी को लाल रंग के कपड़े से ढक दिया जाता है। टोकरी को उठाकर समूह की कोई महिला चलती है और किसानों के घर के आँगन में रख देती है। समूह की महिलाएँ टोकरी से कपड़ा हटाकर दीप जलाकर टोकरी के चारों ओर खड़ी होकर तोते को देखते हुए नृत्य प्रस्तुत करती हैं। किसान उपहार स्वरूप इन्हें अनाज या धन देते हैं। सुआ लोकगीत में जाति का कोई बन्धन नहीं है। इसमें सभी जाति की महिलाएँ भाग लेती हैं।

सुआ गीत में स्त्री मन की पीड़ा की अभिव्यक्ति है। इसमें वियोग का स्वर है। परदेश गया पति अभी तक वापस नहीं लौटा है। पत्नी को लगता है कि उसका पति निर्मोही बन गया है? लेकिन उसका मन इस बात को स्वीकार करने के लिए तनिक भी तैयार नहीं है। इसलिए वह सुआ से पूछती है कि क्या उसे किसी शत्रु (परायी स्त्री) ने रोक रखा है? वह सुआ से कहती है कि जैसे राख, चोंगी की राख जल-जलकर झर जाती है, उसी प्रकार मैं भी इन्तजार करके झर

गई हूँ। आगे वह कहती है कि अगर मेरे प्रिय नहीं आए तो दीवाली के दिन आग से लिपटकर अपने प्राणों की आहुति दे दूँगी—

तरी नरी नहा नरी नहा नरी ना ना रे सुअना
कइसे के बन गे वो ह निरमोही
रे सुअना
कौन बैरी राखे बिलमाय
चोंगी अस झोझला में जर-झर गेंव
रे सुअना
मन के लहर लहराय
देवारी के दिया म बरि-बरि जाहंव
रे सुअना
बाती संग जाहंव लपटाय।

बिहारी हिन्दी

मैथिली : भोजपुरी क्षेत्र के पूर्व भाग में तथा मगध के उत्तर में मिथिला है। इस क्षेत्र की बोली मैथिली है। दरभंगा, मुजफ्फरपुर, मुंगेर, पूर्णिया आदि क्षेत्र में मिथिला बोली जाती है। इसके अतिरिक्त नेपाल की तराई में भी मैथिली बोली जाती है। 'मैथिली' का एक अन्य नाम 'तिरहुतिया' भी है। मैथिली भाषा के कवियों में विद्यापति और गोविन्ददास का स्थान महत्त्वपूर्ण है। कवि विद्यापति को 'मैथिल कोकिल' भी कहा जाता है। वर्तमान में मैथिली को संविधान की अनुसूची में शामिल करके इसे एक स्वतंत्र भाषा का दर्जा प्रदान किया गया है।

मैथिली में 'ड़' के स्थान पर 'र' प्रयुक्त होता है। जैसे—सड़क-सरक, घोड़ा-घोरा। इसी तरह 'स', 'ष', 'श' के स्थान पर 'ह' का प्रयोग होता है। जैसे—पुष्प-पुहुप, मास्टर-माहटर। इसमें 'न' के स्थान पर 'ल' का प्रयोग होता है। जैसे—नम्बर-लम्बर, नोट-लोट। अवधी की तरह मैथिली में भी संज्ञा के तीन रूप पाये जाते हैं। जैसे—घोर-घोरवा, घोरउवा। इसमें क्रिया रूप थोड़े जटिल है। कर्ता और कर्म के प्रति सम्मान प्रदर्शित करने पर क्रिया बदल जाता है। जैसे—देखलथ (उन्होंने उसको देखा) देखलथिन्हि (उन्होंने उसको देखा) आदि।

छठ पूजा बिहार प्रान्त का एक सांस्कृतिक उत्सव है। इसे 'सूर्य षष्ठी व्रत' भी कहते हैं। यह पर्व कार्तिक महीने के शुक्ल पक्ष की षष्ठी तिथि को मनाया जाता है। यह व्रत मिथिला अंचल के स्त्री-पुरुष दोनों करते हैं। छठ के गीत पूरी तरह से धार्मिक गीत हैं। छठ के इन गीतों में धार्मिक आस्था, विश्वास और निष्ठा का भाव निहित होता है। छठ के इन गीतों में छठी माता के प्रति केवल अगाध विश्वास

और श्रद्धा का स्वर ही मुखरित नहीं हुआ है, अपितु लोक शिक्षा के लिए मूल्य भी है। एक स्त्री छठी माता से पुत्र प्राप्ति और दो हल जोतने लायक केवल कुछ जमीन माँगती है। उस पर भी वह कहती है कि 'थोड़ नहीं लेव माता बहुत जनि देउ' अर्थात् मुझे थोड़ा नहीं चाहिए और मुझे जरूरत से ज्यादा भी नहीं चाहिए। यह उसकी सहज भावना व संतोषी प्रवृत्ति का बोध कराता है—

खोंइछा के लेल अछता गेरुलि सुध नीर
च्लि भेल कओन देइ पुत माँगे भीख
थोड़ नहीं लेव माता बहुत जनि दीउ
एगो पंडितवा माइ गे दुइ हर लेव
हरी-हरी परसन होउ हे माता छठि देइ भली।

छठ पर्व के उपरान्त कार्तिक मास के शुक्ल पक्ष में 'श्यामा-चकेवा के गीत' गाये जाते हैं। 'श्यामा-चकेवा' लड़के-लड़कियों का खेल है। मिथिला के कुछ विशेष गाँवों व नगरों में यह खेल खेलने की प्रथा है। यह खेल भाई-बहन के प्रेमिल रिश्ते की स्थापना करता है।

बहन भाई से प्रार्थना करती है कि वह उसके लिए गंगा से चिकनी मिट्टी ला दे। ताकि श्यामा-चकेवा की मूर्ति बना सके—

माइ गंगा रे जमुनवा के चिकनिओ माटी
माइ आनि देहु कओन भइया गंगा पइसि माटी
माइ बनाए देहु कनिया भउजो सामा हे चकेवा
माइ खेले जयता कओन बहिनो चारो पहर राती।

अर्थात् गंगा और यमुना की मिट्टी चिकनी होती है। हे भाई! गंगा में पैठ कर मिट्टी ला दो न? हे नवोढ़ा भाभी! तुम मेरे लिए एक श्याम चकेवा की मूर्ति बना दो। अमुक बहन आज रात के चारों पहर 'श्यामा-चकेवा' के खेल खेलेंगी।

मगही : मगही बिहारी हिन्दी की एक प्रमुख बोली है। मगही मागधी अपभ्रंश का रूप है। इसका विकास मागधी अपभ्रंश से हुआ है। इसका सम्बन्ध मगध प्रान्त की भाषा से है। किन्तु आधुनिक मगही प्राचीन मगध प्रान्त तक ही सीमित नहीं है। इसका परिनिष्ठित रूप गया जिले में बोली जाने वाली बोली को माना जाता है। अन्य स्थानों पर सीमावर्ती भाषाओं का प्रभाव भी दिखाई पड़ता है। मगही गया, पटना, हजारीबाग, मुंगेर, पालामऊ, भागलपुर और राँची आदि जिले में बोली जाती है। मगही में शिष्ट साहित्य का अभाव रहा है। किन्तु मगही लोक साहित्य की दृष्टि से सम्पन्न और समृद्ध है। मगही के प्रमुख कवियों में बाबा मोहनदास, बाबा हेमनाथ, जयनाथपति का नाम उल्लेखनीय है।

व्याकरणिक स्तर पर मगही में भोजपुरी में थोड़े से अन्तर मिलते हैं। लिंग और वचन के रूपों में कुछ भी अन्तर नहीं है। मगही में मूर्धन्य ध्वनि का दन्त्य ध्वनि के रूप में उच्चारण होता है। हिन्दी के 'हूँ' के स्थान पर मगही में 'ही' का प्रयोग होता है। जैसे—मैं सोता हूँ। —हम सोइत ही। हम खाते हैं—हमनी खइत ही। हिन्दी के 'ल' का 'र' प्रयोग मगही में मिलता है। जैसे—गाली-गारी, केला-केरा, मेला-मेरा आदि। मगही में कर्ता कारक में किसी परसर्ग का प्रयोग नहीं होता है। जैसे—विख्यात ने भात खाया—विख्यात भात खलकई। पूनम ने कहा—पूनम कहलक। मगही में केवल 'के' सम्बन्ध विभक्ति का प्रयोग होता है। जैसे—नरेश के बेटी। जयंत के बेटा आदि। मगही में 'हथ' और 'हथू' क्रियाओं का अधिक प्रचलन है। जैसे—भइया जाइत हथु। (भइया जा रहे हैं।) दामाद जाइत हथ (दामाद जा रहे हैं।) मगही की क्रियाओं में लिंग भेद नहीं मिलता है। जैसे—राम गाइत है। (राम गाता है।) सीता गाइत है। (सीता गाती है।) मगही में संख्यावाचक विशेषणों में 'न' की प्रचुरता मिलती है। जैसे—बहत्तर (72), पछत्तर (75), चौहत्तर (74) आदि। मगही का एक उदाहरण है—"एक आदमी के दुगो बेटा हथलिन। अब ओकार बड़का बेटवा बाघ में हलै। हम उठ के अपने बाप हीं जाही अउ उनका से कहब।"

भोजपुरी : भोजपुरी बिहारी हिन्दी की एक प्रमुख बोली है। बिहार के भोजपुर नामक एक व्यापक क्षेत्र के आधार पर इसका नाम भोजपुरी हुआ। भोजपुर की स्थापना राजा भोज के वंशजों ने की थी। भोजपुरी एक विस्तृत क्षेत्र में बोली जाती है। भोजपुरी उत्तर प्रदेश में बस्ती के कुछ भागों में, गोरखपुर, देवरिया, गाजीपुर, बलिया, बनारस, मिर्जापुर (दक्षिणी एवं पूर्वी भाग) और जौनपुर (पूर्वी भाग) एवं बिहार में शाहाबाद, छपरा, चम्पारण, राँची के कुछ क्षेत्र, पलामू के कुछ भाग में बोली जाती है। भोजपुरी भारत से बाहर मॉरीशस, त्रिनिडाड-टोबैगो, फिजी आदि देशों में भी बोली जाती है। यह हिन्दी की सर्वाधिक बोली जाने वाली बोली है। वर्तमान में भोजपुरी को एक स्वतंत्र भाषा का दर्जा दिये जाने की माँग की जा रही है। बोलने वालों की दृष्टि से यह हिन्दी की सबसे बड़ी बोली है। भोजपुरी में साहित्य सृजन भी हुआ है। भोजपुरी के कवियों में कबीरदास, चरनदास, धरमदास, धरणीदास, शिवनारायण और लक्ष्मी सखी प्रमुख हैं। महापंडित राहुल सांकृत्यायन ने भोजपुरी में तो कुल आठ नाटक लिखे हैं। भिखारी ठाकुर भोजपुरी के प्रसिद्ध रचनाकार हैं। इन्होंने 'बिदेसिया' नामक लोकनाट्य की रचना की है। भिखारी ठाकुर को 'भोजपुरी का शेक्सपियर' कहा जाता है। इधर हाल के वर्षों में भोजपुरी सिनेमा ने एक बड़ा बाजार खड़ा किया है। मनोरंजन के साथ लोगों के रोजगार का केन्द्र भी बना है।

व्याकरणिक स्तर पर भोजपुरी में 'ऐ' और 'औ' का उच्चारण 'अइ' और 'अउ' के रूप में होता है। जैसे—पैसा-पइसा, गौना-गउना। स्वरों में अनुनासिकीकरण की प्रवृत्ति मिलती है। जैसे—पेंच, सोंच। शब्द के मध्य में आने वाले 'र' का लोप हो

जाता है। जैसे—लरिका-लइका। भोजपुरी में 'ल', 'ड़' का 'र' में परिवर्तन हो जाता है। जैसे—पतला-पतरा, थोड़ा-थोरा। इसी प्रकार भोजपुरी में महाप्राणीकरण के भी उदहारण मिलते हैं। जैसे—महाभारत-महाभारथ। इसके अतिरिक्त भोजपुरी में वर्ण विपर्यय की प्रवृत्ति पाई जाती है। जैसे—लखनऊ-नखलऊ।

भोजपुरी लोक साहित्य अत्यन्त समृद्ध है। लोक साहित्य की एक प्रमुख विधा लोकगीतों में भोजपुरी समाज और उसकी जीवन संस्कृति का उद्घाटन हुआ है। भोजपुरी लोकगीतों में लोक संस्कृति के विविध बिम्ब प्रतिबिम्बित हैं। एक स्त्री के लिए वैधव्य अभिशाप की तरह है। इस कारणवश समाज में उसे तरह-तरह से अपमान सहना पड़ता है। भोजपुरी लोकगीतों में एक बाल विधवा करुण विलाप करते हुए अपने पिता से कहती है—

बाबा! सिर मोरा रोवेला सेंनुर बिनु,
नयना कजरवा बिनु ए राम।
बाबा! गोद मोरा रोवेला बालक बिनु,
सेजिया कन्हैया बिनु ए राम।

इसी तरह समाज में नि:सन्तानता को लेकर अनेक रूढ़िवादी मान्यताएँ प्रचलित हैं। एक नि:सन्तान स्त्री को बांझ कहकर उसे ससुराल में तरह-तरह से प्रताड़ित किया जाता है। भोजपुरी लोकगीतों में स्त्री दुख व पीड़ा की मार्मिक अभिव्यक्ति हुई है—

सासु मोरी कहेली बझिनियाँ ननद ब्रजबासिनी हो।
रामा जिनके मैं बारी रे बिआही उहो घर से निकसलनि हो।
जहवाँ से तू अइलू उलटि तहवाँ जावहू तुमहि नहिं
राखब हो।
बाझिनि! तोहरा के रखले हमहूँ होखबि ऊसर हो॥

भोजपुरी साहित्य सृजन में भिखारी ठाकुर की भूमिका अत्यन्त महत्त्वपूर्ण है। भिखारी ठाकुर ने 'बिदेसिया' नामक लोकनाट्य कृति में भोजपुरी समाज के सुख-दुख, जीवन की जटिलता, सामाजिक-आर्थिक संघर्ष आदि को उद्धृत किया है। बिदेसिया के माध्यम से भिखारी ठाकुर ने बिहार के गाँवों से रोजी-रोटी के लिए परदेश गए विस्थापितों की पीड़ा और संघर्ष को स्वर देने के साथ ही इन परदेसी पतियों की वियोगिनी स्त्रियों की मानसिक चिन्ता व उलझन को भी 'बिदेसिया' में एक बड़ी जगह दिया है—

दिनवा त बीते रामा तोरी इन्तजरिया में
रतिया नयनवाँ न नींद रे बिदेसिया।

घरी राति गइलों राम पिछली पहरवा से,
लहरे करेजवा हमार रे बिदेसिया।
अमवाँ मोजरि गइले लगले टिकोरवा से
दिन पर दिन पियराला रे बिदेसिया।
एक दिन अइहें रामा जुलुमी बयरिया से
डार पात जइहै भहराई रे बिदेसिया।
चढ़ली जवनियाँ बैरन भइली हमरी से
के हमरा हरिहैं कलेस रे बिदेसिया।

पहाड़ी हिन्दी

कुमाऊँनी : कुमाऊँनी पहाड़ी हिन्दी की एक प्रमुख बोली है। कुमाऊँ का प्राचीन नाम कुर्मांचल था। इसके अन्तर्गत नैनीताल, अल्मोड़ा और पिथौरागढ़ जिले सम्मिलित किये जाते हैं। कुमाऊँनी की मूल 'खस' बोली थी, जिस पर अब राजस्थानी और खड़ी बोली का प्रभाव बढ़ रहा है। कुमाऊँनी के प्रमुख साहित्यकारों में गुमानी पंत, कृष्ण दत्त पांडेय, शिवदत्त का नाम उल्लेखनीय हैं।

व्याकरणिक स्तर पर कुमाऊँनी में प्रयुक्त होने वाली ध्वनियाँ हिन्दी की ध्वनियों के समान हैं। इसमें शब्द के अन्त में 'अ' का उच्चारण नहीं होता है। कुमाऊँनी पर अनेक भाषाओं का प्रभाव है। इस पर दरद, खस, राजस्थानी, खड़ी बोली का प्रभाव है। फलत: उनकी सामान्य विशेषताएँ इसमें दिखाई पड़ती हैं। जैसे—'ळ' और 'ण' का उच्चारण राजस्थानी से, अल्पप्राणीकरण खड़ी बोली से। 'ऐ' और 'ओ' के स्थान पर 'या' तथा 'वा' जैसे—चेला-च्याला, बोझा-व्वाजा उच्चारण अवधी से आए हैं। 'मैं' का पश्चिमी हिन्दी के समान 'में' उच्चारण, 'ने' के स्थान पर 'ले' और 'को' के स्थान पर 'कणि' इस बोली की अपनी विशेषता है। सर्वनामों का प्रयोग हिन्दी के समान है।

कुमाऊँ का जितना महत्त्व प्राकृतिक सौन्दर्य की दृष्टि से है, उतना ही महत्त्व धार्मिक, आध्यात्मिक और सांस्कृतिक दृष्टि से भी है। कुमाऊँ का लोक साहित्य लोकजीवन व लोकमानस का संस्पर्श करता है। इसमें कुमाऊँ का प्राकृतिक सौन्दर्य व सांस्कृतिक विरासत की अक्षुण्णता है। बेटी की विदाई के अवसर पर एक माँ की विवशता और उसका दुख इन कुमाऊँनी लोकगीतों में सहजता से दिखाई पड़ता है—

अरि अरि लोको पंडित लोगो,
मेरी धिया कणि दुख झन दिया।
दस म्हैंणा मैले उर ही में बोकी,
मेरी धिया कणि दुख झन दिया।

अर्थात् कृपया मेरी बेटी को दुख न देना। इन नाजों से पली को मैंने नौ महीने कोख में पाला है, इसे दुख न देना। पहाड़ का जीवन भौगोलिक व आर्थिक रूप से अत्यन्त चुनौतीपूर्ण है। आर्थिक विवशताओं के कारण पहाड़ का नवजवान अपने गाँव-घर से कोसों दूर पलायन करके शहरों-महानगरों में रोजगार के लिए जा बसा है। इस पलायन ने लोगों को अपनी जड़ और संस्कृति से विलग कर दिया है। एक माँ अपनी व्यथा व्यक्त करते हुए कहती है—

म्यर च्यला रमियाँ तू टोकलै मंकणि,
जे नि हलो, झन हवो ऐ जा घर हंणि।

अर्थात् मेरे बेटे रमियाँ, मैं तुझ पर बलिहारी हो जाऊँ। जो कुछ होना है वह मत हो, बस तू घर को आ जा।

इसी प्रकार कुमाऊँनी लोकगीत में एक बेटी अपने पिता से कठोर मेहनत करने वाले क्षेत्र में न ब्याहने का अनुरोध करते हुए कहती है—

झन दिया बौज्यू छाना बिलोरी,
लगिला बिलोरी का घामा।

अर्थात् हे पिता! मुझे छाना-बिलौरी के इलाके में मत ब्याहना, वहाँ खेतों में काम करते हुए बहुत तेज धूप लगती है। एक अन्य लोकगीत में एक पढ़ी-लिखी बेटी अपने पिता से ऐसे जगह ब्याह न करने के लिए कह रही है जहाँ झगोंरा कूटना पड़ता हो—

कै हुणी मैकें बाबू लै स्कूला पढ़ायो
पढ़ायो लिखायो पहाड़ा बिवायो
मैं किलै बिवायो बौज्यू झंगुरा को देश
कै बाबाजीन मिडिल पढ़ायो,
कैकु बाबाजीन राठ बिवायो
बाबाजीन दैनी सैंडल-बूट,
भागन बोली झंगोरा कूट
जो बैण्योंन साड़ी रौल्यो क पाणी,
वै बैणि ह्वैगे राजों क राणी।

अर्थात् हे पिता! मुझे मिडिल तक पढ़ा-लिखाकर भी झंगोरा कूटने वाले इलाके राठ में क्यों ब्याहा, कहाँ तो पिता ने सैंडिल-बूट पहनाए थे, पर मेरा भाग्य मुझसे झंगोरा कूटने को कहता है। जिन बहिनों ने गदेरों से पानी ढोया था। वे राजाओं की रानियाँ बनी हुई हैं। इन लोकगीतों में स्त्री का आपबीती की कहानी है। उनका छलका हुआ दर्द, विवाह से उपजी चिन्ताएँ हैं।

गढ़वाली : गढ़वाल, टिहरी, चमोली तथा उत्तर काशी के दक्षिणी भाग में बोली जाने वाली बोली को 'गढ़वाली' कहते हैं। टिहरी गढ़वाल में इस बोली का आदर्श रूप पाया जाता है। अल्मोड़ा, देहरादून, सहारनपुर, बिजनौर तथा मुरादाबाद के उत्तरी हिस्सों में भी इसका प्रचलन है।

व्याकरणिक स्तर पर कुमाऊँनी में 'क' वर्ग की ध्वनियाँ कंठ और काकल के बीच में बोली जाती है। 'च' वर्गीय ध्वनियाँ अधिक संघर्षी हों। 'प' वर्ग के उच्चारण में होठों को कुछ आगे की ओर निकालना पड़ता है। अनुनासिकीकरण की प्रवृत्ति कुमाऊँनी में पाई जाती है। जैसे—प्यांर, पैंसा, सांत, आंठ आदि।

राजस्थानी हिन्दी की प्रमुख बोलियाँ

राजस्थानी हिन्दी के अन्तर्गत 4 बोलियाँ आती हैं—पश्चिमी राजस्थानी (मारवाड़ी), पूर्वी राजस्थानी (जयपुरी), दक्षिणी राजस्थानी (मालवी) एवं उत्तरी राजस्थानी (मेवाती)।

1. मारवाड़ी : राजस्थानी बोलियों में मारवाड़ी का प्रमुख स्थान है। शौरसेनी के नागर अपभ्रंश से इस बोली का विकास हुआ है। यह प्रमुख रूप से पश्चिमी राजस्थान अर्थात् जोधपुर, बीकानेर, मेवाड़, सिरोही, जैसलमेर, जयपुर का उत्तरी भाग, पंजाब में हिसार-भिवानी के पूर्व तक इसका क्षेत्र है। मारवाड़ी को पश्चिमी राजस्थानी भी कहा जाता है। यह राजस्थान की सबसे बड़ी बोली है। इसमें लगभग 12 उपबोलियाँ हैं, जिनमें मेवाड़ी, थली, बीकानेरी, शेखावती और बांगड़ प्रमुख हैं। मारवाड़ी में साहित्य और लोक साहित्य पर्याप्त मात्रा में है। इसके साहित्यिक रूप डिंगल का प्रयोग कविता में होता रहा है। कृष्ण भक्त कवयित्री मीराबाई के पद मावराड़ी में ही हैं। आधुनिक युग में भी अधिकांश राजस्थानी साहित्य मारवाड़ी में ही लिखा जाता है।

व्याकरणिक स्तर पर मारवाड़ी में 'स' का उच्चारण 'श' के रूप में होता है। जैसे—सर्फ-शर्फ, सड़क-शड़क, समुद्र-शमुद्र। मारवाड़ी में दो क्लिक ध्वनियाँ हैं—'ध्' और 'स्'। 'ध' का उच्चारण द-ध के बीच और 'स' का उच्चारण स-ह के बीच होता है। मारवाड़ में विशेषण की तुलना बताने के लिए 'सूं' के अतिरिक्त 'करताँ' का प्रयोग किया जाता है। जैसे—सोअग करतां मोअन भलेरो है। (सोहन से मोहन भला है।) मारवाड़ी में देशज शब्दों की अधिकता है। जैसे—डीकरो (पुत्र), गंडक (कुत्ता), जीमण (भोजन)। मारवाड़ी में सर्वनाम रूप विविधता अधिक है। जैसे—मैं के लिए 'हूँ', 'म्हँ', 'मूं', 'म्हैं' तथा यह के लिए 'ओ', 'यो' आदि का प्रयोग किया जाता है।

मारवाड़ी में लोक साहित्य अत्यन्त समृद्ध है। राजस्थानी लोकगीतों की समृद्ध परम्परा रही है। इन लोकगीतों में राजस्थान की संस्कृति और सभ्यता के विविध

पहलुओं के दर्शन होते हैं। राजपूताना गौरव, संस्कृति, त्याग, बलिदान, प्रेम को परिभाषित करता हुआ 'केसरिया बालम' लोकगीत को 'निमंत्रण गीत' के रूप में भी प्रस्तुत किया जाता है।

केसरिया बालम आवोनी पधारो म्हारो देस,
पधारो म्हारो देस
आवण-आवण कह गया और कर गया कोल अनेक
गिणतां गिणतां घस गई म्हारी आंगळियां री रेख।

मालवी : उज्जैन के आसपास के भूखंड को मालव नाम से जाना जाता है। इसी मालव या मालवा क्षेत्र की बोली को 'मालवी' कहा जाता है। मालवी इन्दौर, उज्जैन, देवास, रतलाम, भोपाल, होशंगाबाद तथा उसके आसपास के क्षेत्रों में बोली जाती है। मालवी की उपबोलियों में सोंडवाडी, रांगड़ी, पाटवी, रतलामी आदि प्रमुख हैं। साहित्यिक दृष्टि से इसका महत्त्व नहीं है।

व्याकरणिक स्तर पर मालवी में 'ऐ' का 'ए' में तथा 'औ' का 'ओ' में परिवर्तन होता है। जैसे—चैन-चेन, पैसा-पेसा तथा औरत-ओरत, गौरव-गोरव। मालवी में 'इ', 'उ', 'अ' ध्वनियाँ आपस में परिवर्तित होती रहती हैं। जैसे—दिन-दन, ठाकुर-ठाकर आदि। मध्य और अन्त में आने वाले 'ड़' का उच्चारण 'ड' होता है। जैसे—लड़की-लडकी, लड़का-लडका, पकौड़ी-पकौडी। 'ह' का यों तो लोप हो जाता है या इसकी जगह 'य' तथा 'व' ध्वनियाँ आती हैं। 'अ' का 'आ' में और 'न' का 'ण' में परिवर्तन हो जाता है। जैसे—बन्दर-बान्दरा, अपनो-आपणो, अपनी-अपणी।

मेवाती : यह राजस्थानी हिन्दी की एक प्रमुख बोली है। इसे उत्तरी राजस्थानी भी कहा जाता है। 'मेव' जाति के आधार पर इस क्षेत्र को मेवात और यहाँ की बोली को मेवाती कहा गया। मेवाती उत्तरी राजस्थान के अलवर, गुड़गाँव, भरतपुर तथा उसके आसपास के क्षेत्रों में बोली जाने वाली बोली मेवाती कहलाती है। इसकी एक उपबोली 'अहीरवाती' है, जो गुड़गाँव, दिल्ली तथा करनाल के पश्चिम के क्षेत्रों में बोली जाती है। इन दिनों मेवाती पर जयपुरी का प्रभाव बढ़ता हुआ दिखाई पड़ रहा है। इसमें साहित्य का अभाव पाया जाता है।

व्याकरणिक स्तर पर जयपुरी में जहाँ 'ने' परसर्ग कर्म-सम्प्रदान के लिए मिलता है, वहीं इसमें कर्ता के लिए भी 'ने' का प्रयोग होता है। सर्वनाम हरियाणवी के समान है और क्रिया रूप राजस्थानी के हैं। केवल 'हो', 'हा', 'ही' के साथ-साथ 'थो', 'था', 'थी' का भी प्रचलन दिखाई पड़ता है। मेवाती में ब्रज के समान भविष्यत् काल के 'ग' रूप मिलते हैं। जैसे—चलूँगो, चलैगो इत्यादि।

जयपुरी : यह पूर्वी राजस्थानी की एक प्रमुख बोली है। राजस्थान के पूर्वी भाग जयपुर, अजमेर, किशनगढ़ आदि क्षेत्र में बोली जाने वाली बोली जयपुरी

कहलाती है। इसके अन्य नाम हैं—'पूर्वी राजस्थानी', 'ढूँढाड़ी', 'झाड़साही' तथा 'काईकुई' भी है। स्थानीय स्तर पर इसका नाम 'ढूँढाड़ी' ही प्रचलित है। इस बोली का विकास शौरसेनी नागर अपभ्रंश से हुआ है। 'ढूँढाड़ी' बोलने वालों की संख्या लगभग 36 लाख है। इसमें साहित्य का प्राय: अभाव है। जयपुरी में लोक साहित्य प्राप्त होता है।

व्याकरणिक स्तर पर इसमें मारवाड़ी की तुलना में कुछ कारक चिन्ह अधिक हैं। जयपुरी में एकवचन के रूप में 'म्हारों', 'थारों', तथा बहुवचन—'म्हाँको', 'थाँको' आदि प्रयुक्त होते हैं। जयपुरी के पूर्ण कृदन्त—दीनू, लीनू हैं। सर्वनामों में 'हूँ' की अपेक्षा 'मैं' तथा 'मनै' के अतिरिक्त मूंनै, 'तने' के अतिरिक्त 'तूनै' का प्रयोग मिलता है।

अवधी लोक साहित्य का परिचय

उत्तर प्रदेश का अवध प्रान्त ऐतिहासिक एवं पौराणिक दृष्टि से अत्यन्त समृद्ध है। इस अवध क्षेत्र के अधिकांश भू-भाग में बोली जाने वाली भाषा अवधी है। अवधी पूर्वी हिन्दी की एक प्रमुख बोली है। यह हिन्दी प्रदेश के पूर्वी भाग में बोली जाने वाली भाषा है। 'अवधी' शब्द का भाषा के अर्थ में प्रथम प्रयोग अमीर खुसरो ने 'नूहसिपहर' में किया है। अबुल फजल की 'आइने-अकबरी' में भी अवधी शब्द का प्रयोग हुआ है। अवध क्षेत्र को प्राचीनकाल में 'कोसल' के नाम से जाना जाता था। इसलिए अवधी को 'कोसली' भी कहा जाता है। डॉ. हरदेव बाहरी के अनुसार अवधी के लिए 'कोसली' नाम ही उपयुक्त है। उन्नाव, लखनऊ, रायबरेली तथा फतेहपुर के कुछ क्षेत्र को 'बैसवाड़ा' कहा जाता है। इसलिए अवधी को 'बैसवाड़ी' भी कहा जाता है। इन सभी नामों में 'अवधी' नाम ही ज्यादा प्रचलित है। यह नाम प्रचलित होने के साथ ही उपयुक्त भी है। अवधी उत्तर प्रदेश में उन्नाव, लखनऊ, रायबरेली, फतेहपुर, सीतापुर, इलाहाबाद, गोंडा, बहराइच, सुलतानपुर, प्रतापगढ़, बाराबंकी आदि जनपदों में बोली जाती है।

अवधी भाषा का साहित्यिक एवं सांस्कृतिक दृष्टि से अत्यन्त महत्त्व है। हिन्दी साहित्य के इतिहास का भक्तिकाल का सूफी प्रेमाख्यानक काव्य एवं रामकाव्य धारा के सम्पूर्ण काव्य की रचना अवधी भाषा में ही हुई है। जायसी, मंझन, कुतुबन, उसमान, मुल्ला दाउद, नूर मुहम्मद, कासिमशाह आदि अवध प्रान्त के ही निवासी थे। रामभक्ति काव्यधारा के कवियों में गोस्वामी तुलसीदास का स्थान अत्यन्त महत्त्वपूर्ण स्थान है। तुलसीदास ने 'श्रीरामचरितमानस' महाकाव्य की रचना अवधी में ही किया है।

अवधी लोक साहित्य का वर्गीकरण

अवधी लोक साहित्य का वर्गीकरण निम्नवत् पाँच भागों में किया जा सकता है—

1. लोकगीत
2. लोककथा

3. लोकगाथा
4. लोकनाट्य
5. लोक सुभाषित

अवधी लोकगीत

अवधी लोकगीतों में अवधांचल का लोकजीवन, लोक संस्कृति, रीति-रिवाज, परम्परा, विचार, चिन्तन मूल्य, प्रकृति प्रेम और साहचर्य आदि का स्वर सुनाई पड़ता है। अवधी लोकगीतों में जीवन का राग और विषाद दोनों है। इसमें स्त्री मन की पीड़ा की अभिव्यक्ति भी है। एक बेटी अपने पिता का घर छोड़कर शादी-ब्याह के बन्धन में बँधना नहीं चाहती है। उसे अपने बाबुल का घर छोड़ना मंजूर नहीं है। इन लोकगीतों में प्रेम है, अपनापन है, मिठास है, जीवन का सौन्दर्य और मन को भावुक कर देने वाली स्निग्ध स्मृतियाँ हैं—

अबहीं बारी है हमारी उमिरिया बाबा
डारो शादी की अबहीं ना बेड़िया बाबा
मैं तोरी बगिया की नाजुक कलिया
डोले फिरूँ तोरे अँगना महलिया
तोहरे घरवा की हम हैं अँजोरिया बाबा
कच्चा घड़ा जैसन हमरी बदनिया
गलि जाई बाबा परी जब पनिया
छाई हमरे जीवन में अन्हरिया बाबा
ब्याह की जल्दी ना करना तैयरिया
कर देना जब हो अठारह की उमरिया
तोहरी महकी जब फुलवरिया।

घर की आर्थिक कठिनाइयों व अभाव के निवारण के लिए परदेश कमाने गए पति का वियोग स्त्री के लिए कितना त्रासद व मार्मिक है? इसका उल्लेख लोकगीतों में स्पष्टत: देखने को मिलता है—

पैसा ऐसी चीज, राजा घरै नहीं आवैं
कि अरे महला पुराने होइ गे
टपकन लगी बूँद, राजा घरै नहीं आवैं
कि अरे ननदी सयानी होइ गईं,
मानै नहीं बात, राजा घरै नहीं आवें
कि अरे देवरा सयाने होइ गे

पकड़न लगे बाँह, घरै नहीं आवैं
कि अरे हमहूँ पुरानी होइ गईं
पाकन लगे बार, राजा घरै नहीं आवैं।

भारतीय समाज में लिंग भेद एक जटिल समस्या है। लड़के और लड़की के भेद ने समाज में स्त्री स्थिति को चुनौतीपूर्ण व संकीर्ण बनाया है। इसमें तनिक भी सन्देह नहीं है। अवधी लोकगीतों में स्त्री के दुख की अभिव्यक्ति प्राप्त होती है—

मोह न छोड़यो मोर महतारी
एक कोखि के भैया बहिनिया
एकहि दूध पियायो महतारी
मोह न छोड़यो मोर महतारी
भैया के भए बाजै अनद बधैया
हमरे भए काहे रोयो महतारी?
मोह न छोड़यो मोर महतारी
भैया का दिह्यो मैया लाली चौपरिया
हमका दिह्यो परदेस महतारी
मोह न छोड़यो मोर महतारी
सँकरी गलिय होइ के डोला जो निकरा
छूटा आपन देस महतारी
मोह न छोड़यो मोर महतारी।

लोकगीतों में मनुष्य और प्रकृति के आत्मीय रिश्ते को सुरक्षित रखने का भी आख्यान मिलता है। एक अवधी लोकगीत में बेटी अपने पिता से नीम के पेड़ को न काटने का अनुरोध करती है। नीम के पेड़ पर अबोध चिड़ियों का बसेरा है। ठीक उसी प्रकार मायका बेटियों के लिए बसेरा है। माता-पिता ने जन्म दिया, पाला-पोसा, फिर एक दिन विवाह करके बेटी को विदा कर दिया। यही हमारी परम्परा और रीति है। ससुराल चले जाने पर यह मायका रूपी बसेरा सूना हो जाता है—

बाबा निबिया के पेड़ जिनि काटिउ,
निबिया चिरैया बसेर,
बिटियन जिनि दुख देहु भोरे बाबा
बिटियै चिरइया के नाय।
सगरी चिरइया उड़ि जइहैं बाबा,

रहि जइहैं निबिया अकेलि
सगरी बिटियवै चली जइहैं ससुरे,
रहि जइहैं मइका अकेलि।

भारतीय संस्कृति में तीज-त्योहारों का विशेष महत्त्व है। ये त्योहार जीवन में आनन्द और उत्सव के साथ लोक को संस्कृति से जोड़ने और उसे सहेजने का काम करते हैं। अवध क्षेत्र में होली के अवसर पर गाये जाने वाले लोकगीतों में राम-सीता, राधा-कृष्ण, शिव-पार्वती जैसे पौराणिक देवी-देवताओं का प्रयोग भी मिलता है। इन लोकगीतों में भारतीय संस्कृति का गौरवबोध उद्धृत हुआ है—

होरी खेलैं रघुवीरा, अवध में होरी खेलैं रघुवीरा
राम के हाथ कनक पिचकारी, सीता के हाथ अबीरा।

अवधी लोककथाएँ

अन्य भाषाओं के लोक साहित्य की भाँति अवधी भाषा का प्रारम्भिक लोक साहित्य भी पद्यात्मक शैली में ही रचा गया है। क्योंकि पहले गद्य का विकास नहीं हुआ था। फलत: इसकी लोककथाएँ भी पद्य शैली में अधिक प्रचलित हुईं। कालान्तर में अवधी भाषा के लोक साहित्य में गद्य शैली को अपनाया गया। अवधी में प्रचलित लोककथाएँ प्राय: सामाजिक, ऐतिहासिक, धार्मिक, सांस्कृतिक एवं आध्यात्मिक विषयों से सम्बन्धित हैं। ये लोककथाएँ नैतिकता व जीवन मूल्यों को अपने भीतर समाहित किये हुए हैं। इन लोककथाओं में रहस्य भी है, जो लोक का मनोरंजन करने के साथ उसे कथा से परस्पर जोड़े हुए होती हैं। ये लोककथाएँ लोकानुभव एवं जनश्रुतियों पर आधारित होती हैं। सर्वजन हिताय और सर्वमंगल की कामना से जुड़ी हुई हैं, अवधी लोककथाएँ। इनमें दुनिया भर का ज्ञान और विज्ञान बिखरा हुआ है। अवधी लोककथाएँ अत्यन्त रोचक एवं कौतूहलवर्धक होती हैं। इन लोककथाओं में क्षेत्रीय संस्कृति, सामाजिक, राजनीतिक, आर्थिक दशा एवं धार्मिक मान्यताओं का लेखा-जोखा निहित होता है। इन लोककथाओं के माध्यम से हम मानव जाति के इतिहास की कड़ियों को जोड़कर वास्तविक इतिहास को समझ सकते हैं। अवधी लोककथाओं में जहाँ एक ओर लोकजीवन की झाँकी का बिम्ब-प्रतिबिम्ब उपस्थित है, वहीं पौराणिक आख्यानों के विविध रूप भी देखने को मिलते हैं। इन लोककथाओं में जीवन का गहरा अनुभव समाहित है। ये लोककथाएँ जीवन में न केवल रसात्मकता का संचार करती हैं, अपितु मनुष्य का संस्कारबोध व ज्ञानवर्द्धन भी करती हैं।

अवधी लोककथाओं के द्वारा लोक समाज अपनी आपबीती कहता है। दूसरों की आपबीती को सुनता है। इन कथाओं में हमारा इतिहास, भूगोल, संस्कृति और

दर्शन छिपा हुआ है। इन लोककथाओं से प्रेरणा लेकर अपने वर्तमान को सुन्दर और सँवारा जा सकता है।

अवधी लोकथाओं की शैली सरल और सरस है। अवधी लोककथाएँ आडम्बर रहित साधारण बोलचाल की भाषा में हैं। वाक्य अत्यन्त छोटे-छोटे तथा भावपूर्ण होते हैं। संयुक्त अथवा मिश्रित वाक्यों का प्राय: अभाव पाया जाता है। अवधी लोककथाओं की कथावस्तु सहज और स्वाभाविक होने के साथ भाषा कृत्रिमता व आडम्बर के बन्धन से पूर्णत: मुक्त होती है। ये लोककथाएँ प्रधानत: गद्य में पाई जाती हैं। परन्तु बीच-बीच में पद्य का प्रयोग भी मिलता है। इन कथाओं में अधिकतर चम्पू शैली का प्रयोग मिलता है। नि:सन्देह अवधी लोककथाएँ अवधी लोक साहित्य की अमूल्य धरोहर हैं। इनके संरक्षण व संवर्द्धन से हमारी सभ्यता और संस्कृति के विभिन्न पक्षों को समझने में अत्यन्त सहायता प्राप्त होगी। लोककथा की संरचना की समझ के लिए निम्न लोककथा देखी जा सकती है—

'पंडित देउतादीन' : लोककथा

याकैं रहैं पंडित देउतादीन। उइ बहुत गरीब रहैं। उनके राजा का नाम रहै समसेर बहादुर सिंह। याक दिन पंडिताइन पंडित से कहिन कि पंडित तुम कुछ कथा-वथा नाहीं कहति हौ, कहूँ जाए कै कुछ लै आवा करौ। पंडित दोसरे दिन राजा से मिलै खातिन चल दिहिन। राजा लोगन की बातै खरीद लीन करति रहैं। पंडित जी का रास्ता मा याक लोखरी मिली जउनि बिलु खोदति रहै। पंडित जी उहिका देखि कै चिल्लाय बइठ मोटकमल। तिसरी बार पंडित जी देखिन कि एकु साँप जमीन मा ल्वाटति रहै उइ कहिनि परा धरनि अस। जब पंडित जी फिर बढ़े तो देखिन कि एकु हिरन भागति चला जाति रहै। पंडित जी जोर से चिल्लाय उठै भागि चले कत।

यही तिना राजा के पास जाएकै पंडित जी याक-याक कइकै बातै सुनाय दिहिन, मुला राजा उनका अरथु न समुझि पाइन और थोरे से रुपइया दइकै पंडित जी का बिदा कै दिहिन। राति का राजा आपनि रानी का यहै कहानी सुनावै लाग औ वही समै राजा के हुवाँ च्वार सेंधि काटति रहैं। राजा कहिनि कि रानी सुनौ जउन पंडित कहिन है वहै सुनाउब। अत्ता कहिकै राजा सुनावै लागि। सबसे पहिले राजा कहिन खोद भसाभस । च्वार का पहिले कै बात मालुम नाहीं रहैं, उइ समुझिन कि राजा जानिगै है औ बैठिगे। तब राजा कहिन परा धरनि अस। अत्ता सुनतै च्वार भागि। तब राजा कहिन कि भागि चल कत। अब च्वार का संका होइगै। दोसरे दिन सबेरेन च्वार राजा के पास हाजिर भे अउर एकु एकु कइकै माफी माँगै लागि। तब राजा बड़े परसन्न भे अउर पंडित जी का बोलाय कै खूब धन दैकै बिदा किहिन।

अवधी लोकनाट्य

'रामलीला'

'रामलीला' अवध क्षेत्र में प्रचलित एक प्रसिद्ध लोकनाट्य है। इसका आयोजन अवध के गाँवों में किया जाता है। अवधी रामलीला गोस्वामी तुलसीदास द्वारा रचित 'श्रीरामचरितमानस' के आधार पर निर्मित हुई है। क्वार मास की शुक्ल दशमी को रावण का दहन किया जाता है। रामलीला में राम के बचपन से लेकर वन गमन की घटना, राम-रावण युद्ध, भरत-मिलाप और श्रीराम के राजगद्दी ग्रहण करने तक का मंचन होता है। इसके उपरान्त रामलीला का समापन हो जाता है। रामलीला में नृत्य, संगीत की प्रधानता नहीं होती है, क्योंकि चरितनायक मर्यादा पुरुषोत्तम राम धीर, गम्भीर, वीर, शान्त स्वभाव के हैं।

'स्वाँग'

'स्वाँग' अवधी क्षेत्र की जनता का प्रमुख रंगमंच है। स्वाँग की परम्परा अवध क्षेत्र में अत्यन्त प्रचलित है। स्वाँग एक प्रमुख लोकनाट्य है, जिसमें किसी रूप को स्वयं में आरोपित कर उसे प्रस्तुत किया जाता है। इस क्षेत्र में निवास करने वाली अनेक जातियों विशेषत: चमार, कहार, धोबी आदि में विवाह के अवसर पर स्वाँग की परम्परा का निर्वहन किया जाता है। स्वाँग ग्रामीण क्षेत्र की जनता के अभिनय कला का एक प्रमुख माध्यम है। इसमें आंगिक एवं वाचिक अभिनय की प्रधानता होती है। नौटंकी लोकनाट्य की भाँति स्वाँग को खुले मंच पर प्रस्तुत किया जाता है। स्वाँग कलाकार विभिन्न वेशभूषा धारण करके आपसी संवाद एवं गीतों के द्वारा लोक का मनोरंजन करते हैं। स्वाँग अधिकांशत: धार्मिक विषयों से सम्बन्धित होता है। अवध क्षेत्र में 'करिंगा' स्वाँग आज भी जिन्दा है।

'नौटंकी'

'नौटंकी' उत्तर प्रदेश में मनोरंजन का प्रमुख साधन रही है। इस कला का उद्भव इसी प्रदेश में हुआ। विशेषकर ब्रज और बुन्देलखंड क्षेत्र में इसने विशेष लोकप्रियता प्राप्त किया। नौटंकी अवध क्षेत्र का सर्वाधिक प्रचलित लोकनाट्य है। इस नाट्य विधा से अवध क्षेत्र का जनमानस अपना मनोरंजन करता है। नौटंकी रात्रि के द्वितीय पहर में शुरू होती है और पूरी रात जनता का मनोरंजन करती है। इसमें स्त्री पात्रों का अभिनय कम उम्र के पुरुष करते हैं। नौटंकी का विषय पौराणिक

आख्यान न होकर लौकिक वीर, प्रेम व साहसी प्रवृत्तियों से सम्बन्धित होता है। उत्तर प्रदेश में हाथरस, कानपुर, मथुरा, इटावा में नौटंकी कला ने विकसित होकर लोकनाट्य के रूप में प्रसिद्धि प्राप्त किया। नौटंकी कला को लोकप्रिय बनाने में हाथरस के पं. नथाराम शर्मा 'गौड़' एवं कानपुर के श्री कृष्ण पहलवान का नाम विशेष रूप से उल्लेखनीय है। इन दोनों व्यक्तियों ने नौटंकी को लोकप्रिय बनाने में अपना पूरा जीवन समर्पित कर दिया। प्रारम्भ में नौटंकी में महिलाओं का प्रवेश नहीं था। वर्ष 1930 ई. में प्रथम महिला कलाकार गुलाबबाई ने नौटंकी के क्षेत्र में प्रवेश किया। कानपुर की प्रथम महिला कलाकार गुलाबबाई ने नौटंकी के प्रस्तुतीकरण को एक नया आयाम दिया। गुलाबबाई के नौटंकी कला के क्षेत्र में उनके अप्रतिम योगदान के कारण भारत सरकार ने उन्हें 'पद्मश्री' सम्मान से सम्मानित किया है। नौटंकी का मुख्य उद्देश्य केवल लोक का मनोरंजन करना नहीं है, अपितु जन जागृति और चेतना उत्पन्न करना भी रहा है। नौटंकी की भाषा में हिन्दी, उर्दू, लोकभाषा एवं क्षेत्रीय बोलियों के शब्दों का प्रयोग अधिक होता है। नौटंकी संवाद गद्य और पद्य दोनों में होते हैं। लखनऊ में 'नौटंकी कला केन्द्र' की स्थापना की गई है। 'नौटंकी कला' नामक पत्रिका का प्रकाशन इस केन्द्र से किया जा रहा है। यहाँ नौटंकी कला के प्रशिक्षण के लिए कार्यशाला भी आयोजित की जाती है।

लोक सुभाषित : अवध के ग्रामीण अंचल में लोक सुभाषित के रूप में लोकोक्तियों और मुहावरों का प्रयोग खूब प्रचलित है। लोकोक्तियाँ और मुहावरे किसी भी भाषा को जीवंत और प्रभावशाली बनाते हैं। इनके प्रयोग से भाषा सम्प्रेषणीय बनती है। साथ ही लोक का मनोरंजन भी होता है। श्रोताओं के मन पर इसका आकर्षक प्रभाव पड़ता है। अवधी का लोक साहित्य भी लोकोक्तियों और मुहावरों से समृद्ध है। जैसे—अकेल लकड़ी कहाँ तक जलै। इसका अर्थ है कि एक अकेले व्यक्ति का जीवनयापन अधिक समय तक नहीं चल सकता है। इसी तरह अवधी में एक अत्यन्त प्रचलित लोकोक्ति है—'अगहर खेती अगहर मार'। इसका अभिप्राय है कि खेती करने वाला और लड़ाई-झगड़े में, मारने में पहल करने वाला व्यक्ति हमेशा जीतता है। सामान्यत: 'एक हाथ ककरी, नौ हाथ बीया' का भी खूब प्रयोग मिलता है। इसका अर्थ है—अतिशयोक्तिपूर्ण वर्णन करना। अर्थात् किसी बात को बहुत बढ़ा-चढ़ाकर प्रस्तुत करना। खेती-बाड़ी से सम्बन्धित लोकोक्तियाँ भी लोकजीवन में प्रचलित हैं। जैसे—'पछुआ चलै, खेती फलै।' अर्थात् गंगा क्षेत्र में रबी और खरीफ की फसलें पछुआ हवा चलने पर पकती हैं। इसी प्रकार 'आगे नाथ न पीछे पगहा' लोकोक्ति का अर्थ है-किसी तरह का बन्धन नहीं होना। इसी प्रकार 'उठौ बूढ़ा साँस लेव, चकिया छोड़ौ, जाँत लेव।' अर्थात् काम के बाद कुछ विश्राम पाने के लिए और कठिन काम करने

का सुझाव देना। 'न न कहे जायं, परात भर लिहे जायं।' अर्थात् इंकार करते हुए भी बहुत-सा सामान लिये जाना।

अवधी लोक साहित्य में लोकोक्तियों और मुहावरों का महत्त्वपूर्ण स्थान है। ये लोकोक्तियाँ और मुहावरे न केवल भाषायी शक्ति में निखार व प्रभाव उत्पन्न करते हैं, अपितु लोक समाज के जीवनानुभव, रीति-रिवाज, परम्परा, ज्ञान, विचार, संस्कृति व संवेदना को भी व्यक्त करते हैं। ये नीति और ज्ञान का अक्षय भंडार हैं। लोक समाज का नीतिशास्त्र हैं। मनुष्य का नैतिक एवं चारित्रिक संस्कार करने में पूर्णत: समर्थ हैं। इस दृष्टि से अवधी लोक साहित्य में इनका अद्वितीय स्थान है।

हिन्दी के विविध क्षेत्रीय (आंचलिक) लोक साहित्य का परिचय

अवधी लोक साहित्य

बलभद्र प्रसाद दीक्षित 'पढ़ीस'

आधुनिक अवधी कविता में बलभद्र प्रसाद दीक्षित 'पढ़ीस' एक प्रतिष्ठित नाम है। इनका जन्म उत्तर प्रदेश के सीतापुर जनपद के अम्बरपुर गाँव में 25 सितम्बर, 1898 ई. में हुआ था। वर्ष 1920 ई. में इन्होंने हाई स्कूल की परीक्षा उत्तीर्ण किया। इसके उपरान्त इंटरमीडिएट करने के लिए इन्होंने काल्विन कॉलेज लखनऊ में प्रवेश लिया। किन्तु बीच में ही किन्हीं कारणों से पढ़ाई छूट गई। बाद में इन्होंने कसमांडा राज्य में नौकरी कर लिया। कसमांडा राजा सूर्यबख्श सिंह के ये निजी सचिव रहे। कुछ दिनों के बाद यहाँ से नौकरी छोड़कर बम्बई चले गए। 1938 ई. से 1940 ई. तक लखनऊ रेडियो स्टेशन से जुड़कर अपनी सेवाएँ देते रहे। 14 जुलाई, 1942 को टेटनस हो जाने के कारण मात्र चौवालीस वर्ष की अवस्था में 'पढ़ीस' की मृत्यु हो गई। पढ़ीस जी को खड़ी बोली हिन्दी, अंग्रेजी और उर्दू का ज्ञान होने के बाद भी उन्होंने कविता का सृजन अपनी मातृभाषा 'अवधी' में किया। उन्होंने अपने आदर्शों के अनुरूप सरकारी नौकरी त्यागकर जनता के बीच रहते हुए उसके दुख-दर्द, तकलीफों को कविता में जगह दिया।

बलभद्र प्रसाद दीक्षित 'पढ़ीस' जमीन से जुड़े हुए रचनाकार हैं। गाँव, गाँव की आत्मीयता और उसका सौन्दर्य उनकी कविता के केन्द्र में अपनी जगह बनाते हैं। पढ़ीस प्रगतिशील विचारधारा के एक श्रेष्ठ कवि थे। उन्होंने लीक से हटकर अपना व्यक्तित्व स्थापित किया। जीवन की जड़ और रूढ़ परम्पराओं पर उन्होंने निर्भीकता से प्रहार किया। उच्च जातियों में उस समय हल की मूठ पकड़ना वर्जित था। उन्होंने पहली बार इस परम्परा को ध्वस्त करते हुए हल की मूठ पकड़ा। इसी समय पैर में हल की फाल लगने के कारण उन्हें टेटनस हो गया। बाद में इसी कारणवश उनकी मृत्यु भी हो गई। अछूत समझी जाने वाली जातियों के बच्चों को

घर पर पढ़ाने लगे। जाति और वर्ण व्यवस्था की बनी-बनाई परिपाटी पर उन्होंने प्रहार किया। वे श्रमजीवी थे। उन्होंने श्रम, उसके सौन्दर्य तथा मूल्य को जीवन में महत्त्व दिया।

'चकल्लस' इनका बहुचर्चित काव्य-संग्रह है। इस संग्रह की भूमिका प्रसिद्ध छायावादी कवि सूर्यकान्त त्रिपाठी 'निराला' ने लिखी थी। 1933 ई. में यह संग्रह प्रकाशित हुआ। 'चकल्लस' का आधुनिक अवधी कविता में महत्त्वपूर्ण स्थान है। इसमें कुल सैंतीस कविताएँ संकलित हैं। इन कविताओं पर छायावादी प्रवृत्तियों का स्पष्ट प्रभाव दिखाई पड़ता है। इसमें देशानुराग, मानवता, शोषितों के प्रति करुणा, प्रेम, मानवीय मूल्य, प्रकृति प्रेम, सौन्दर्य, समाज सुधार आदि की सफल और प्रभावी अभिव्यक्ति हुई है। 'चकल्लस' की भूमिका में निराला जी लिखते हैं—"देहाती भाषा में होने पर भी जहाँ तक काव्य का सम्बन्ध है, 'चकल्लस' अनेक गुणों से भूषित है। इसके चित्र सफल और सार्थक हैं। स्वाभाविकता पद-पद पर, परिणति में पूरी संगति है। हिन्दी के अनेक सफल काव्यों से यह बढ़कर है।" 'चकल्लस' की कविताएँ पढ़ीस जी के निजी अनुभवों, सूक्ष्म अन्तर्दृष्टि व यथार्थ के ताप से उपजी हुई हैं। ग्रामीण जीवन और लोक समाज के विविध रंगों की रंगत इन कविताओं में मौजूद हैं। डॉ. रामविलास शर्मा ने पढ़ीस की कविता के सन्दर्भ में कहा है—"उनकी कविताओं में वही आनन्द है, जो खेत-खलिहानों में घूमने वाले को खुली हवा लगने से प्राप्त होती है।" पढ़ीस, महात्मा गांधी से अत्यन्त प्रभावित थे। गांधी की तरह उनका भी मानना था कि किसी भी सुधार की शुरुआत स्वयं से करनी चाहिए। खड़ी बोली, उर्दू, फारसी एवं अंग्रेजी का ज्ञान होने के उपरान्त पढ़ीस ने मातृभाषा अवधी में काव्य सृजन किया। यह उनका मातृभाषा प्रेम ही था, जिसे उन्होंने गांधी दर्शन से प्राप्त किया था।

इन्होंने 'कृष्णलीला' नामक एक नाट्य कृति का भी सृजन किया। 'बच्चों के बाप से' शीर्षक से इनकी एक बालोपयोगी लेखमाला 'माधुरी' पत्रिका में प्रकाशित हुई। खड़ी बोली में इनकी सात कहानियों का एक संग्रह 'ला मजहब' शीर्षक से प्रकाशित हुआ। पढ़ीस जी की 'पाखी' नामक कहानी उन दिनों पाठकों के मध्य बहुचर्चित हुई थी। 'पढ़ीस ग्रन्थावली' का सम्पादन उत्तर प्रदेश हिन्दी संस्थान, लखनऊ से प्रकाशित हुआ है।

पढ़ीस के महत्त्व को स्वीकारते हुए अमृतलाल नागर कहते हैं—"हमें याद है उनकी अवधी की अनेक कविताएँ हैं। किसी बड़े हिन्दी के कवि की रचनाओं के मुकाबले में नि:संकोच रख सकता हूँ।" पढ़ीस किसान चेतना के कवि हैं। गाँव का लोकजीवन और समाज पूरी त्वरा से उनकी रचनाओं का वैशिष्ट्य बनता है। पढ़ीस ने सभ्य और शिष्ट कहे जाने वालों के चेहरों से मुखौटे अपनी कविताओं में उतारे हैं। शहरी परिवेश में पले-बढ़े वे लोग जो स्वयं को सम्भ्रान्त कहते हुए थकते

नहीं हैं, उनकी मानसिकता दोयम दर्जे की है। असल में यह वर्ग शोषक रूप में है, जिसे हम पहचान नहीं पाते हैं। पढ़ीस कहते हैं—

हंयि गाउं गेरांव, जिमीदारी,
दुइ मिलयि खुलीं सक्कर वाली
सोंठी साहुन के परप्वाता,
हंडी चलती मोहर वाली।
बंकन मां रूपया भरा परा
तिहिते हम बड़े भले मानुस॥

पूँजीपतियों और सभ्य कहे जाने वालों का यह वर्ग किसानों और मजदूरों को किस दृष्टि से देखता है? दूसरों के श्रम पर अपने सपने साकार करने वालों की कलई खोलकर पढ़ीस रख देते है। पढ़ीस की कविता इस सच का पर्दाफाश करती है—

तुम भुंखेन मरउ, मरउ भइया,
नंगे उधार झख मारि-मारि
हम तउ मनइन मां द्यउता हन
यहु का जानी करतब तुम्हार
हम पर आनन्द रूप बरसयि
हम आहिन बड़े भले मानुस।
तुम घाम लूक की ऊकन मां
तावा अस तपउ ज्ञानी।
पाला, पाथर, पानी भ्वागउ
विधना की अजभुत बनी।
हम हन पढ़ीस, हम बुद्धिमान
तिहि ते हम बड़े भले मानुस॥

कविता में संवेदना पक्ष के साथ-साथ उसके शिल्प पक्ष का भी अत्यन्त महत्त्वपूर्ण अवदान होता है। रचनाकार शिल्प पक्ष के ही सहारे पाठकों के मनोविज्ञान में अपने विचारों को स्थापित करता है। इस दृष्टि से पढ़ीस की कविताओं की भाषा सम्प्रेषणीय होने के साथ ही प्रभावशाली भी हैं। भाषा पर उनका अचूक अधिकार है। उनकी भाषा आम आदमी की भाषा है। उसमें अलंकारों का सुन्दर संयोजन है। उत्प्रेक्षा उनका प्रिय अलंकार है। डॉ. रामविलास शर्मा का विचार है—"दीक्षित जी की अवधी के शब्द माधुर्य की वैसी परख थी, जैसी किसी महान् कवि की हो सकती है। उनकी रचना 'तुलसीदास' का एक-एक शब्द मधुर है, सम्पूर्ण कविता मानो 'रामचरितमानस' में डूबकर निखर उठी है।"

बलभद्र प्रसाद दीक्षित 'पढ़ीस' की कविता

'मनई'

तन-मन का पूर-पूर पुतरा
बसि, वहयि आयि सुन्दर मनई।
बाहर भीतर, ऊपर खाले मा
वहयि आयि सुन्दर मनई।

जो जानयि कयिसे जलमु लिह्यन,
अब का करबयि, फिरि कहाँ जाब।
जो द्याखयि 'हम' 'तुम' को आही,
बसि, वहयि आयि सुन्दर मनई।

दुसरे के दुख ते दुखी होयि
अपनउ सुख सबका बाँटि देयि,
जो जानयि सुख-दुख के किरला,
बसि वहयि आयि सुन्दर मनई।

अउरन की बिटिया-महतारी,
जो अपनिन ते अधकी मानयि,
जग के सब लरिका अपनयि अस,
बसि, वहयि आयि सुन्दर मनई।

आँखिन मा करुना छलकि रहयि,
च्यहरा पर दाया ढलकि रहयि,
मर्दुमी बाँह पर फरकि रहयि,
बसि, वहयि आयि सुन्दर मनई।

जो बिगहा-भरि भुइँ मा स्वावयि,
अउरन का कचरि-कचरि कल्हरयि,
वुहु काम-देव का परप्वातयि,
मुलु, कहाँ, कयिस, सुन्दर मनई।

जो दुखियन देखे खारु खायि,
सुख वाल्यन ते खीसयिं काढ़यि।
वुहु भलइ सिकन्दर का प्वाता,
मुलु, कहाँ रहा सुन्दर मनई।

जो अपनयि मा बूढ़ा बाढ़ा,
संसारू सयिंति कयि सोंकि लिहिस
वुहु राकसु हयि, वहु दानउ हयि!
अब, कउनु कही सुन्दर मनई?

जो सब धरमन का धारे हयि,
सब मा मिलि एकु रूपु द्याखयि,
वुहु क्यसन, मुहम्मद, ईसा, बुद्धा,
वहयि आयि सुन्दर मनई।

'घसियारिनि'

लाही लगायि पउ फाटि रहा
कस सुन्दर-सुन्दर!
च्यहकि चिरय्या ठाकुरजी धुनि
भुजकइटा गुनि गायि रहे।
वह चलि जायि पंछिन ते
बिहँसति, बिलसति ब्वालति
खुरपा अउरु गँड़ासा बन
देबी-कर सोभा नायि रहे,
घसियारिनि घासयि जायि रही
कस धूरि धुरेटे बार स्वनहुले
चन्द-बदन पर—
उड़ि-उड़ि पुरवाई के झ्वाँका
बादरु अस मड़रायि रहे।
का चन्दा मामा घेरि सँप्वलवा
अयिसी-वयिसी।
छुवा-छुअउवरि खेलि रहे—
अठिलाइ रहे, ब्यल्हरायि रहे?
घसियारिन घास निरायि रही।

बिन काजर कजरारी आँखी
अरूनारी भोली।
खाँड़स बरसी भाउ भरे
छिहरायि रहे, लहरायि रहे।
मन-हे-मन कोंछु पसारि
करयि परनामु नवेली।
बिस्व-पिता किरनन ते हँसि
वह रूप-रासि अन्हवायि रहे—
कस गीतु वंदना गायि रही।

वहिके सुख की कुछु थाह कहाँ
इंदरानी पावयिं।
नटवर नयिना नाचि-नाचि
चरवाहे की छबि ताकि रहे।
वुहु आवा सुन्दर साँवलिया
मुसक्यातयि ब्वाला,
'अब न छोलु' वह हँसि हेरिसि
दूनउ पियारु बरसायि रहे।
घसियारिनि हिउ हुलसायि रही।
दुलहा के मूड़े पर गठरी,
वह पाछे-पाछे—
चली जाइ, सुखु झुलुवा झुलति
स्वामीनाथ झुलायि रहे।
वह वहिके मन मा पइठि रही,
वुहु नस-नस ब्यापा,
घसियारी के सुख पर देउता
ल्यलकि-ल्यलकि ललचायि रहे।
घसियारिनि घर का जायि रही।

वंशीधर शुक्ल

अवधी को साहित्यिक प्रतिष्ठा दिलाने में जिन लोगों की भूमिका महत्त्वपूर्ण रही है, उनमें 'अवधी सम्राट' वंशीधर शुक्ल प्रमुख हैं। जनकवि, स्वतंत्रता सेनानी व राजनेता वंशीधर शुक्ल का जन्म वर्ष 1904 ई. में वसन्त पंचमी के दिन लखीमपुर

खीरी के मन्योरा नामक ग्राम में हुआ था। पाँच वर्ष की अल्प आयु में पिता के निधन से इन्हें गहरा दुख प्राप्त हुआ। इस कारण इनकी शिक्षा सुचारु रूप से नहीं हो पाई। स्वाध्याय से इन्होंने संस्कृत की प्रथमा परीक्षा उत्तीर्ण किया। वंशीधर शुक्ल आर्य समाज से आजीवन जुड़े रहे। ब्रिटिश शासनकाल में हैदराबाद के नवाब द्वारा हिन्दी प्रेमियों का दमन किये जाने के प्रतिरोध में आर्य समाज ने जो आन्दोलन खड़ा किया था, उसका नेतृत्व उत्तर प्रदेश में वंशीधर शुक्ल ने किया था। वंशीधर शुक्ल के व्यक्तित्व निर्माण में पिता पं. छेदीलाल शुक्ल, राजनीतिक मित्र गणेश शंकर विद्यार्थी तथा अन्य समकालीन मित्रों की भूमिका प्रभावी रही है। पिता पं. छेदी लाल आल्हा गाते थे। वे आसपास के क्षेत्रों में अल्हैत के रूप में प्रसिद्ध थे। पिता द्वारा ओजपूर्ण शैली में गाये जाने वाले आल्हा गीतों को सुनकर वंशीधर शुक्ल मंत्रमुग्ध हो जाया करते थे। इस तरह काव्य और साहित्यिक संस्कार इन्हें अपने पिता से विरासत के रूप्प में प्राप्त हुआ। वर्ष 1919 ई. में पिता की मृत्यु हो गई। पारिवारिक जिम्मेदारियों का बोझ शुक्ल जी के ऊपर आ गया। आर्थिक कठिनाइयों का सामना करते हुए शुक्ल जी ने अपने व्यक्तित्व को परिमार्जित किया। लखीमपुर खीरी में उन्होंने किताब की दुकान खोली। छोटी-छोटी पुस्तकों को स्वयं लिखकर मेले और बाजार में बेचते थे। इसी से घर का खर्च चलता था। बाद में उत्तर प्रदेश के लखीमपुर खीरी विधान सभा से वे विधायक (1959 ई.-1962 ई.) भी चुने गए।

वर्ष 1927 ई. में वंशीधर शुक्ल का विवाह हरदोई जिले की गजरानी देवी से हुआ। इस समय देश पराधीन था और भारत की जंग-ए-आजादी के लिए आन्दोलन चल रहा था। शुक्ल जी भी स्वाधीनता प्राप्ति के इस आन्दोलन में सक्रिय रूप से शामिल हो गए। इस तरह वह घर-गृहस्थी के दायित्वों का पालन करने में अक्षम हो गए। लेकिन धर्म पत्नी ने किसी प्रकार का कोई गिला-शिकवा नहीं रखा। शुक्ल जी द्वारा भारत की आजादी के लिए किये जा रहे प्रयासों में पुण्यवत् सहयोग प्रदान किया।

वंशीधर शुक्ल ग्रामीण चेतना व सौन्दर्य के कवि हैं। उनकी कविता में गँवई जीवन की मिठास और गाँव का सुख-दुख पूरी तरह प्रतिबिम्बित है। एक तरफ जहाँ गाँव का भोलापन, सरलता व लोकजीवन की परम्परा दिखाई पड़ती है, वहीं दूसरी तरफ ग्रामीण जीवन में व्याप्त शोषण, सामाजिक-आर्थिक असमानता की विसंगतियाँ भी नजर आती हैं। शुक्ल जी की कविताएँ शोषण, अन्याय, बर्बरता और असभ्यता के प्रतिरोध में जन को खड़ा करती हैं। उसके भीतर परिवर्तन के लिए बेचैनी पैदा करती हैं। शुक्ल जी की कविताएँ समाज और जिन्दगी में बिखरे हुए विषयों को अपना कथ्य बनाती हैं। गाँव उनकी कविता में बार-बार आता है। उनका गाँव की माटी और संस्कृति से जुड़ाव किस कदर था, इसे शुक्ल जी के

विचारों के आलोक में समझा जा सकता है। वे कहते हैं—"धरती का बेटा हूँ। खेती-किसानी मेरा पेशा है। खेतों और खलिहानों की गंध ने मुझमें प्राण भरे हैं। झोंपड़ियों, चौपालों और पगडंडियों ने मुझे कविता की प्रेरणा दी है।" खेती-किसानी मेहनत का काम है। इस काम को करता है श्रमजीवी किसान। शुक्ल जी खेती-किसानी करने वाले लोगों को आगे बढ़ने के लिए प्रेरित करते हैं। उनके अधिकार पर कुंडली मारकर बैठे लोगों का प्रतिरोध करते हैं। वंशीधर शुक्ल मुफ्तखोरी, बेकारी और जुल्म के खिलाफ किसानों को लामबन्द होने का आह्वान करते हैं—

मुफ्त खोर बेकार न पनपै,
रहे जुलुम ना त्रास।
आगे बढ़ै किसान मेहनती,
जो कमाय सो खाय॥

शुक्ल जी आम आदमी के सामने सुरसा की तरह मुँह फैलाए खड़ी महँगाई से पीड़ित गरीब, पीड़ित, असहाय तथा वंचित समाज के मनोविज्ञान को 'महँगाई' शीर्षक कविता के जरिये प्रस्तुत करते हैं—

रुपया रोजु मजूरी पाई, प्रानी पाँच जियाई
पाँच सेर का खरचु ठौर पर सेर भरे मां खाई
सरकारी कंट्रोलित गल्ला हम ना ढूँढ़े पाई
छा दुपहरी खराबु करी तब कहूं किलो भर पाई
हमका चूसि रही महँगाई।

भारत की आजादी में वंशीधर शुक्ल का महत्त्वपूर्ण अवदान है। मातृभूमि की सेवा करते हुए स्वतंत्रता आन्दोलन में उन्होंने भाग लिया और अनेक बार जेल की यात्रा की। नेताजी सुभाषचन्द्र बोस ने जब आजाद हिन्द फौज बनाई, तब उन्हें एक गीत की जरूरत हुई, जिस पर उनके सैनिक मार्च पास्ट कर सकें। बोस ने एक बैंड भी बनाया था, जिसका नेतृत्व कैप्टन राम सिंह करते थे। सुभाषचन्द्र बोस की इच्छा वंशीधर शुक्ल ने पूरी की। उन्होंने आजाद हिन्द फौज के लिए एक गीत लिखा—

कदम-कदम बढ़ाये जा,
खुशी के गीत गाये जा,
ये जिन्दगी है कौम की
तू कौम पर लुटाये जा!

यह गीत भारत में अत्यन्त लोकप्रिय हुआ। यह गीत आज भी भारतीयों के दिलों में बसता है। उनके भीतर राष्ट्रीय चेतना और प्रेम की निर्मिति करता है। इस

गीत की धुन कैप्टन राम सिंह ने तैयार की थी। इसी तरह जब कांग्रेस ने 'चरखा आन्दोलन' चलाया तो इसके लिए भी गीत वंशीधर शुक्ल ने ही लिखा था। गीत के बोल थे—

मोरे चरखे की न टूटे तार,
चरखवा चालू रहे!

स्वतंत्र भारत में 1957 ई. में वंशीधर शुक्ल समाजवादी दल के प्रत्याशी के रूप में भारी बहुमत से पार्टी के विधायक चुने गए। 1975-76 में आपातकाल में कांग्रेसी सरकार का विरोध किया। सरकार के प्रतिरोध में कविता पढ़ने के कारण इन्हें जेल हो गई। वंशीधर शुक्ल स्वच्छ, स्वस्थ्य और पारदर्शी लोकतंत्र और राजनीति के समर्थक थे। वे राजनीतिक विसंगतियों की तीव्र आलोचना करते हैं। वे राजनीति में ईमानदार और कर्मठ लोगों का प्रवेश चाहते थे। वे चाहते थे कि लोकतंत्र में समान अवसर की जो संकल्पना की गई है, वह धरातल पर दिखे भी। इसलिए शुक्ल जी सरकार चलाने के लिए नये-नये लोगों को मौका दिये जाने के पक्षधर थे। इस सन्दर्भ में उन्होंने एक कविता भी लिखी थी, जो राजनीतिक हलकों में बहुचर्चित भी हुई। इसे प्राय: सुना जा सकता है। कविता थी—

बदलिये बार-बार सरकार,
सम्भव है उलटा-पलटी में मिले
योग्य सरदार!

इस सन्दर्भ में आचार्य नरेन्द्र देव का कहना था कि—"अगर यह कविता यूरोप के किसी देश में लिखी गई होती तो यह अकेली कविता ही कवि को विश्व प्रसिद्ध बनाने के लिए काफी थी।"

'आल्हा सुमिरनी' शुक्ल जी की प्रथम काव्य कृति है। 'कृषि विलाप', 'बेटी बेचन', 'मेला घुमनी', 'राष्ट्रीय गान', 'अब दुनिया बदल गई', 'पंतपुराण', 'नेहरू सावधान', 'कमला आख्यान', 'कांग्रेस की कुकड़ूँ-कूँ', 'कांग्रेस सरकार स्वाहा', 'करो चरखे से प्रेम', 'गुलाम देश', 'नसबन्दी बन्द करो' आदि उनकी प्रमुख काव्य कृतियाँ हैं। 'अवधी भाषा शब्दकोश', 'अवधी लोकोक्ति संग्रह' तथा 'वेदमत और लोकमत' उनकी अन्य प्रमुख कृतियाँ हैं। 'वंशीधर शुक्ल रचनावली' का प्रकाशन वर्ष 2000 में उत्तर प्रदेश हिन्दी संस्थान, लखनऊ द्वारा हुआ है। इस रचनावली में शुक्ल जी की अवधी रचनाओं के अतिरिक्त खड़ी बोली की 130 रचनाएँ संगृहीत हैं। शुक्ल जी का रचना संसार 1925 से 1980 ई. तक फैला है। शुक्ल जी की मृत्यु के उपरान्त 'वंशीधर शुक्ल स्मारक समिति' द्वारा तीन काव्य संकलन प्रकाशित हुए—'उठ जाग मुसाफिर', 'राम मड़ैया' तथा 'लीडरावाद'।

जीवन के तमाम झंझावातों से संघर्ष करते हुए 26 अप्रैल, 1980 ई. को वंशीधर शुक्ल की मृत्यु हो गई।

वंशीधर शुक्ल ने अवधी के अतिरिक्त खड़ी बोली में भी रचनाएँ की हैं। कवि सम्मेलन के अतिरिक्त कांग्रेस के राष्ट्रीय अधिवेशन में भी शुक्ल जी कविताएँ पढ़ा करते थे। इससे पूरा देश उनकी कविताओं से परिचित हो गया। देश में उनकी कविताएँ समादृत थीं। खड़ी बोली की उनकी कुछ कविताएँ अत्यन्त प्रचलित हैं—

उठ जाग मुसाफिर! भोर भई,
अब रैन कहाँ जो सोवत है।
जो सोवत है, सो खोवत है,
जो जागत है, सो पावत है।
उठ जाग मुसाफिर! भोर भई,
अब रैन कहाँ जो सोवत है।

देश के युवाओं के भीतर भारत की पराधीनता के प्रति चेतना, ओज और उत्साह का बिगुल फूँकते हैं—

उठो सोने वालो! सबेरा हुआ है,
वतन के फकीरों का फेरा हुआ है।
जगो, अब निराशा निशा खो रही है,
सुनहली-सी पूरब दिशा हो रही है,
उषा की किरण कालिमा धो रही है,
न अब कौम कोई कहीं सो रही है,
तुम्हें किसलिए मोह घेरा हुआ है।
उठो सोने वालो! सबेरा हुआ है।

इसी तरह वे क्रान्ति का आह्वान करते हैं—

आ पगले! गदर मचाएँ
ले शक्ति सँभल, सम्मुख दंगल,
फँस गया शत्रु गहरे दल-दल,
है निबल-बिकल नहिं सके सँभल,
ओ वीर! उछल, कर शीघ्र कवल,
दे मेट ब्रिटिश की चहल-पहल,
मत देख दाहिने बायें।
आ पगले! गदर मचाएँ।

वंशीधर शुक्ल की भाषा सरल, सहज व प्रांजलपूर्ण है। उनकी कविता में अवधी के तत्सम, तद्भव शब्दों के साथ लोक व्यवहार में आने वाले प्रचलित उर्दू, फारसी व अंग्रेजी के शब्दों का प्रयोग मिलता है। लोकोक्तियों, मुहावरों तथा देशज शब्दों का प्रयोग शुक्ल जी की काव्यभाषा को भाषायी गरिमा व सौन्दर्य प्रदान करता है। यही कारण है कि शुक्ल जी की काव्यभाषा लोक समाज के मध्य अत्यन्त लोकप्रिय है। शुक्ल जी ने कविता में अलंकारों का प्रयोग स्वाभाविक रूप से किया है। उपमा, उत्प्रेक्षा, रूपक, दृष्टान्त, मानवीकरण, अर्थान्तरन्यास आदि उनके प्रिय अलंकार हैं। गीत, मुक्तक, प्रहेलिका, बरवै, कुंडलियाँ आदि शुक्ल जी की प्रिय काव्य शैलियाँ हैं।

वंशीधर शुक्ल की कविता का प्रत्येक सिरा सामाजिक, आर्थिक, राजनीतिक एवं सांस्कृतिक पक्षों से जाकर जुड़ता है। उनकी कविताओं में अपने समय और समाज की चिन्ता और चुनौतियाँ मौजूद हैं। ग्रामीण परिवेश, प्रकृति, लोकजीवन, लोक समाज के साथ देश के विकास और प्रगति से जुड़े प्रश्नांकित हैं, उनकी कविताओं में।

वंशीधर शुक्ल की कविता

'राम मड़ैया'

नदी किनारे सड़क न गल्ली, द्वारे भरी तलैया।
हुवैं बनी है राम सहारे अपनी राम-मड़ैया।
जहाँ बयारि लगावै बढ़नी जुगुनू दिया दिखावैं
सुअर, सियार, चील्ह, गिलहरिया कूरा सैंति उठावैं।
चिरई-कौवा का-का कहि-कहि जागि जगाय सोवावैं
उइ-उइ, अथै-अथै कै सविता दिनु औ राति बतावैं।

जहाँ बदरवा डाका डारैं चोरी करै बिलैया।
हुवैं बनी है राम-सहारे, अपनी राम-मड़ैया॥
जहाँ जाडु मुट्ठिन माँ बाँधा, बरफ जमी छपरन पर
राति-दौसु बीतै पयार माँ, मौत टँगी खुटियन पर
दसौ दिसा गुर्राय गरम ह्वै जेठ दुपहरे झौंकै
सुर्ज चूसि कै धरती भिजवै, धूरि उड़ै नभ छौंकै।
सावन रोवै, चैतु हँसावै, बीतै छप्पक-छैया।
हुवैं घास माँ बनी फूस की अपनी राम-मड़ैया॥

जहँ गाइन का घण्टा ठनकैं, भैंसिन का हुंकारा
घोड़वा हींसै, बघवा डहुँकै, गदहा देय नगारा।
कूकुर उल्लू बने पहरुवा, निहुकी निहुकी जगावैं
पीपर बरम, नीम पर भुइयाँ, जिन्द परेत पुजावैं।
जहाँ बजै रैदास की डफली, नाचैं कुँवर-कन्हैया।
हुवैं बनी निंबियन के भीतर अपनी राम-मड़ैया॥

कहूँ-कहूँ बाँसन का झुरमुट नागफनी चौधारा।
मूँजा, बेलझर, काँट-करौंदा रूँधि रहे गलियारा।
जहाँ बसंत चुवावै महुआ, जेठु तपै, जलु बरसै
सरद कमल हेवंतु गेंदन पर, सिसिर कुसुम पर बिलसै
जलधर बनचर करैं किलोलैं नाचै सुवा-चिरैया।
हुवैं बनीं सूनी दुनिया माँ अपनी राम मड़ैया।

नेउरा, बीदर, बर्र डिंगारै, साँप कहैं घरु अपना
मुसवा सुड़ग साँधि रचि चेटा सम्पत्ति चहै हड़पना।
राजा ब्योहर निगलैं उगिलैं नदी हिल्वारा मारै
सूखा, आगि, पानी, पाथर छिन-छिन प्रान निकारै।
कोऊ दवा न दुवा देवैया घर-घर हापा-दैया।
हुवैं बनी आफति की मारी अपनी राम-मड़ैया।

करिया अच्छर भैंसि बराबरि उजड़ मूढ़ भगवान
मचा अँधेरू स्वार्थ का गाना बैरिन का सम्मान।
जहाँ नहीं व्यापी अँगरेजी जमि न सकी सुलतानी
नई सभ्यता डरि-डरि भागी घर-घर रीति पुरानी।
जहाँ किसान जगत के पालक बसैं बया के भैया।
हुवैं बसी है बिना बसाये अपनी राम-मड़ैया॥

'हुवाँ कस-कस होई निरबाह'!

जहाँ न प्रकृति भरै उत्साह, हुवाँ कस-कस होई निरबाह
जहाँ गौखुर की उड़ि न धुरि, लैरूवा लिचरन की पुडुकानि,
कबुत्तर, बदकै, पडुखा, सुवा, रँगीली चिरइन की किलकानि,
न बोलैं मोर, न स्यार, बिलार, महरि, भुजइलि, कागा, कटनास,

बताई को पग-पग पर सगुन, बँधाई को भविष्य की आस।
जहाँ न खुलि कै निकरै आह, हुवाँ कस-कस होई निरबाह॥

न छाटे लरिका अनखा दिहे, धूरि मा लोटि-लोटि बेल्हरायँ,
न रिछवा, नकवा, बघवा लड़ैं, न छुट्टा साँड़िन साँड़ बँबायँ,
न रन मा ताल देयँ लट्ठैत, मोछ मन्नावैं जीतैं खेतु।
न भेंड़ा, तित्तुर, बटई लरैं, पहाड़ी, जंगल, नदी, न रेतु।
जहाँ पर औटि पियावैं चाह, हुवाँ कस-कस होई निरबाह॥

न उम्बी, ह्वारा, गद्दर छियाँ, न बाली, भुट्टा, ना अमल्वास,
नहीं रितु-रितु का मिलै प्रसाद, उठै-बैठै का नहीं सुपास।
बाग, झुड़िया, बिरवन की छाँह, हवा टटियन की मेघ-मलार।
न पग-पग हरी घास का फर्स, न पुरइनि, गुजरी लेइ हिल्वार।
न पावै कोउ कोऊ की थाह, हुवाँ कस-कस होई निरबाह॥

ताल, ख्यातन, हाटन की मिलनि, गली खरिहानन की बतुवानि।
ओस के चाटि-चाटि के बुंद, लहलही फसलन की लहरानि।
बिर्छ पत्तन पर फूलति जाएँ, पत्र फूलनि पर फूलति जाएँ,
राति आवै घरु लेयँ छिपाय, दौसु आवे घरु देयँ देखाय।
जहाँ भूलै पुरिखन की राह, हुवाँ कस-कस होई निरबाह॥

जहाँ होरिल भुइँ लागे फिरैं, नियम पालक चकवा से बीर,
पियासा पपिहा भरमति फिरै, न पीवै कहूँ घड़ा का नीर।
सुर्ज का देखै न सुसुवार, पूत कोयल के सेवैं काग,
अन्न दै भूसा खावैं बर्ध, न कबहू भारि बनावैं नाग,
होइ न कुवाँ का बाग ब्याह, हुवाँ कस-कस होई निरबाह

आद्या प्रसाद मिश्र 'उन्मत्त'

आद्या प्रसाद मिश्र 'उन्मत्त' अवधी के विख्यात कवि हैं। इनका जन्म उत्तर प्रदेश के प्रतापगढ़ जिले के देल्हूपुर नामक गाँव में 13 जुलाई, 1935 ई. को हुआ था। इनके पिता का नाम पं. उमा शंकर तथा माता का नाम गुलाब देवी था। उन्मत्त जी ने अवधी और हिन्दी कविता को उत्कर्ष प्रदान किया। प्रतापगढ़ साहित्यिक गतिविधियों का प्रमुख केन्द्र रहा है। उन्मत्त जी ने प्रतापगढ़ के रचनाकारों के संरक्षण एवं

संवर्द्धन के लिए 22 अगस्त, 2001 को 'कविकुल' नामक साहित्यिक संस्था का गठन किया था। इस संस्था के माध्यम से विभिन्न साहित्यिक गतिविधियों, गोष्ठियों एवं कवि सम्मेलनों का आयोजन किया जाता रहा है।

उन्मत्त जी ने अपनी रचनाओं के माध्यम से राष्ट्रीय प्रेम, चरित्र निर्माण, मानवीय गरिमा तथा सामाजिक सरोकार को प्रमुखता से समाज में स्थापित किया। उनकी कविताएँ लोक रंग व लोकजीवन के विविध पक्षों को उद्‌घाटित करती हैं। उन्होंने समकालीन अवधी कविता को एक नई दिशा प्रदान किया। अवधी में गजल, नवगीत, जैसी नूतन विधा का सूत्रपात उन्मत्त जी ने ही किया। अवधी को आधुनिकता से जोड़ने का प्रशंसनीय कार्य किया। उन्मत्त जी का यह अभिनव प्रयोग सराहनीय है। वे सन्तुलन के कवि हैं। परम्परा और आधुनिकता का समन्वय और सन्तुलन उनकी कविताओं का वैशिष्ट्य है। उन्हें न तो परम्परा के बन्धन में रहना स्वीकार है और न ही वे आधुनिकता की अति करते हैं।

उन्मत जी की कविता में गाँव-गिराँव और लोकजीवन पूरी मोहकता के साथ आता है। उनकी कविताएँ मनुष्य को लोकजीवन और लोक संस्कृति से जोड़ती हैं। वसन्त उनकी प्रिय ऋतु है। इस ऋतु के आगमन के उपरान्त प्राकृतिक परिवर्तन का जो स्वरूप निर्मित होता है, उसे उन्मत्त जी कविता में एक सटीक बिम्ब के रूप में उकेरते हैं—

बहि गई पूरब कइ बयरिया डगर महकी,
फूलइ लागीं फुलवरिया डगर महकी।
महके खेत महकि गे झुरमुअ महके ताल तलइया,
फुलगेनवा कइ महक उड़ावत झूमि चली पुरवइया।

इसी तरह प्रकृति का मानवीकरण उनकी कविता को गतिशीलता प्रदान करता है—

आइ बसन्त सजे अमऊ बउरन कइ मउर लगाए
गौने कइ दुलहिन अस लाजन मारी सीस नवाए।

उन्मत्त जी की कविता पाठकों का मनोविज्ञान प्रभावित करती हैं। मातृभूमि के प्रति प्रेम व माटी से राग उनकी कविता के केन्द्र में है। तभी तो वह लोकभाषा अवधी में यह भाव व्यक्त करके लोक के भीतर राष्ट्रीयता की चेतना उत्पन्न करने का प्रयास करते हैं—

नहकै सरग कै रूप बखाना थी सब हियाँ,
सरगौ से बढ़ि के देस के माटी हमार बा।

उन्मत्त जी 'जननी जन्मभूमिश्च स्वर्गादपि' के दर्शन में आस्था रखने वाले रचनाकार हैं। उनकी दृष्टि में मातृभूमि स्वर्ग से भी बढ़कर है। अपनी संस्कृति और अपनी परम्परा से प्रेम करना कुबेर के खजाने के समान है। वे कहते हैं—

केउ का पियार होई खजाना कुबेर कै,
हमका तौ अपने गाँव कै सिटकै पियार बा।

उन्मत्त जी की कविता में गाँव का विश्वसनीय चित्र अंकित है। उनकी कविता में अवध प्रान्त का स्पंदन सुनाई पड़ता है। अवध के गाँव, वहाँ की लोक संस्कृति, उनका जीवन मूल्य अवध की लोक भाषा अवधी में पूरी तरह प्रतिबिम्बित हुआ है। आजादी के पहले और आजादी के बाद के गाँवों की बदली हुई परिस्थितियाँ उनकी कविता में अपना स्थान बनाती हैं। उन्मत्त जी लोकतंत्र के समर्थक थे। दुनिया के सबसे बड़े लोकतंत्र भारत में आजादी के बाद मिले संविधान से इस देश में आम आदमी को संवैधानिक अधिकार प्राप्त हुए हैं। 'जनतंत्र' में जनता महत्त्वपूर्ण हो गई। 'अब केस के आई रामराज' शीर्षक कविता में उन्मत्त जी कहते हैं—

परजा कै सासन, परजा की खातिर-परजा के हाथे मा,
परजै पहिरावै मुकुट आज जिउ चाहे जेकरे माथे मा।

इतना ही नहीं उन्मत्त जी की आशाएँ उस समय विखंडित हो जाती हैं, जब आजादी के बाद नई परिस्थितिजन्य व्यवस्था में राजनीतिक मूल्य धराशायी हो गए। भाई-भतीजावाद भ्रष्टाचार, राजनीतिक अवमूल्यन, कालाबाजारी, झूठ, छल, छद्म, प्रपंच, अनैतिकता आदि ने जनतंत्र के सामने एक नई चुनौती उत्पन्न कर दीं—

लोकतंत्र का पहिया धँसिगा अनाचार की कीच,
सत्ता नियाव की भोंकडि के रोवै भरी भीड़ के बीच।

सामाजिक परिवर्तन का रास्ता राजनीति से ही होकर गुजरता है। उन्मत्त जी इस बात से पूर्णतया सहमत व परिचित थे। तभी वे देश की प्रगति के लिए, स्वच्छ राजनीति का प्रबल समर्थन करते हैं। स्वार्थ की राजनीति करने वालों के साथ ही अवसरवादी और सत्ता लोलुप लोगों का चरित्र उजागर करते हैं—

चमचा महान्, तोर चमकी दुकान
काम सगरे जहान क बिगाड़े रौ महगुआ।
दुइ पइसा कै टोपी दैके झाड़े रौ महगुआ।

इसी तरह उन्मत्त जी आक्रोश भरे स्वर में ऐसे स्वार्थी लोगों की जमकर धज्जियाँ उड़ाते हैं। वे कहते हैं—"परदा मा नंगा नाच करा, बहिरे जनग न मन गावा थ्या।

तू बदला दिन में पाँच सूट, हम ढाँकी लाज कछाड़े मा।
अबकी देबै भूसी छोड़ाइ, उतरा तौ तनी अखाड़े मा
तोहरी नानी के हाँड़े मा।

स्पष्ट है कि उन्मत्त जी आर्थिक असमानता के कारण उपजे सामाजिक असमानता का पूरा ग्राफ अपनी कविता में खींचते हैं। वे गाँव के गलियारे से लेकर देश के दरवाजे तक विकास देखने के आकांक्षी हैं। जिन लोगों ने अपनी शहादत देकर देश को परतंत्रता की बेड़ियों से मुक्त किया, आने वाली पीढ़ियों के लिए एक स्वाधीन देश सौंपा, वो अँधेरे में चले गए और रोशनी के केन्द्र में धूर्त, बर्बर, असभ्य व अपराधी आ गए। इस विसंगतिपूर्ण व्यवस्था के लिए राजनीति ही जिम्मेदार है। अतः उन्मत्त जी बनावटी समाजवाद और बनावटी राजनीति का पर्दाफाश करते हैं—

नकली समाजवाद खोखली आजादी
पपवा प परदा महतिमा का खादी
जेकरे रकतवा से बेदिया गै लीपी
ओकरे असनवा प बइठिगे फसादी।

उन्मत्त जी सामाजिक-साम्प्रदायिक सौहार्द के पैरोकार हैं। इसलिए वे कहते हैं—

बच्चा हेलवाई के दुकान, अस छनै जलेबी गरम-गरम,
ओहमुर मुल्ला, ओहमुर पंडित सब एक जात, एक धरम।

उन्मत्त जी भावों एवं विचारों की सफल अभिव्यक्ति के लिए लोकभाषा अवधी का चयन करते हैं। उनकी भाषा पूर्वी अवधी है। जिसमें देशज व तत्सम शब्दों के प्रयोग के साथ खड़ी बोली के शब्दों का भी प्रयोग देखने को मिलता है। उनकी अपनी कहन शक्ति है, जो पाठकों को भीतर तक बेचैन कर देती है। उनकी भाषा सीधी, सरल व सम्प्रेषणीय है। लेकिन अपना गहरा प्रभाव पाठकों की चेतना में छोड़ती हैं। जनपदीय संस्कृति के साथ ही समकालीन यथार्थ को पूरा महत्त्व व स्थान उन्होंने अपनी कविता में दिया है।

आद्या प्रसाद मिश्र 'उन्मत्त' की कविता—

'डगर महकी'

बहि गइ पूरब कइ बयरिया डगर महकी,
फूलइ लागीं फुलवरिया डगर महकी।
महके खेत महकि गे झुरमुट महके ताल तलइया,

झूमर लागीं अरहरिया डगर महकी,
बहि गइ पूरब कइ बयरिया डगर महकी।
पनघट के जमघट मा चरचा छिड़िगै बालेपन कइ,
छम छम छम पायल बाजइ और चुरिया खन खन खनकइ।
छलकइ गोरी कइ गगरिया डगर महकी,
बहि गइ पूरब कइ बयरिया डगर महकी।
आइ बसन्त सजे अमऊ बउरन कइ मउर लगाए,
गौने कइ दुलहिन अस लाजन मारी सीस नवाए।
नाचइ लागीं बँसवरिया डगर महकी,
बहि गइ पूरब कइ बयरिया डगर महकी।
लौटि चले पसु अउर पखेरू अपने अपने थाने,
गइया का थन ताकि ताकि बछरू मन मा ललचाने।
बोली दुधवा केरी धनिया डगर महकी,
बहि गइ पूरब कइ बयरिया डगर महकी।
जला अलाव बैइठि तापइँ सितलू साजा सुखरानी,
गुड़ गुड़ गुड़ हुक्का बोला फिर चरचा छिड़ी पुरानी।
बहि गइ पूरब कइ बयरिया डगर महकी।

'आजु देवारी आ'

सोने मढ़िगे राम मड़इया, रूपन महल मढ़ा,
मा उछिन्न अँधियार अँजोरवा सबके मूड़ चढ़ा।
बला सरग मू दिया देखाई आजु देवारी आ।
अँधियर कतहूँ रहै न पाई, आजु देवार आ।
सिरदा परै, मनावै माई हे लछिमी मइया,
जुग-जुग जियइँ जुड़ाइँ तनौ-मन से हमरे भइया।
कुछ ना चाही अउर सेवाई आजु देवारी आ।
अँधियर कतहूँ रहै न पाई, आजु देवारी आ।
तुलसी के बउरा डेहरी दरवाजा नीम तरे,
आजु बइठि के सोन चिरइया चहकइ घरे-घरे।
चमकि उठे चउका-अँगनाई आजु देवारी आ।
अँधियर कतहूँ रहै न पाई, आजु देवारी आ।
बढ़ि चौतरा, चरही, चढ़ि गई कुअना की छूही,
लरिकन के हाथे जागइ पुरखातन कै बूही।
कौने दिन कै बरे कमाई, आजु देवारी आ।

अँधियर कतहूँ रहै न पाई, आजु देवारी आ।
पिछवारे नरदा की कइती घुरवा की ओरी,
हाथे दिया, ओढ़ाये अँचरा ठुमुकि चली गोरी।
एक धरइ दुइ रहै छुपाई, आजु देवारी आ।
अँधियर कतहूँ रहै न पाई, आजु देवारी आ।
बजरी के खेते ऊखी के मेड़े धनखरिया,
ढरकि परी जइसे चारिउ मूँ सोने कै थरिया।
लखि-लखि रहे कुबेर लजाई आजु देवारी आ।
अँधियर कतहूँ रहै न पाई, आजु देवारी आ।

चन्द्रभूषण त्रिवेदी 'रमई काका'

आधुनिक अवधी कविता के इतिहास पर नजर डालें तो हम एक ऐसे रचनाकार को अपने सामने पाते हैं जिन्होंने अवधी के उन्नयन के लिए सम्पूर्ण जीवन समर्पित कर दिया। अवधी की सहजता, सरलता, अपनत्व और मिठास को लोकजीवन से जोड़कर उसे अपनी रचना का हिस्सा बनाया। आधुनिक अवधी कविता के प्रतिमान चन्द्रभूषण त्रिवेदी 'रमई काका' उपनाम से साहित्य जगत् में विख्यात हैं। इनका जन्म उ.प्र. के उन्नाव जिले के 'रावतपुर' नामक गाँव में 2 फरवरी, 1915 ई. को हुआ था। इनके पिता पं. वृन्दावन त्रिवेदी सेना में कार्यरत थे। रमई काका लम्बे समय तक आकाशवाणी और दूरदर्शन से जुड़े रहे। इन आधुनिक संचार माध्यमों के द्वारा रमई काका ने अवधी के माधुर्य से लोक में मिठास और सौहार्द को स्थापित करने का यत्न किया। गँवई जीवन की बनावट, उसका सोंधापन, उसकी खुशबू, उसकी आत्मीयता, उसमें रचे-बसे लोकजीवन, लोक संस्कृति, जीवन मूल्य, श्रम सौन्दर्य तथा मानवीय राग जैसे मूल्यों को अपनी कविता में पिरोकर अवधी और ग्राम्य जीवन की विलक्षणता व संवेदना को समृद्ध किया है। अवधी के इस शब्द शिल्पी का निधन 19 मई, 1982 ई. को हुआ।

रमई काका का रचना संसार अत्यन्त समृद्ध है। इनके कुल चार काव्य-संग्रह प्रकाशित हुए। बौछार, भिनसार, गुलछर्रा और फुहार प्रमुख हैं। इनकी रचनाएँ अनुभूति और अभिव्यक्ति के पक्ष पर सक्रिय व सशक्त हैं। 'बोछार' तीस प्रांजल कविताओं का संचयन है। यह संग्रह वर्ष 1944 ई. में प्रकाशित हुआ। इसमें संकलित कविताएँ ग्रामीण एवं प्राकृतिक परिवेश से सरोकार रखती हैं। इस संग्रह की प्रमुख कविताओं में 'बौछार', 'कचेहरी', 'बरखोज', 'अनमोल बियाहु', 'बुढ़ऊ का बियाहु', 'ध्वाखा' आदि प्रमुख हैं। ये कविताएँ बैसवाड़ी अवधी की कविताएँ हैं।

'भिनसार' बयालीस अवधी कविताओं का संग्रह है। इसका प्रकाशन वर्ष 1946 ई. है। इस संग्रह की कविताएँ समाज की विसंगतियों से टकराती हैं। उनका प्रतिरोध करती हैं। इसमें रमई काका के हास्य-व्यंग्य के चुटकीले अन्दाज का तेवर है।

'फुहार' काव्य-संग्रह वर्ष 1956 ई. में प्रकाशित हुआ। इसमें छत्तीस कविताएँ संकलित हैं। इस संग्रह की कविताओं में वस्तु वैविध्य है। इसमें अन्धविश्वास, लोक संस्कृति, सामाजिक विसंगति, कुरीति, राजनीतिक-सामाजिक अव्यवस्था पर चोट है। यह कृति उ.प्र. हिन्दी संस्थान द्वारा पुरस्कृत भी हुई। इस संग्रह की कविताएँ अपने हास्य-व्यंग्य की शैली के कारण पाठकों के भीतर एक आकर्षण व चिन्तन के लिए कसमसाहट पैदा करती हैं।

'गुलछर्रा' छत्तीस कविताओं का संग्रह है। इसमें रमई काका की धारदार व्यंग्य शैली प्रयुक्त है। इस संग्रह की कविताएँ समकालीन समस्याओं पर कटाक्ष पूरे आवेग के साथ करती हैं।

'माटी के गीत' रचना ग्राम्य गीतों का संकलन है। इसमें विभिन्न अवसरों पर गाये जाने वाले ग्रामीण संवेदना से युक्त गीतों का संचयन है। जैसे—देवी गीत, बधाई गीत, सोहर गीत आदि।

'बहिरे बाबा' रमई काका का एक प्रमुख रेडियो नाटक है। इस प्रहसन नाटक के जरिये रमई काका ने विशेष प्रसिद्धि अर्जित की।

रमई काका जन-जन के रचनाकार ठहरते हैं। वे अपनी कविता में आम आदमी के सुख-दुख को तरजीह देते हैं। इस सन्दर्भ में डॉ. रामशंकर त्रिपाठी का विचार है—"रमई काका आधुनिक युग के अवधी काव्य के सर्वोत्कृष्ट कवि हैं। बैसवाड़ी अवधी का सच्चा स्वरूप प्रस्तुत कर गाँव को कविता के निकट न लाकर कविता को गाँव के निकट लाने वाले सफल हस्ताक्षर का नाम है रमई काका। उनकी चुटकियाँ मर्म को छूने वाली हैं, उनके भाव वैविध्यपूर्ण हैं और उनका शिल्प अनूठा है। धरती के काका जनकवि हैं, लोक कवि हैं।"

रमई काका ग्राम्य संवेदना के कवि हैं। इनकी कविताओं में ग्रामीण परिवेश के प्रति अनुराग व ममत्व का भाव झलकता है। गाँव की मिट्टी, हवा, पानी, पक्षी, खेत-खलिहान, बाग-बगीचे पूरी जीवंतता के साथ उनकी कविता में आते हैं। रमई काका अपने पुरखों की विरासत और माटी के प्रति कृतज्ञ हैं, क्योंकि इसी माटी में उनका व्यक्तित्त्व निर्मित हुआ है। उन्हें संस्कार प्राप्त हुआ। 'हमरे दादा का खेतु आय, हमका कइसे न पियार होय' कविता में वे कहते हैं—

यहि खेतवा की माटी मइहाँ हम रेंगेन है बइयाँ-बइयाँ
यहि खेतवा की धरती मइहाँ हम चलबु सीख पइयाँ-पइयाँ
मइया के अँचरा दूधु पियाई खेतवा की निमछइयाँ मा
औ यही ख्यात की माटी मा लोटेन पोटेन लरिकइयाँ मा।

रमई काका एक किसान कवि हैं। इस कारणवश वे किसानों के दुख, दर्द व तकलीफ को अच्छी तरह जानते हैं। किसान अपने श्रम से खेतों में फसलें उगाता है। वह अपने पसीने की बूँदों से खेत को सींचता है। हर मौसम की चोट सहकर भी वह देश के आर्थिक उत्पादन को मजबूत व समृद्ध करने का प्रयत्न करता है। उसके इस कार्य में जो लौह उपकरण साधन बनते हैं। वे हल, खुरपी हैं। इसी से वह अपने खेतों में जीवन उगाता है। अतः जो दूसरों का पेट भरने के लिए दिन-रात श्रम करता है, उसके पसीने की कीमत अनमोल है। 'गाँव है हमका बहुत पियार' कविता में वे कहते हैं—

खुरपिया हरबर खेतु निराय, फसल के बोरिन देति निकारि।
पसीना मनई का अनमोल, देत ढ्यालन माँ जीवनु डारि।

किसान देश का अन्नदाता है। वह हमारा भाग्य विधाता है। रक्त, मांस और हाड़ से बना वह एक ऐसा प्राणी है जो अपने अदम्य साहस, पौरुष व लगनशीलता से भारत के मानचित्र में हरियाली और समृद्धि के रंग भरता है। वह माटी को सोना और खेतों में जीवन के अंकुर पैदा करने की कला जानता है। 'धरती हमारि' कविता में वे कहते हैं—

हम अपनी छाती के बल ते धरती माँ फारू चलाइत है।
माटी के नान्हे कन-कन मा हमही सोना उपजाइत है॥
अपने लोनखरे पसीना ते र्यातौ मा ख्यात बनावा हम।
मुरदा माटी जिन्दा होइगै, जहँ लोखर अपन छुवावा हम।

किसान के लिए उसकी पहली प्राथमिकता उसका खेत और उसकी जमीन है। यही उसके जीवन की आधारशिला है। रमई काका अपनी कविता के माध्यम से किसान जीवन का लेखा-जोखा प्रस्तुत करते हैं। भारत के ग्रामीण परिवेश के जनजीवन से हमारा साक्षात्कार कराते हैं। वह धरती को अपनी माँ के रूप में देखता है। उसकी सेवा करना अपना धर्म समझता है। इसलिए वे कहते हैं—

हमरे तरवन कै खाल घिसी, औ रकतु पसीना एक कीन।
धरती मइया की सेवा मा, हम तपसिन का अस भेसु कीन॥

रमई काका किसान को किसी तपस्वी से कम नहीं मानते हैं। उसका तप समाज और राष्ट्र के हित व मंगलभाव से जुड़ा है। इस तपस्वी के रूप से लोक को अवगत कराना भी उनका एक मिशन है।

खेत-खलिहान हमारी परम्परा और विरासत के प्रतीक हैं, जो हमें अपने पुरखों से प्राप्त हुए हैं। उसमें हमारे पीढ़ियों का सुख-दुख, तप व श्रम समाया हुआ है।

उनका होना हमारे विश्वास और आत्मीयता को समृद्ध करता है। इस बहाने रमई काका अपनी परम्परा, मूल्य, विचार और संस्कृति को सहेजना और याद रखना भूलते नहीं हैं। 'हमारे दादा का खेतु आय, हमका कइसे न पियार होय' कविता में कहते हैं—

पुरिखन को अडिग तपस्या ते खेतवा का कन-कन रीझा है।
उनहिन के रकत पसीना ते खेतवा का कन-कन सीझा है॥
पुरिखन के पलकन का पानी ई ढ्यालन बीच सँज्वावा है।
उनके तरवन कै धूरी हम ई खेतवा मइहाँ पावा है।

रमई काका ने गँवई जीवन को न केवल जिया-भोगा वरन् उस गँवईपन की मिठास को अपनी कविता और कहन शैली में बखूबी उतारा भी है। उनकी कविताओं को पढ़ने पर पाठक खुद-बखुद गाँव के लोकजीवन की तरफ जुड़ता चला जाता है। गाँव की वह हर चीज उनकी कविता में मौजूद है, जो एक खूबसूरत बिम्ब की सर्जना करती है। प्रात:काल चिड़िया का प्रभाती के गीत गाना, किसान का उन गीतों को सुनना, फिर खेतों की तरफ नये उम्मीद के साथ आगे बढ़ना, चिड़िया का किसान के साथ-साथ उसी तरह जाना जैसे बच्चे अपने पिता के साथ-साथ खेतों की तरफ जाते हैं। यह प्रकृति के साथ मनुष्य के रागात्मक व भावनात्मक सम्बन्धों की निश्छल अभिव्यक्ति है। आज मनुष्य को इसी व्याकरण को समझने की जरूरत है। रमई काका 'गाँव है हमका बहुत पियार' कविता में कहते हैं—

चिरइया सँग-सँग ख्यातै जाएँ, घरै लउटतै बसेरा करैं।
प्रात परभाती चुटपुट चुपट, साँझ सँझवाती टेरा करैं॥

वर्षा ऋतु का आगमन परिवेश के सौन्दर्य में वृद्धि करता है। आसमान में जब बादलों का शामियाना तन जाता है तब प्रकृति का रंग जीवन के रूप में बरसता है—

बदरियन कै साम्याना-तरे, पुछारी नाचैं पंख पसारि।
मुरइला नयन बिछाय ठाढ़ि, बदरवा जीवनु दीन्हेनि वारि।

फिर यही बदरा धरती को हरा परिधान भेंट कर उसका शृंगार रचता है। पूरी धरा अपनी रंगत में रंग जाती है। रमई काका इस दृश्य को शब्दों में ढालकर उसे कविता का आवरण दे देते हैं—

बदरवा दीन्हेनि हरियर चोट।
धरा के माँग बधूटिन भरी॥

किसान के घर-आँगन में उजियारा खलिहान में रखे अनाजों के ढेर से उत्पन्न होता है। यही उसकी समृद्धि और खुशहाली है जो उसकी आँखों में प्रसन्नता के भाव भर देती हैं—

हँसा खरिहनवाँ अँबवा तरे,
किसनवाँ के घर माँ उजियार।
गाँव है हमका बहुत पियार॥

'अन्न देवता' नामक कविता में रमई काका किसान के लिए खलिहान को किसी कोष में कम नहीं मानते हैं। किसान का असली सुख उसका समृद्ध व सम्पन्न खलिहान है। वे कहते हैं—

निज भरा पुरा खरिहानु देखि।
होइगा किसान का गल-गल मन।

रमई काका किसान और उसकी उपज के प्रति गरिमा का भाव रखते हैं। अन्न को हमारी संस्कृति में देवता तुल्य माना गया है। इसी अन्न की कमी के कारण बंगाल के दुर्भिक्ष को याद करते हुए वे कहते हैं—

वेई दानन के कारन ते,
भूखन मरिगा बंगाल देसु।
बसि अन्न देव की किरपा मा है
बहु हउसै हुलसनि कुलकनि।
है जहाँ कोपु तहँ है अकालु,
परलय झुलसनि हउकनि बिलखान॥

इसीलिए रमई काका गाँव से अगाध प्रेम करते हैं। रमई काका गाँव से दूर शहर में भले ही लम्बे समय तक नौकरी के सिलसिले में रहे हों, पर मन के एक कोने में उनके गाँव हमेशा सुरक्षित व संरक्षित रहा है। उनकी कविताओं में उनके गाँव का पूरे रंग-रूप और सौन्दर्य के साथ आना इस बात की तसदीक करता है।

गाँव का लोकजीवन रमई काका ने सम्पूर्णता में अभिव्यक्त किया है। भारतीय परम्परा और संस्कृति में भोजन की पहली थाली अगरासन के रूप में गाय व अन्य पशु-पक्षियों को देने की रही है। तत्पश्चात् घर के सदस्यों द्वारा भोजन ग्रहण करने की रवायत रही है। दिन भर की थकान के बाद खेत से लौटे किसान को खिलाने के बाद ही पत्नी का भोजन ग्रहण करना दाम्पत्य जीवन की मधुरता का वितान

रचती हैं। अपनत्व, समर्पण व प्यार गाँव की अपनी पूँजी है जिसे सहेजना आज के दौर की सबसे बड़ी चुनौती है—

मिलति गउवन का अगरासिनी, खाति हैं कुतवा पछिल ग्रास।
ख्याय ना जब तक खेतिहर कौरू, बहुरिया तब तक करै उपासु॥

रमई काका के काव्य की एक प्रधान प्रवृत्ति ग्रामांचल के सौन्दर्य एवं लोक संस्कृति का दिग्दर्शन कराना है। वे परिवेश से जीवन का संगीत और राग तलाश लेते हैं, जो सुखदायी प्रतीत होता है। 'झीसी-फाँफा-बूँदी' कविता में वे कहते हैं—

नदियाँ मंगल धुनि छेड़ि दिहिनि, चंचली लहरियन के तारन
झरना नदियन का भेंटि रहे, जल के फुलवा भरि अँकवारन।
घर-घर किसान होइगे गल गल मन बिटवा थिरके झूमि झूमि।
आँगन मा लरिका कुलकि रहे, तुलसन कै गछिया घूमि घूमि।

रमई काका की काव्य दृष्टि चतुर्दिक है। लोकजीवन के हर कोने को उन्होंने संवेदनशीलता के साथ स्पर्श किया है। विषयवस्तु की वर्णन शैली में एक आभा प्रस्फुटित होती है। इस सन्दर्भ में पं. रामनरेश त्रिपाठी का विचार है—"किसी विषय या वस्तु के वर्णन की जैसी क्षमता हम रमई काका में पाते हैं वैसी आधुनिक काव्य के और किसी कवि में दिखाई नहीं पड़ती है। वस्तुतः इनके वर्णन वैशिष्ट्यपूर्ण, वैदग्धपूर्ण और अनछुई भंगिमाओं से अभिमंडित है।"

इस प्रकार निष्कर्षतः हम कह सकते हैं कि रमई काका ग्राम्य संवेदना के कवि हैं। उनकी जड़ें गाँवों में हैं। उनकी आत्मा गाँव में बसती है। यही कारण है कि उनकी कविताओं में प्रकृति के अनुपम रंगों का संयोजन है। गाँव-गिराँव का लोकजीवन व लोक संस्कृति अपनी सहजता और खूबसूरती के साथ उनकी कविताओं में बारंबार आता है। स्वयं किसान परिवार से ताल्लुक रखने के कारण वे कृषक एवं कृषि संस्कृति के व्याख्याता के रूप में जनमानस के पटल पर उद्धृत हो जाते हैं। इनकी कविता का उद्‌गम स्थल गाँव ही है, जहाँ से उनकी काव्य यात्रा का शुभारम्भ होता है। अवधांचल और अवधी को एक समृद्ध सांस्कृतिक पहचान उनकी कविता दिलाने में अव्वल रही है। इसमें तनिक भी सन्देह नहीं है। वह ग्राम्य संवेदना के एक कुशल शब्द शिल्पी ठहरते हैं।

चन्द्रभूषण त्रिवेदी 'रमई काका' की कविता'—

'तब मिली कविता हेरानी'

किरन आई हँसि निहारेसि, हाथु फेरि, पियारू बारेसि।
वास ते मुहुँ धोय कै फिरि, कलिन की अँखिया उधारेसि।

धोय महतारी ललन कै, दूध कै मुइहाँ सँवारेसि।
ऐंछि बार सनेह भोरे, नयन-खंजन कजरू आँजेसि।
निज नयन कै पूतरी असि, माथ अनखन सुघर घारेसि।
लहकि मुहुँ चूमेसि हबसि कै, प्रेम गद्‌गद मौन बानी।
तब मिली कविता हेरानी।

आइगे जब सुरज सिर पर, चलि परी तब धूप सर-सर।
वाट पखुरिन भौंर लुकिगे, उड़ि पखेरू गै बिरिछ पर॥
छाँह मा सहिताय धावा, ख्यात-घाम घमान खेतिहर।
नाना गउझर कोंपलन की, छेलि छरहरि नींबि के तर॥
बिलंबि कै सुखवत पसीना, झललि-चौंर बयारि झर-झर।
आय पलकन नींद झूली, तन तपनि थाकनि भुलानी।
तब मिली कविता हेरानी।

साँझ दीप अकास बारेसि, छाँह दै जग तपनि टारेसि।
बारि माता दीप घर माँ, आरती तुलसन उतारेसि।
ललन माथे आँच थापेसि, चुटुकिं दइ-दइ नजरि टारेसि।
गाय धौंरी दौरि पहुँची, बँबकि बछरा का निहारेसि॥
निरखि लंबकी लहकि चाटेसि, अपन चोख पियारु बारेसि।
बहि चला हिय जीभ ते चट, सरग सुखु पावत अघानी।
तब मिली कविता हेरानी।

पहिरि तारन जड़ी सारी, चन्द्र ढिग गै राति प्यारी।
सुधर निहछल प्रेम-रसु अस, छिटिकि छहरी भुइँ उजारी॥
लखि उठी बिरहिनि हिये माँ, हउक हहरनि की चिंगारी॥
सेज सूनि अकेलि तलफति, जल बिना मछरी बिचारी॥
नींद आई अवधि आसा, सपन आए पति सुखारी।
चरन सिरु धरि हउसि भेंटी, गिरन नयनन प्रेम पानी॥
तब मिली कविता हेरानी।

'धरति हमारी! धरति हमारी'

धरती हमारि! धरती हमारि!
है धरती परती गउवन कै औ ख्यातन कै धरती हमारि।
धरती हमारि! धरती हमारि!

हम अपनी छाती के बल से धरती मा फारु चलाइत है।
माटी के नान्हे कन-कन मा, हमही सोना उपजाइत है॥
अपने लोनखरे पसीना ते, रेती मा ख्यात बनावा हम।
मुरदा माटी जिन्दा होइगै, जहँ लोहखर अपन छुवावा हम॥
कँकरील उसर बीजर परती, धरती भुड़गरि नींबरि जरजरि।
बसि हमरे पौरख के बल ते, होइगै हरियरि दनगरि बलगरि॥
हम तरक सहित स्याया सिरजा, सो धरती है हमका पियारि...
धरती हमारि! धरती हमारि!

हमरे तरवन कै खाल घिसी, औ रकत पसीना एकु कीन।
धरती मइया की सेवा मा, हम तपसी का अस भेसु कीन॥
है सहित ताप बड़ बूँद घात, परचंड लूक कट-कट सरदी।
र्‌वावन-र्‌वावन मा रमतु रोजु, चन्दनु अस धरती कै गरदी॥
ई धरती का जोते-जोते, केतने बैलन के खुर घिसिगे।
निखवखि, फरुहा, फारा, खुरपी, ई माटी मा हैं घुलि मिलिगे॥
अपने चरनन कै धूरि जहाँ, बाबा दादा धरिगे सँहारि...
धरती हमारि! धरती हमारि!

भोजपुरी लोक साहित्य

विश्व स्तर पर अनेक भाषाएँ व बोलियाँ प्रचलित हैं। समान ध्वनियों के आधार पर भाषाविदों ने 'भाषा परिवार' का वर्गीकरण किया है। सर्वाधिक वैज्ञानिक वर्गीकरण 'भारोपीय भाषा परिवार' का है। इनमें आर्य भाषा परिवार सर्वाधिक प्राचीन है। भारतीय आर्य भाषा को तीन प्रमुख भागों में बाँटा गया है। प्राचीन भारतीय आर्यभाषा, मध्यकालीन भारतीय आर्यभाषा एवं आधुनिक भारतीय आर्यभाषा। प्राचीन भारतीय आर्यभाषा के अन्तर्गत वैदिक संस्कृत एवं लौकिक संस्कृत, मध्यकालीन भारतीय आर्यभाषा के अन्तर्गत पालि, प्राकृत, अपभ्रंश एवं अवहट्ठ तथा आधुनिक भारतीय भाषा के अन्तर्गत हिन्दी की उप भाषाएँ एवं प्रमुख बोलियाँ हैं। हिन्दी की पाँच उपभाषाएँ—पूर्वी हिन्दी, पश्चिमी हिन्दी, बिहारी हिन्दी, पहाड़ी हिन्दी तथा राजस्थानी हिन्दी है। इनमें बिहारी हिन्दी की तीन प्रमुख बोलियाँ हैं—मैथिली, मगही एवं भोजपुरी। अतएव भोजपुरी आधुनिक भारतीय आर्यभाषा हिन्दी की एक बोली है। आज भोजपुरी ने क्षेत्रीय भाषाओं से ऊपर उठकर भाषा का रूप धारण कर लिया है।

भोजपुरी में लोक संस्कृति की समृद्ध परम्परा विद्यमान है। यह हमारी लोक संस्कृति की अस्मिता का प्रतीक है। इसमें समूचे भोजपुरी समाज का लोक जीवन प्रतिबिम्बित है। भाषा के रूप में देश-विदेश में उसने अपनी एक अलग पहचान आज कायम कर लिया है। भोजपुरी, हिन्दी की प्रमुख बोलियों में से एक है। इसका क्षेत्र अत्यन्त व्यापक है। भोजपुरी के क्षेत्र विस्तार पर बात करें तो यह पूर्वी उत्तर प्रदेश, पश्चिमी बिहार और झारखंड के कुछ भू-भाग में बोली जाती है। भोजपुरी उत्तर प्रदेश में बलिया, गाजीपुर, बनारस, मिर्जापुर, गोरखपुर, देवरिया, आजमगढ़, जौनपुर तथा बस्ती के पूर्वी भागों से होकर उत्तर-पश्चिम में स्थित नेपाल की तराई से बहराइच तक बोली जाती है। बिहार प्रान्त के शाहाबाद, भोजपुर, बक्सर, छपरा, आरा, सारन, सीवान, चम्पारन, बेतिया, राँची, पलामू के कुछ भाग तथा मुजफ्फरपुर के उत्तर-पश्चिम कोने में गोपालगंज और छोटा नागपुर के कुछ भागों में बोली जाती है। मध्य प्रदेश के सरगुजा, बिलासपुर जनपदों में भी इसका प्रयोग होता है। झारखंड की सरकार ने वर्ष 2018 में इसे 'द्वितीय

राजभाषा' का दर्जा दिया है। भारत से बाहर दुनिया के अन्य देशों में भी भोजपुरी बोली जाती है। नेपाल, मॉरीशस, सूरीनाम, टोबैगा, फिजी, गुयाना आदि देशों में भोजपुरी बोली जाती है। सूरीनाम में यह 'सरनामी' नाम से प्रसिद्ध है। मॉरीशस में भोजपुरी स्कूली स्तर पर पढ़ाई जा रही है। इन देशों में भोजपुरी बोले जाने के पीछे सबसे बड़ा कारण यहाँ बसे प्रवासी भारतीयों का होना है। 14 जून, 2011 को मॉरीशस की संसद ने भोजपुरी को राष्ट्रीय भाषा का दर्जा प्रदान किया है। नेपाल, फिजी और मॉरीशस में भोजपुरी को संवैधानिक दर्जा प्राप्त है। एक अनुमान के मुताबिक विश्व में भोजपुरी बोलने वालों की कुल संख्या 20 करोड़ है। इस प्रकार भोजपुरी ने अपना भौगोलिक विस्तार किया है। हिन्दी भाषा को विश्व भाषा के रूप में 'वीजा' भोजपुरी के माध्यम से ही मिला है। बिहार और उत्तर प्रदेश के कई विश्वविद्यालयों में भोजपुरी का पठन-पाठन हो रहा है। भोजपुरी बोलने वालों की संख्या लगभग 20 करोड़ है।

भोजपुरी में यद्यपि पर्याप्त मात्रा में साहित्य नहीं रचा गया है। लेकिन सर्वविदित है कि इसका विस्तार क्षेत्र और बोलने वालों की संख्या अन्य बोलियों की तुलना में अधिक है। देश-दुनिया में भोजपुरी बोलने वालों की संख्या आज करोड़ों में है। इसी कारणवश भोजपुरी, बोली की सीमा से बाहर निकलकर भाषा के पद पर प्रतिष्ठित हो गई। बिहार सरकार ने 20 मार्च, 1977 ई. को पटना में 'भोजपुरी अकादमी' की स्थापना की। यहाँ से त्रैमासिक 'अकादमी पत्रिका' का प्रकाशन होता है। वर्ष 2008 में दिल्ली सरकार ने 'मैथिली-भोजपुरी अकादमी' की स्थापना की। इस अकादमी से 'परिछन' नामक पत्रिका का प्रकाशन होता है। यह मैथिली-भोजपुरी भाषा की पत्रिका है। वर्ष 2013 में मध्य प्रदेश सरकार के संस्कृति विभाग ने 'भोजपुरी अकादमी' की स्थापना की। भोजपुरी आज किसी क्षेत्र विशेष की बोली न होकर अपनी एक वैश्विक पहचान बना चुकी है। भोजपुरी के विकास में भोजपुरी पत्रिकाओं की भूमिका बहुत महत्त्वपूर्ण रही है। वर्तमान में 'पाती', 'परिछन', 'अकादमी पत्रिका', 'भोजपुरी कथा-कहानी', 'भोजपुरी साहित्य सरिता', 'सिरिजन' (ई-पत्रिका), 'भोजपुरी सम्मेलन पत्रिका', 'अँगना', 'आखर', 'लकीर', 'मानस', 'समकालीन भोजपुरी साहित्य', 'भोजपुरी माटी', 'भोजपुरी जंक्शन', 'भोजपुरी दर्शन', 'खोंइछा' आदि प्रमुख भोजपुरी पत्रिकाएँ हैं।

बिहारी हिन्दी की तीन प्रमुख बोलियों में मैथिली, मगही एवं भोजपुरी हैं। इनमें क्षेत्र विस्तार की दृष्टि से भोजपुरी का स्थान सर्वप्रमुख है। 'बिहारी' नामकरण जार्ज ग्रियर्सन ने किया है। ग्रियर्सन के एक उल्लेख से यह स्पष्ट होता है कि 'भोजपुरी' शब्द का भाषा के रूप में सर्वप्रथम लिखित साक्ष्य रैमन महोदय का है। रैमन महोदय ने 1789 ई. में भाषा के अर्थ में 'भोजपुरिया' शब्द का उल्लेख किया है। इसी तरह भाषा के अर्थ में 'भोजपुरी' शब्द का प्रथम लिखित साक्ष्य बीम्स महोदय का

है, जो 1868 ई. का है। ग्रियर्सन, बीम्स, हार्नली तथा अधिकांश विद्वान 'भोजपुरी' शब्द का प्रयोग करते हैं, वहीं रैमन महोदय एवं सुनीति कुमार चटर्जी ने इसके लिए 'भोजपुरिया' शब्द का प्रयोग किया है। 'भोजपुरी' भोजपुर क्षेत्र की प्रमुख बोली है। भोजपुर के राजधानी होने के कारण बाद में इसी नाम से परगना, जिला, क्षेत्र एवं प्रान्त का भी नामकरण हुआ। आज भोजपुरी एक बड़े भू-भाग की क्षेत्रीय भाषा है। भोजपुरी क्षेत्र के स्थान भेद के आधार पर भोजपुरी भाषा के स्वरूप में भी अन्तर मिलता है। इसी वाचिक अन्तर के आधार पर इसे कई क्षेत्रीय नामों से भी पुकारा जाता है। जैसे—काशिका, मल्ली, गोरखपुरी, बनारसी, छपरहिया, नगपुरिया, मधेसी, सरबरिया, बंगरही आदि।

भोजपुरी साहित्य के उदय के सन्दर्भ में विद्वानों के भिन्न-भिन्न मत हैं। कुछ विद्वान भोजपुरी साहित्य की शुरुआत 700 ई. से मानते हैं, तो कुछ 750 ई. से, तो कुछ 1050 ई. से मानते हैं। भोजपुरी के कालविभाजन और नामकरण के सन्दर्भ में विद्वानों के मतैक्य नहीं हैं। भोजपुरी साहित्य का संकलन और उसे लिपिबद्ध करने का कार्य अंग्रेजों ने प्रारम्भ किया था। जिसमें सर अब्राहम जार्ज ग्रियर्सन, ह्यूज फ्रेजर, जे. बीम्स तथा ए.जी. शिरके का नाम प्रमुख है। भारतीयों विद्वानों में पं. कृष्णदेव उपाध्याय, पं. रामनरेश त्रिपाठी, उदय नारायण तिवारी, हीरा लाल तिवारी, दुर्गा शंकर प्रसाद सिंह आदि ने संकलन कार्य करके उसे लिपिबद्ध करने का सराहनीय कार्य किया है। इनमें डॉ. कृष्णदेव उपाध्याय ने अपना सम्पूर्ण जीवन लोक साहित्य के अध्ययन, संकलन व लिपिबद्ध करने में व्यतीत कर दिया। विशेष रूप से भोजपुरी लोक साहित्य के संरक्षण में उनका प्रयास अभिनंदनीय है।

डॉ. कृष्णदेव उपाध्याय ने भोजपुरी साहित्य के इतिहास को पाँच प्रमुख भागों में विभाजित किया है—

1. सिद्ध साहित्य
2. नाथ साहित्य
3. सन्त साहित्य
4. भोजपुरी लोक साहित्य
5. आधुनिक साहित्य

आदिकाल में भोजपुरी साहित्य के विकास क्रम में सिद्ध एवं नाथ साहित्य को देखा जा सकता है। भोजपुरी का सर्वप्रथम प्रयोग सिद्धों की रचनाओं में देखने को मिलता है। सिद्धों ने प्राकृत भाषा के स्थान पर लोक भाषा को स्वीकार किया। इनकी कविताओं में भोजपुरी के संज्ञा एवं क्रिया पद मिलते हैं। सरहपा, शबरपा, कण्हपा, लुइपा, डोम्भिपा, कुक्कुरिपा, भादेपा आदि सिद्ध कवियों की कविताओं में भोजपुरी के शब्द मिलते हैं। सिद्धों की कुल संख्या 84 मानी जाती है। इनमें

सरहपा प्रथम सिद्ध कवि हैं। इनके पहले और तीसरे पद में भोजपुरी के शब्दों का प्रयोग हुआ है—

जह मन पवन न संचरइ,
रवि शशि नाह पवेश।
तहि वट चित्त विसाम करु,
सरहे कहिअ उवेश॥

कुक्कुरिपा के पद में भोजपुरी के अनेक शब्द मिलते हैं—

ससुरी निंद गेल, बहुड़ी जागअ।
कानेर चोर निकला गइ भागअ॥
दिवसइ बहुणी काढ़इ डेरे भाअ।
रात गइले, कामरू जाअ॥

सिद्धों के बाद नाथों की परम्परा देखने को मिलती है। नाथ पंथ के प्रवर्तक गुरु मत्स्येन्द्र नाथ हैं। नाथ पंथ को लोकप्रियता के शिखर पर स्थापित करने का कार्य गुरु गोरखनाथ ने किया है। आद्य शंकराचार्य के बाद गुरु गोरखनाथ भारत के प्रभावशाली व्यक्तित्व में से एक थे। आचार्य हजारी प्रसाद द्विवेदी ने गुरु गोरखनाथ के सन्दर्भ में कहा था—"उन्होंने सामाजिक समरसता के साथ अखिल भारतीय स्तर पर लोगों को एकजुट करने का कार्य किया। उन्होंने शारीरिक शुचिता, इन्द्रिय संयम, काया साधना, गुरु की महत्ता पर बल तथा जाति-पाँति, छुआछूत, साधना में स्त्री का निषेध किया। गुरु गोरखनाथ की कविताओं में भोजपुरी का प्रयोग द्रष्टव्य है—

गुर कीजै गरिला, निगुरा न रहिला।
गुर बिन गयान न पायला रे भाइला॥
दूधे धोया कोइला, उजला न होइला।
कागा कंइे पहुप माल, हँसला न भैला॥

इसी प्रकार—

हँसिबा खेलिबा रहिबा रंग। काम क्रोध न करबा संग॥
हँसिबा बेलिबा गाइबा गीत। दीह करि राखिबा आपनां चित्त॥
हँसिबा खेलिबा धरिबा ध्यांन। अनिसि कथिबा ब्रह्म गियांन।
इमै खेलै करै मन भंग। ते निश्चल सदा नाथ कै संग॥

नाथ पंथ के कवियों में चौरंगीनाथ, चर्पटनाथ तथा गोरखनाथ के साहित्य में भोजपुरी का प्रयोग पर्याप्त रूप से हुआ है।

इसी प्रकार मध्ययुग में (भक्तिकाल) भोजपुरी की धारा को आगे बढ़ाने का कार्य संत कबीर ने किया। डॉ. सुनीतिकुमार चटर्जी ने भी कहा है कि भोजपुरी का सबसे पुराना नमूना कबीर के पदों में पाया जाता है। आचार्य हजारी प्रसाद द्विवेदी ने भी भोजपुरी को कबीर की भाषा स्वीकार किया है। अपनी मातृभाषा भोजपुरी के सम्बन्ध में कबीर स्वयं कहते हैं—

बोली हमरी पूरब की, हमें लखे नहीं कोय
हमको तो सोई लखै, जी धुर पूरब का होय॥

यहाँ पूरब का अभिप्राय भोजपुरी क्षेत्र ही है। डॉ. उदय नारायण तिवारी इस सन्दर्भ में कहते हैं—"यह बोली (भोजपुरी) बनारस के निकट पश्चिम मिर्जामुराद थाने से दो-तीन मील और आगे तक बोली जाती है। वस्तुत: यही बोली कबीर की मातृभाषा थी। यह प्रसिद्ध है कि कबीर पढ़े-लिखे नहीं थे। अतएव अपनी मातृभाषा में रचना करना उनके लिए सर्वथा स्वाभाविक था।" कबीर की कविता में भोजपुरी के कुछ उदाहरण मिलते हैं—

कौन ठगवा नगरिया लूटल हो
चन्दन खाट के बनल खटोलवा, ता पर दुलहिन सूतल हो
उठो री सखी मोरी माँग सँवारो, दुलहा मों से रूसल हो॥
आए यमराज पलंग चढ़ि बैठे, नैनन आँसू टूटल हो॥
चारि जन मिलि खाट उठाइन, चहुँ ओर धू-धू उठल हो।
कहत कबीर सुनो भाई साधो, जग से नाता टूटल हो॥

इसी प्रकार—

तोर हीरा हेराइल बा किचड़े में।
कोई ढूँढ़े पूरब, कोई ढूँढ़े पच्छिम, कोई ढूँढ़े पानी-पाथर में॥
सुर नर मुनि अरु पीर औलिया, सब भलल बाड़े नखरे में।
दास कबीर ये हीरा को परखै, बाँध लिहले जतन से अँचरे में॥

डॉ. सुनीतिकुमार चटर्जी ने अपनी पुस्तक में कबीर के चार पदों को भोजपुरी कविता के नमूने के रूप में प्रस्तुत किया है। जिसमें से एक ये है—

सूतल रहलौं मैं नींद भरि
पिया दिहले जगाय।
चरन कँवल के अंजन हो,
नैना लेलू लगाय॥

कबीर के बाद संत काव्य परम्परा में कुछ अन्य संत कवि भी हुए जिन्होंने भोजपुरी को अपनी काव्यभाषा का माध्यम बनाया। कबीर के शिष्य धर्मदास जिन्होंने कबीर की वाणी का संकलन 'बीजक' शीर्षक से किया था, उनका भी संतकाव्य परम्परा में अत्यन्त महत्त्वपूर्ण स्थान रहा है। रीवा के बांधवगढ़ में जन्मे धर्मदास कबीर से प्रभावित थे। उन्होंने कबीर का शिष्यत्व ग्रहण कर लिया। 'अमरसुख निधान' धर्मदास की प्रमुख रचना है। भोजपुरी का उनका एक पद महत्त्वपूर्ण है—

कहवाँ से जीव आइल, कहवाँ समाइल हो।
कहवाँ कइल मुकाम, कहवाँ लपटाइल हो॥
निरगुन से जीवन आइल, सरगुन समाइल हो।
कायागढ़ कइल मुकाम, माया लपटाइल हो॥

इसी तरह बिहार में जन्मे दरिया साहब का भी भोजपुरी संत साहित्य में महत्त्वपूर्ण स्थान रहा है। दरिया साहब कबीर के व्यक्तित्व और विचारधारा से बेहद प्रभावित रहे हैं। दरिया साहब की कविता में रहस्यवादी भावना और आध्यात्मिक चेतना के दर्शन होते हैं। उनका भोजपुरी का एक पद है—

मोहे न भावै नैहरवा, ससुरवा जइबो हो।
नैहर के लोगवा बड़ी भर्रजार। पिया के बचन सुनि लागेला विकार।
संत के सेनुरा अमर भतार। पिया से जिया मिल बड़ा भाग॥

संत कवियों में धरनीदास का भी स्थान महत्त्वपूर्ण है। 'प्रेम प्रकाश' एवं 'शब्द प्रकाश' इनकी दो प्रमुख कृतियाँ हैं। इन्होंने भी अपने पदों में भोजपुरी का प्रयोग किया है—

पिया बड़ा सुन्नर हे सखिया, बनि गइल सहज सुनेह
जे सुन्नर वर देखलीं, ताकर करिले ग्यान॥
तीनि भुबन के रूप तुले नाहिं, कैसे करहूँ बखान।
जे अगुआ अस कइल वरतुही, ताहि निछावर प्रान॥

संत कवियों में पलटूदास का जन्म फैजाबाद, उ.प्र. में हुआ था। इनकी वाणियों का संकलन 'पलटूदास की बानी' शीर्षक से प्रसिद्ध है। इन्होंने भी अपनी कविता में भोजपुरी का प्रयोग किया है—

काहे के लगवले सनेहिया हो अब तुरल न जाय।
जब हम रहलो लरिकवा हो, पियवा आवहिं, जाय॥
अब हम भइलों सयनिया हो, पियवा टिकले विदेस।
पियवा के भेजलों सनेसवा हो, अइहें पियवा मोर॥

भिनकराम भी भोजपुरी के एक महत्त्वपूर्ण संत कवि हैं। इनका जन्म बिहार के चम्पारण जिले के सहोरवा ग्राम में हुआ था। डॉ. कृष्णदेव उपाध्याय ने भिनकराम

का जन्म लगभग 1825 ई. के आसपास माना है। इनकी भोजपुरी कविता का एक उदाहरण है—

बटिया जोहते दिन रतिया बीती गइले।
राम सुरतिया देखि के ना सतगुरु नैनवा लोभवले॥
तेजलीं नइहर लछ लोगवा सासुर राम जोगिनिया वन के ना।
कइली अपना साधु के संघतवा॥
सिरी 'भिनकराम' स्वामी गावले निरगुनिया।
राम दरदिया भइले हो सतगुरु रउरा भेजुना कहरिया॥

भोजपुरी संत साहित्य में भीखमराम का महत्त्वपूर्ण स्थान है। बिहार के चम्पारण जिले के माधोपुर गाँव में जन्मे भीखमराम का मूल नाम भीखा मिश्र था। संन्यास ग्रहण करने पर उनका नाम भीखमराम हो गया। प्रारम्भ में वैष्णव सम्प्रदाय में दीक्षित थे, बाद में सरभंग सम्प्रदाय में दीक्षा ग्रहण कर लिया। भीखमराम का लिखा ग्रन्थ 'बीजक' नामक ग्रन्थ अत्यन्त प्रसिद्ध है। इनकी कविता का एक उदाहरण है—

भूख नाहीं लागे, ना लागे पियासा।
अमृत भोजन करे सुख बासा॥
नाथ भीखम गुरु सबद बिबेका।
जो नर जपे सतगुरु उपदेसा॥

अतएव कबीर, धर्मदास, पलटूदास, दरिया साहब, भिनकराम, भीखमराम, धरनीदास आदि ने भोजपुरी संत साहित्य को समृद्ध किया।

बाबा कीनाराम का जन्म उ.प्र. के बनारस जनपद के चंदौली तहसील के प्रसिद्ध रामगढ़ नामक गाँव में वर्ष 1927 ई. में हुआ था। कीनाराम ने पहले शिवाराम नामक एक वैष्णव संत को अपना गुरु बनाया। बाद में कीनाराम ने कालूराम औघड़ पंथ के अनुयायी को द्वितीय गुरु के रूप में स्वीकार किया। अत: संत कीनाराम ने औघड़ पंथ में दीक्षा ग्रहण किया। कीनाराम अपनी अद्‌भुत शक्तियों व चमत्कार से जनता के मध्य काफी लोकप्रिय भी थे। कीनाराम छन्दशास्त्र के ज्ञाता और कवि थे। 'विवेकसार', 'रामगीता', 'रामरसाल' तथा 'गीतावली' इनकी प्रमुख रचनाएँ हैं। इनकी कविता में भोजपुरी के तत्त्व दिखाई पड़ते हैं—

जग लेखवाँ हम बाउर भैली
जात कुटुम सब ताना मारै। छाड़ि परिवार फकीर संग खैलीं॥
करवा कोपीन अरु सैन कुपरिया। मथवा में तिलक अजब रूप धैलीं॥
कर परतीत नाम दुइ अक्षर। तोहिं के भरोसवा तिरथ नहीं कैलीं॥
रामकिना बौराह राम के। पावल राम नाम धन थैलीं॥

आधुनिक भोजपुरी साहित्य का प्रारम्भ उन्नीसवी सदी से माना जाता है। भारतेन्दु युग जहाँ खड़ी बोली के नवयुग का द्वार खोलता है, वहीं भोजपुरी के इतिहास का भी पृष्ठ लिखता है। यहीं से भोजपुरी लिखित साहित्यिक रूप में प्राप्त होता है। आधुनिककाल में भोजपुरी में काव्य के साथ-साथ गद्य विधा में भी लेखन का कार्य हुआ। गद्य की ऐसी कोई विधा नहीं होगी जो भोजपुरी में लिखी न गई हो।

भोजपुरी का ऐतिहासिक, सांस्कृतिक एवं राजनीतिक महत्त्व

भोजपुरी की माटी अपने भीतर ढेर सारा इतिहास समेटे हुए है। इतिहास की कई बड़ी घटनाएँ दर्ज हैं भोजपुरी साहित्य में। बिहार का गया क्षेत्र जहाँ महात्मा बुद्ध ने ज्ञान प्राप्त किया था। बनारस भोजपुरी का ही प्रसिद्ध क्षेत्र है। इसी बनारस के सारनाथ क्षेत्र में महात्मा बुद्ध ने सर्वप्रथम अपना उपदेश दिया था। उनका महापरिनिर्वाण कुशीनगर, उ.प्र. में ही हुआ था। बुद्ध और महावीर स्वामी की शिक्षाओं का केन्द्र भी भोजपुरी प्रदेश ही रहा है। बनारस बौद्ध और जैन धर्मों का तीर्थ स्थल भी है। सोलह महाजनपदों में अधिकांश का सम्बन्ध भोजपुरी क्षेत्र से रहा है। मौर्यवंशी शासक सम्राट अशोक की जन्मभूमि भोजपुरी क्षेत्र बिहार ही है। प्राचीन काल से ही बनारस शिक्षा, साहित्य, कला, संस्कृति, धर्म, दर्शन और अध्यात्म का केन्द्र रहा है। इतिहास और पुराणों में भी भोजपुरी के प्रसिद्ध केन्द्र काशी के महात्म्य का, उसकी जयगाथा का स्वर ध्वनित होता है। जिसने भोजपुरी माटी को समृद्ध और उर्वर किया है। बनारस की दस्तकारी, शिल्य कला, रेशमी वस्त्र, पीतल के बर्तन आदि बहुमूल्य वस्तुओं ने भारत के विभिन्न प्रान्तों में ही जगह नहीं बनाया है, अपितु अपनी कला से देश-दुनिया को सम्मोहित भी किया है।

भारत के प्रथम स्वतंत्रता संग्राम 1857 का बिगुल नायक मंगल पांडेय ने फूँका था, जो भोजपुरी क्षेत्र के बलिया जनपद के ही निवासी थे। 1857 की क्रान्ति की यह लपटें बिहार भी पहुँची और उसने वहाँ भी भारत से अंग्रेजों को बाहर खदेड़ने के लिए आन्दोलन छेड़ दिया। बिहार के क्रान्तिकारी गतिविधियों का मुख्य केन्द्र पटना था। इसके अगुवा पीरअली थे। पीरअली ने फाँसी के फन्दे पर झूलने से पूर्व कहा था—"तुम मुझे फाँसी पर लटका सकते हो, पर तुम मेरे आदर्शों की हत्या नहीं कर सकते। अगर मैं मरता हूँ, तो मेरी जगह हजारों वीर पैदा होंगे, जो तुम्हारे राज्य को नष्ट कर देंगे।" बिहार के कुँवर सिंह का इतिहास में योगदान किसी से छिपा नहीं है। बाबू कुँवर सिंह बिहार के जगदीशपुर रियासत के राजा थे। भारत के प्रथम स्वतंत्रता संग्राम के समय इनकी आयु अस्सी वर्ष की थी। अस्सी वर्षीय कुँवर सिंह ने अंग्रेजों के छक्के छुड़ा दिये और भोजपुरी समाज का नेतृत्त्व किया। स्वतंत्रता आन्दोलन में युवाओं के लिए वे एक आदर्श व्यक्तित्व बने। उनके अद्वितीय व

प्रेरक कार्य ने भोजपुरी समाज के भीतर राष्ट्रीय चेतना का अंकुरण पैदा करने का कार्य किया। इसी से जनता ने इसे 'कुँवर सिंह की लड़ाई' कहा। कुँवर सिंह के शौर्य एवं जीवन पर जो गाथा भोजपुरी में प्रचलित है, उसे 'कुँवर सिंह का पवाड़ा' कहते हैं। भोजपुरी लोकगीतों में 'कुँवर सिंह की लड़इया' का वर्णन भी मिलता है। स्त्रियाँ अपने पतियों को कुँवर सिंह की लड़ाई में सहर्ष भेजती थीं। जो पति उनकी लड़ाई में शामिल नहीं होते थे, उनसे पत्नियाँ कहती थीं—

लागे सरम लाज घर में बइठ जाहु,
मरद से बनि के लुगइया ए हरी,
पहिरी के सारी चूरी, मुँहनवाँ छिपाई लेहु,
राखि लेबी तोहरी पगरिया ए हरी।

स्वतंत्रता संग्राम को एक सूत्र में पिराने हेतु बाबू कुँवर सिंह ने झाँसी की रानी लक्ष्मीबाई से मिलने के लिए आजमगढ़ तथा बनारस में अंग्रेजी सेना का मुकाबला करते हुए झाँसी की तरफ प्रस्थान किया। इसी बीच उन्हें खबर मिलती है कि रानी लक्ष्मीबाई वीरगति को प्राप्त हो गईं। इस समाचार को सुनकर कुँवर सिंह पुन: पूरब की तरफ लौट पड़े। अंग्रेजों ने उनका पीछा किया। गाजीपुर के पास पुन: दोनों पक्षों के मध्य भीषण युद्ध हुआ। जनरल डगलस फौज लेकर उनके पीछे पड़ गया। परन्तु कुँवर सिंह चालाकी से उसके घेरे से निकल गए। शत्रुओं ने फिर भी पीछा नहीं छोड़ा। जिस समय वे बलिया जिले के शिवपुर, दीयर के पास गंगा में नाव पर बैठकर उस पार जा रहे थे। अंग्रेजों द्वारा उन पर गोलियों की बौछार कर दी गई। बाबू कुँवर सिंह के दाहिने हाथ में गोली लग गई। परन्तु वीरता की मिसाल स्थापित करते हुए बाबू वीर कुँवर सिंह ने तलवार से अपना दाहिना हाथ काटकर गंगा मैया को अर्पण कर दिया। वे पुन: जगदीशपुर रियासत में लौट आए। अपने महल पर विजय पताका फहराया। अंग्रेज सेनापति लीग्रेड ने जगदीशपुर पर फिर घेरा डाल दिया। आठ माह तक कुँवर सिंह मोर्चा लेते रहे। परन्तु अस्सी वर्ष का शरीर इस कष्ट को सह नहीं सका और अन्तत: वे परलोक सिधार गए। उनकी मृत्यु के उपरान्त अंग्रेजों ने जगदीशपुर को ध्वस्त कर दिया। लोकगाथा में उनकी वीरता का स्वर ध्वनित होता है—

रामा गोली आई लागल दहिना हथवा रे ना
रामा हाथ होइ गइल बेकरवा रे ना
रामा जानिकर हाथ बेकरवा रे ना
रामा काटि दिहले लेके तरवरवा रे ना
रामा कहेले ज लेहु गंगा हथवा रे ना
रामा कहिकर येतना बचनवा रे ना
रामा डारि दिहले गंगा जी में हथवा रे ना

रामा वीर भगत के ईहे निशनवाँ रे ना
रामा गंगा जी के रहल नजरानवाँ रे ना।

भारतीय राजनीति में महात्मा गांधी का आगमन एक बड़ी राजनीतिक घटना थी। देश की आजादी के लिए गांधी का त्याग, समर्पण, प्रेम, अहिंसा, सहिष्णुता, जातीय एकता की भावना जैसे मूल्यों के प्रति निष्ठा और प्रतिबद्धता ने लोक को गांधी की विचारधारा और उनकी मुहिम से जुड़ने के लिए विवश कर दिया। परिणामतः भोजपुरी समाज अपने भीतर एक स्फूर्ति महसूस करता है। वह महात्मा गांधी के द्वारा चलाए जा रहे विदेशी वस्तुओं के बहिष्कार से जुड़े आन्दोलन में तन-मन से शरीक होता है। भोजपुरी लोकमानस में यह धारणा बहुत तीव्रता के साथ घर करने लगी कि खद्दर के वस्त्रों के प्रयोग से राष्ट्रीय स्वाभिमान और प्रेम तथा विदेशी वस्तुओं का प्रयोग पराधीनता व दुःख की प्रतीति कराता है। भोजपुरी लोकगीतों में यह संवेदना देखने को मिलती है—

मान गांधी के बचनवा दुखवा हो जहइें सपनवा
तन से उतार कपड़ा बिदेसी, खद्दर के कइल धरनवा।

इसी प्रकार राष्ट्रीय आन्दोलन में गांधी का चरखा आत्मनिर्भरता का, स्वदेशी का, श्रमशीलता का, सशक्तीकरण का प्रतीक बन गया। भोजपुरी लोक समाज जहाँ पहले से ही गांधी के आन्दोलन से जुड़ा था, वह चरखे से भी जुड़कर प्रभावित हो चुका था। गांधी के साथ गांधी का चरखा भी लोक समाज के हृदय की अन्तर्वस्तु बन गया। भोजपुरी लोकगीतों में इसकी संवेदनात्मक अभिव्यक्ति मिलती है—

जब चर्खा चले, तब करखा मिले
कुरता, धोती मिले, लहँगा साड़ी मिले
जब चरखा चले, नया फयसन उठे।
सारे रात कटै, सारा दुख हटे, गांधी का
गांधी का चरखवा है जी प्यारा, गांधी का।

गंगा, गंडक, सोन, कोसी, घाघरा, राप्ती, तमसा के गोद में अनेक सभ्यता और संस्कृतियाँ विकसित हुईं हैं। बनारस, आजमगढ़, पटना, पाटलिपुत्र, गया, नालन्दा, बलिया आदि क्षेत्रों में इतिहास की कई घटनाएँ दर्ज हैं।

सांस्कृतिक महत्त्व की दृष्टि से भोजपुरी का अपना विशिष्ट स्थान है। भोजपुरी की सांस्कृतिक परम्परा अत्यन्त प्राचीन है। इसमें भोजपुरी लोक समाज की संस्कृति का पूरा वितान मौजूद है। भोजपुरी क्षेत्र का इतिहास, सौन्दर्य, संस्कृति, परम्परा, मूल्य, विचार, दर्शन, मान्यताएँ, विश्वास, आस्था सब कुछ भोजपुरी साहित्य में रचा और बसा है। भोजपुरी ने अपनी सांस्कृतिक अस्मिता और धरोहर को हमेशा से सँजो

कर रखा है। भोजपुरी भाषी समाज अपनी संस्कृति को लेकर शुरू से ही सजग रहा है। यही कारण है कि वे अपने सांस्कृतिक मूल्यों के पालन के प्रति सर्वदा प्रतिबद्ध रहता है। यह समाज उत्सवधर्मी रहा है। विभिन्न स्तरों पर इसने लोक परम्परा और लोककला के सहारे जीवन को रागात्मक सौन्दर्य प्रदान किया है। लोक साहित्य की प्रत्येक विधा—भोजपुरी लोकगीत, लोककथा, लोक संगीत, लोक कला, लोक नृत्य, लोकगाथा आदि में भोजपुरी समाज का दुःख-दर्द, आशा-आकांक्षा, संस्कृति और मूल्यों की अभिव्यक्ति हुई है। भोजपुरी संस्कृति में श्रम की अत्यधिक महत्ता रही है। खेती-बाड़ी से लेकर मजदूरी तक में बिना किसी ऊबन के श्रम के इस सौन्दर्य को सहजता से देखा जा सकता है। भोजपुरी लोकगीतों में श्रम, श्रम का मूल्य, उसका सौन्दर्य, भोजपुरी समाज की जिजीविषा सब कुछ निहित है। वर्तमान समय में भोजपुरी भाषी समाज अपनी लगन, निष्ठा व श्रमजीवी होने के कारण पूरी दुनिया में अपनी एक अलग पहचान बनाए हुए है। भोजपुरी लोकगीत भोजपुरी समाज का दर्पण है। भोजपुरी समाज देश और दुनिया के किसी भी हिस्से में रहा हो, हर जगह उसने अपनी संस्कृति और परम्पराओं को सहेजकर बड़े जतन से रखा है। आज देश-दुनिया में मनाया जाने वाला छठ पूजा इसका उत्कृष्ट उदाहरण है।

भोजपुरी समाज सांस्कृतिक ऊर्जा से सम्पन्न और जिजीविषा से समृद्ध समाज है। भोजपुरी भाषी समाज की विशेषता उनकी उदारता और वीरता है। वीरता और देश-प्रेम इसकी सांस्कृतिक विशेषता है। डॉ. ग्रियर्सन ने भोजपुरी समाज और उसकी भाषा के वैशिष्ट्य को रेखांकित करते हुए कहा था—"भोजपुरी उस शक्तिशाली, स्फूर्तिपूर्ण और उत्साही जाति की व्यावहारिक भाषा है, जो परिस्थिति और समय के अनुकूल अपने को बनाने के लिए सदा प्रस्तुत रहती है और जिसका प्रभाव हिन्दुस्तान के हर भाग पर पड़ा है। हिन्दुस्तान की सभ्यता फैलाने का श्रेय बंगालियों और भोजपुरियों को ही प्राप्त है। इस काम में बंगालियों ने अपनी कलम से काम लिया और भोजपुरियों ने अपनी लाठी से।" भोजपुरी माटी में जन्मे वीर कुँवर सिंह से भला कौन अपरिचित है? अंग्रेजी साम्राज्यवाद के विरुद्ध उन्होंने लम्बी लड़ाई लड़ी। देश के लिए स्वतंत्रता का महत्त्व समझा। भोजपुरी समाज की चारित्रिक विशिष्टता का एक उदाहरण लोकगीतों में दिखता है—

झूठा न बखानै जानै, छूत-छात ना मानै जानै।
मानै जानै सभके ना जाने जी हजुरिया॥
धुरिया चढ़ावे जानै पीठ न दिखावे जानै।
दीठ न लगावे जाने आन के बहुरिया॥

गुरु गोरखनाथ, कबीर, रैदास, भिखारी ठाकुर, गोरख पांडेय, हीरा डोम, भारतेन्दु हरिश्चन्द्र, जयशंकर प्रसाद, राहुल सांकृत्यायन, प्रेमचन्द, तेग अली आदि भोजपुरी

माटी की ही उपज हैं। कबीर की मातृभाषा भोजपुरी ही थी। डॉ. सुनीतिकुमार चटर्जी ने भी लिखा है—"भोजपुरी का सबसे पुराना नमूना कबीर के कतिपय नमूनों में पाया जाता है।" आचार्य हजारी प्रसाद द्विवेदी ने भी भोजपुरी को ही कबीर की भाषा स्वीकार किया है। कबीर की भाषा में भोजपुरी का एक नमूना उल्लेखनीय है—

कौन ठगवा नगरिया लूटल हो।
चन्दन काठ के बनल खटोलना, तापर दुलहिन,
सूतल हो।

× × ×

तोर हीरा हिराइल बा किचड़े में।
कोई ढूँढ़े पूरब कोई ढूँढ़े पश्चिम, कोई ढूढ़े पानी पथरे में॥

× × ×

बाबा घरे रहलू त बबुई कहवलू।
सँइयाँ घर चतुर सेयान॥

× × ×

इसी प्रकार—

सूतल रहलूँ मैं नींद भरि हो गुरु दिहलैं जगाय।
चरन कँवल के अंजन हो, नैना लेलूँ लगाय॥

हीरा डोम पटना बिहार के ही थे। 'अछूत की शिकायत' हीरा डोम की सर्वाधिक चर्चित भोजपुरी की कविता है। इस कविता को आचार्य महावीर प्रसाद द्विवेदी ने अपनी प्रसिद्ध पत्रिका 'सरस्वती' में प्रकाशित किया था। जबकि उस समय द्विवेदी जी सरस्वती में खड़ी बोली में निबद्ध कविताओं को छापते थे। यही उनकी वैचारिक प्रतिबद्धता थी। लेकिन उन्होंने भोजपुरी की इस कविता को अपनी पत्रिका में स्थान दिया। हीरा डोम ने अपनी इस कविता में वंचित समाज की पीड़ा व दुःख को मार्मिक रूप दिया है। उन्हें कविता के कथ्य की संवेदनशीलता के आगे भाषा का आग्रह कम महत्त्वपूर्ण लगा। हीरा डोम की भोजपुरी कविता 'अछूत की शिकायत' दलित समाज की मन:स्थिति व पीड़ा को रेखांकित करती हैं—

हमनी के राति दिन दुखवा भोगत बानी
हमनी के साहेब से मिनती सुनाइबि।
हमनी के दुख भगवानओं न देखता ते,
हमनी के कबले कलेसवा उठाइबि।

इनमें तेग अली खाँटी बनारसी थे। ये बनारस की विशुद्ध 'कशिका' बोली में कविता करते थे। उन्होंने कविता में गजल को अपनाया। सम्भवत: तेग अली

भोजपुरी के पहले शायर थे। इन सबके वैचरिक दर्शन में भोजपुरी भाषा और उसके समाज की पीड़ा, संघर्ष व आकांक्षा की झलक देखने को मिलती है। इन्होंने भोजपुरी भाषा और संस्कृति को एक नव्य उत्कर्ष प्रदान किया। इसमें कोई संशय नहीं है।

गुरु गोरखनाथ और कबीर के बाद की परम्परा के कवियों ने भी भोजपुरी को अपनी अभिव्यक्ति और संवेदना का आधार बनाया है। राजा भरथरी तथा गोपीचन्द जैसे नाथ कवियों की अनेक रचनाएँ भोजपुरी क्षेत्र में आज भी गाई जाती हैं। इसी तरह हिन्दी संतकाव्य परम्परा के कवियों में धरमदास, धरनीदास, दरियादास, पलटूदास, कीनाराम, भिखराम, भिनकराम आदि ने भोजपुरी भाषा का प्रयोग किया। धरमदास बांधवगढ़, रीवा, मध्य प्रदेश के निवासी थे और पलटूदास फैजाबाद, उ.प्र. के निवासी थे। भोजपुरी क्षेत्र का न होने के बावजूद इन्होंने भोजपुरी को अपनी कविता का माध्यम बनाया। धरमदास कबीर के शिष्य थे। कबीर की वाणी का 'बीजक' शीर्षक से संकलन धरमदास ने ही किया था। भोजपुरी का उनका एक पद उल्लेखनीय है—

कहवाँ से जीव आइल, कहवाँ समाइल हो।
कहवाँ कइल मुकाम, कहवाँ लपटाइल हो॥
निरगुन से जीव आइल, सरगुन समाइल हो।
कायागढ़ कइल मुकाम, माया लपटाइल हो॥

भोजपुरी समाज में एक उक्ति प्रचलित है—"माथे पे पगड़ी हाथ में लट्ठ। तब देखा भोजपुरिया के ठट्ठ।" भोजपुरी भाषी समाज के कंठ में व्याप्त मिठास और लाठी में वीरता का स्वर आसानी से सुना जा सकता है। जरूरत पड़ने पर इस समाज ने देश और समाज के लिए लड़ाई भी लड़ी है। भोजपुरी की संस्कृति अपने आप में पूर्ण व स्वस्थ है। मानवतावाद उसकी भाव भूमि है। भोजपुरी क्षेत्र के लोगों में अपनी संस्कृति के प्रति गौरवबोध व ममत्व का भाव देखने को मिलता है। लोक साहित्य की सभी विधा—लोकगीत, लोककथा, लोकगाथा, लोकनाट्य, लोकसंगीत में भोजपुरी संस्कृति का दर्शन हमें सुलभता से होता है। नि:सन्देह भोजपुरी समाज ने अपनी सांस्कृतिक विरासत को बचाकर रखा है।

भोजपुरी समाज केवल अपनी ऐतिहासिक व सांस्कृतिक चेतना के लिए ही प्रसिद्ध नहीं है। यह समाज और क्षेत्र अपनी राजनीतिक चेतना के लिए भी विख्यात है। प्राचीन काल से लेकर आज तक यदि हम देखें तो पाते हैं कि भोजपुरी समाज का राजनीति में हस्तक्षेप और वर्चस्व शुरू से ही रहा है। भोजपुरी क्षेत्र की राजनीतिक चेतना व राजनीतिक यथार्थ का प्रतिबिम्ब भोजपुरी लोककथाओं और लोकगाथाओं में भरा पड़ा है। 'आल्हा' लोकगाथा में मुख्यत: आल्हा, ऊदल व परमाल के कुटुम्बियों की वीरगाथाएँ व शौर्य के किस्से भरे पड़े हैं। 'लोरिकी लोकगाथा' में अगोरो के राजा मलयगित और लोरिक के युद्ध का वर्णन है। इस सन्दर्भ में डॉ. सत्यव्रत सिन्हा का

विचार उल्लेखनीय है—"लोरिक की वीरता भारतवर्ष की मध्ययुगीन वीरता है, जिसमें विवाह के लिए युद्ध, शृंगार और उसके लिए वीरता का विधान हुआ करता था।"

भोजपुरी लोकगीतों में मुस्लिम आक्रान्ताओं के आक्रमण, अत्याचार, अनीति, बर्बरता, विध्वंशवादी सोच तथा विधर्मी होने का उल्लेख मिलता है। इन आक्रान्ताओं ने हिन्दू समाज की स्त्रियों को बलात् अपनी पत्नी बनाना चाहा। उनके व्यक्तित्व, अस्तित्व व स्त्रीत्व पर चोट पहुँचाकर उनके क्षत-विक्षत करने का कार्य किया था। ऐसे कथाओं से लोक साहित्य भरा पड़ा है। इस सन्दर्भ में कुसुमा देवी का चरित्र लोक प्रसिद्ध है। कुसुमा देवी मिरजा के चक्रव्यूह से मुक्त होने और अपने स्त्रीत्व की रक्षा के लिए रणनीति बनाती है। वह मिर्जा से कहती है कि उसे बड़ी जोरों से प्यास लगी है। वह तालाब से पानी पीकर आती है। कुसुमा देवी मिर्जा की धूर्तता समझ चुकी थी। इसलिए वह वहीं तालाब में डूबकर अपने प्राणों की आहुति दे देती है। इस प्रकार अपने स्त्रीत्व की रक्षा करके उसने पीहर और ससुराल दोनों पक्षों का मान रख लिया। मिरजा रोते रह गए—

मुँहवा पटुका देके रोवे राजा मिरजा
मोरे मुँह करिखा लगाइ हो ना।
सिर पै पगड़िया बाँधि हँसै भैया बाबा,
दूनों कुल राखेउ कुँसुमा हो ना!

मुगलों के अन्याय और दमन की नीति को लेकर भोजपुरी समाज के मन में भय की आशंका बनी रहने का उल्लेख भोजपुरी लोकगीतों में मिलता है—

बिरना हाली हाली जेवउ बिरन मोरा, बलैया लेउँ बीरन।
बिरना तुरुक लड़इया के ठाढ़, बलैया लेउँ बीरन॥
बिरना मुगल की ओरिया सब साठि जने, बलैया लेउँ बीरन।
मोरा भइया अकेलवइ ठाढ़, बलैया लेउँ बीरन॥

भारत के स्वतंत्रता संग्राम और आन्दोलन की लहरें इसी भोजपुरी क्षेत्र से उठी थीं।

लोक कलाकार : भिखारी ठाकुर

लोक कलाकार भिखारी ठाकुर 'भोजपुरी का गौरव' हैं। भोजपुरी को एक सांस्कृतिक पहचान दिलाने में उनके लोकनाट्य 'बिदेसिया' की भूमिका बहुत महत्त्वपूर्ण रही है। भिखारी ठाकुर का जन्म 18 जुलाई, वर्ष 1887 ई. में बिहार के सारण जिले के अन्तर्गत कुतुबपुर दियारा गाँव के एक निर्धन नाई परिवार में हुआ था। उनके पिता का नाम दलसिंगार ठाकुर तथा माँ का नाम शिवकली देवी था। भिखारी ठाकुर का

जीवन संघर्षपूर्ण रहा है। जीवन के पच्चीस वर्षों तक भिखारी ठाकुर अपने पुश्तैनी पेशे हजामत करना, शादी-ब्याह और श्राद्ध में निमंत्रण पत्र बाँटना आदि का कार्य करके अपना भरण-पोषण करते थे। भिखारी ठाकुर ने कोई परम्परागत पढ़ाई-लिखाई नहीं की थी। लेकिन गाँव में आने वाली नाट्य मंडलियाँ, रामायण मंडलियाँ, शादी-विवाह के अवसर पर होने वाली नाच को देखकर और सुनकर इनके मन में इन लोक कलाओं के प्रति गहरी रुचि जागृत हुई। यहीं से इनके भीतर का सुप्त कलाकार जाग उठा। बाद में आजीविका की तलाश में उन्होंने बंगाल के 'मेदिनीपुर', उड़ीसा के 'पुरी' की यात्राएँ की, वहाँ का प्रसिद्ध रामलीला, रासलीला, तथा जात्रा नाटक देखा। उससे प्रेरित हुए और गाँव लौटकर रामलीला में भाग लेना शुरू कर दिया। बाद में भिखारी ठाकुर कई नाट्य मंडलियों से जुड़े और लोक नर्तकों की स्वयं एक मंडली तैयार कर ली। द्वितीय विश्वयुद्ध के समय भिखारी ठाकुर ने अपनी 'नाट्य मंडली' के द्वारा विभिन्न स्थलों पर मनोरंजनपरक कार्यक्रमों को प्रस्तुत करके पचास हजार रुपये जुटाए और इसे 'वार फंड' में दान देकर एक कलाकार के दायित्वों का सम्यक् निर्वहन किया। बाद में ब्रिटिश सरकार ने इन्हें 'राय बहादुर' की उपाधि से नवाजा था। स्वतंत्रता के बाद भारत सरकार ने इनके सामाजिक व सांस्कृतिक योगदान को सम्मान देते हुए इन्हें 'पद्मश्री' जैसे देश के प्रतिष्ठित सम्मान से अलंकृत किया। यह सम्मान इनकी लोक साधना और कला का था। 10 जुलाई, 1971 ई. को भिखारी ठाकुर ने अपने पार्थिव शरीर का त्याग कर दिया।

भिखारी ठाकुर भले ही अशिक्षित थे, लेकिन उनके भीतर अद्‌भुत काव्य सृजन की क्षमता व नाट्य प्रतिभा थी। कुतुबपुर के एक छोटे से गाँव से रिश्ता रखने वाले भिखारी ठाकुर अपनी सृजनशीलता व श्रमजीविता से एक सम्मानित लोक कलाकार के रूप में न केवल अपनी पहचान स्थापित करते हैं, अपितु लोक नाट्य साहित्य व रंगमंच का प्रणेता भी बन जाते हैं। महापंडित राहुल सांकृत्यायन ने भिखारी ठाकुर को 'भोजपुरी का शेक्सपियर' और 'अनगढ़ हीरा' कहा है। दिसम्बर 1947 ई. में अखिल भारतीय भोजपुरी सम्मेलन के द्वितीय सम्मेलन की अध्यक्षता करते हुए बिहार के गोपालगंज में उन्होंने कहा था—"हमनी के बोलि में कितना जोर हवे, केतना तेज बा, ई अपने सब भिखारी ठाकुर के नाटक में देखींले। लोग के काहे नीमन लागेला भिखारी ठाकुर के नाटक? कहि दस-दस, पनरह-पनरह हजार के भीड़ होला ई नाटक देखे के खातिर? मालूम होला कि एही नाटक में पब्लिक के रस आवेला। जवन चीज में रस आवे, उहे कविताई। भिखारी ठाकुर हमनी के एगो अनगढ़ हीरा हवे। अनकरा में कुल्हि गुन बा" तीस वर्ष की अवस्था में भिखारी ठाकुर लेखन के क्षेत्र में प्रवेश करते हैं। अपने लेखन के सन्दर्भ में उन्होंने स्पष्टत: कहा भी है—

तीस बरिस के भइल उमिरिया, तब लागल जिव तरसे।
कहीं से गीत, कबिल कहीं से, लागल अपने बरसे॥

भिखारी ठाकुर ने लोकभाषा में लोक और उसके समाज का संस्कार किया। लोक नाट्य के सहारे उन्होंने अपने समय की सामाजिक, आर्थिक, राजनीतिक और सांस्कृतिक चुनौतियों को उद्घाटित किया। वे विनम्र, सरल और सहज स्वभाव के थे। इसी कारणवश उन्होंने नम्रता से प्रतिरोध किया है। उसमें आक्रोश की झलक नहीं दिखती है। भिखारी ठाकुर भक्त भी थे। वे भगवान राम के सगुण रूप के उपासक थे। उनकी लीलाओं का यशोगान करते थे। तुलसी कृत श्रीरामचरितमानस उनका आदर्श था। मानस ही उनके लिए सबसे बड़ा प्रेरणास्त्रोत था।

भिखारी ठाकुर भोजपुरी माटी और अस्मिता के प्रतीक हैं। वे स्वयं एक अच्छे गायक थे। उनकी कहन शक्ति अद्भुत थी। वे लोकभाषा भोजपुरी को अपनी अभिव्यक्ति का आधार बनाते थे। भोजपुरिया समाज की जमीनी हकीकत, उसका सामाजिक-आर्थिक संघर्ष, उसकी चुनौती, राग-विराग, आशा-आकांक्षा, लोक मन की संवेदना तथा भोजपुरी समाज की सामाजिक-सांस्कृतिक परम्परा की जितनी गहरी समझ भिखारी ठाकुर को थी, उतना किसी दूसरे भोजपुरी लेखक को नहीं थी। एक समरस और समतामूलक समाज भिखारी ठाकुर का सपना था। यही उनके नाटकों की मूल चेतना और स्वर भी है। उन्होंने अपनी रचनाओं के माध्यम से साम्प्रदायिकता, वर्ण व्यवस्था, पूँजीवादी व्यवस्था जैसी समस्याओं को सामाजिक फलक पर लाया। भिखारी ठाकुर समाज की निम्न कही जाने वाली जाति 'नाई' समाज से आते थे। उन्हें जाति अपमान का दंश भी झेलना पड़ता था। जातिगत भेदभाव के कारण न केवल वह मुखर होते हैं अपितु उसका प्रतिरोध भी अपनी रचना में करते हैं। उनके प्रतिरोध की चेतना उनके नाटक 'नाई बहार' में देखने को मिलती है। इस नाटक में उन्होंने कहा है—"सबसे कठिन जाति अपमाना"। भिखारी ठाकुर प्रारम्भ से ही क्रान्तिकारी रहे हैं। प्रचलित नाटकों से अलग उन्होंने स्वयं नाटक लिखे। जिसे सामान्यत: 'नाच' अथवा 'तमाशा' कहते थे।

'बिदेसिया', 'नाई बहार', 'विधवा बिलाप', 'भिखारी भजनमाला', 'भिखारी शंका समाधान', 'भाई बिरोध', 'कलजुग प्रेम', 'राधेश्याम बहार', 'गंगा अस्नान', 'बिरहा बहार', 'बेटी वियोग', आदि भिखारी ठाकुर की प्रसिद्ध रचनाएँ हैं। 'भिखारी ठाकुर ग्रन्थावली' के प्रथम खंड का सम्पादन उनके पुत्र श्री शिलानाथ ठाकुर तथा भतीजे एवं 'भिखारी नाटक मंडली' के कर्णधार श्री गौरीशंकर ठाकुर ने किया है। इस सम्पादित ग्रन्थ में भिखारी ठाकुर के पाँच नाटक 'बिदेसिया', 'भाई बिरोध', 'बेटी बियोग', 'कलियुग प्रेम', 'राधेश्याम बहार' का विशुद्ध पाठ इसमें संकलित है। इस ग्रन्थ में किसी भी प्रकार की टिप्पणी व समीक्षा संकलित नहीं है। यह ग्रन्थावली कुल तीन खंडों में प्रकाशित है। प्रथम खंड में पाँच नाटक हैं। द्वितीय खंड में शेष नाटक हैं। तृतीय खंड में भजन आदि फुटकर काव्य देने की योजना है। भिखारी ठाकुर की समस्त रचनाओं का विवेचन और विश्लेषण करने का श्रेय समालोचक

महेश्वराचार्य को जाता है। उन्होंने 'भिखारी लोक कथाकार' नामक ग्रन्थ लिखा, जो भिखारी ठाकुर आश्रम, कुतुबपुर से वर्ष 1978 ई. में प्रकाशित हुआ। भिखारी ठाकुर ने रंग की तरह बिखरे हुए भोजपुरी समाज के सुख-दुःख को चुनते हुए अपने लोक नाटकों के कथानकों को निर्मित किया है।

'भाई बिरोध' भिखारी ठाकुर का प्रसिद्ध लोक नाट्य है। इस नाटक की कथावस्तु अर्थ के आगे पारिवारिक रिश्तों और मानवीय मूल्यों के दरकने की है। जमीन-जायदाद और रुपये-पैसों के आगे रिश्तों की परिभाषा आज पूर्णतया बदल चुकी है। भिखारी ठाकुर का मन ऐसे सामाजिक परिदृश्य से व्यथित था। इस नाटक में तीन भाइयों की कहानी है। तीनों भाई अपने नाम के अनुसार आचरण करते हैं। उपकारी, उपदर तथा उजागर तीन भाई हैं। उपकारी के खाने-पीने वाले बच्चे हैं। उजागर पान खाने का शौकीन है। एक कुटनी स्त्री उपदर की पत्नी के कान भरती है कि तुम इन लोगों से अलग हो जाओ क्योंकि इनके खर्च अत्यधिक हैं। उपदर इन बातों को सुनकर तुरन्त तैयार हो जाता है। यह लालचवश उजागर को अपने साथ रख लेता है कि तुम्हें अकेले कष्ट होगा। धीरे-धीरे उपदर की पत्नी के मन में पाप की भावना उत्पन्न हो जाती है। वह उजागर को जान से मारने के लिए रोने लगती है। उपदर भी सोचता है कि उजागर को मार देने पर हमें जमीन-जायदाद में अधिक हिस्सा मिल जाएगा। फलतः वह अपने भाई की हत्या कर देता है। जब वह आकर अपनी पत्नी से कहता है कि उसने भाई को मार दिया है। तब वह कहती है—"मरलिस रे बेदरदा अपना भाई के।"

उपकारी की पत्नी अपने देवर की मृत्यु पर विलाप करते हुए अपनी देवरानी को कोसती है और कहती है कि मैं यदि जानती कि ऐसा होगा तब अपने देवर को उसके साथ रहने नहीं देती। यह नाटक अर्थ के आगे ढहते रिश्ते और सामाजिक संवेदना के परिवर्तित स्वरूप को उद्घाटित करता है।

बेटी बियोग (बेटी बेचवा) भिखारी ठाकुर का यह प्रसिद्ध नाटक सामाजिक महत्त्व की दृष्टि से अत्यन्त प्रभावशाली है। यह नाटक आर्थिक विपन्नताओं के कारण बेटी बेचने और अनमेल विवाह जैसी समस्याओं पर केन्द्रित है। इस नाटक में पात्रों के नाम और स्थान प्रतीकात्मक हैं। चटक नामक पति, लोभा नामक पत्नी तथा उत्पातों नाम की उनकी एक बेटी है। चटक अपने बेटी का विवाह बकलोलपुर के एक वृद्ध भंटुल लड़के से करता है। वह उसे अपनी लड़की को बेच देता है। गाँव में जब बारात आती है, तब गाँव की महिलाएँ लड़के को देखकर उपहास करती हैं। वह कहती हैं कि यह तो पके आम की तरह हैं। लगता है गाँव से निकाला गया है—

चलनी के चालल दुलहा, सूप के छटकारल हे।
आम लखा पाकल दुलहा, गाँव के निकालल हे।
अइसन बकलोल बर चटक देव के भावल हे।

विदाई के अवसर पर लड़की अपनी वेदना व्यक्त करते हुए कहती है कि मेरे लिए ऐसे पति का चुनाव किया जो उम्र से बूढ़ा है। मेरे लिए यह सारे जीवन का रोना हो गया है। सौदा करने में आप ठगा गए हो। अब से आप किसी को बेटी बेचने मत दीजिएगा—

हुकुर-हुकुर छाती करत बाटे दिन राती,
अधजिव दुलहा पसन कइल बाबू जी।
घरी घरी होत झरी, कफ से भरल बानरी
नरक बिगत दिन बीती मोर बाबू जी।
पति के बुढ़ाई देखो, मन के गइल सेखी,
धनवाँ भइल कलपनवाँ हो बाबू जी।
रोअत बानी सिर धुनि, इहे छछनल सुनि,
बेटी मति बेचे दीहऽ केहुके हो बाबू जी!

'राधेश्याम बहार' भिखारी ठाकुर का यह प्रसिद्ध नाटक है। इस नाटक की पृष्ठभूमि धार्मिक विषय वस्तु पर आधारित है। इसमें कृष्ण का लीलागान, गोपियों का उपालम्भ तथा यशोदा के फटकार आदि का वर्णन है। इसमें भिखारी ठाकुर स्वयं एक गोपी बनते हैं।

'जय हिन्द' भिखारी ठाकुर का यह नाटक राष्ट्रीय चेतना व प्रेम से सम्बन्धित है।

'गंगा स्नान' इस नाटक के माध्यम से भिखारी ठाकुर ने गंगा नदी के प्रति लोक श्रद्धा को ही नहीं दर्शाया है, अपितु धर्म के नाम पर पाखंड, मेले और स्नान पर्व पर साधुओं द्वारा ठगे जाने तथा शोषण का भी चित्रण किया है। इसके अतिरिक्त 'पुत्र वध', 'दामाद वध', 'ननद भौजाई संवाद', 'गबरघिचोरन' आदि उनके प्रसिद्ध नाटक हैं।

भिखारी ठाकुर ने अपनी नाट्य मंडलियों के लिए स्वयं नाटक तैयार किये। इस क्रम में उनका प्रथम लोकनाटक 'बिदेशिया' था। बिदेशिया की भाषा शुद्ध भोजपुरी है। शैली की दृष्टि से यह गीतिनाट्य है। पात्रों के बीच में कथोपकथन गीतों के रूप में होते हैं। कहीं -कहीं कथोपकथन में भोजपुरी गद्य का भी प्रयोग मिलता है। 'बिदेसिया' की प्रसिद्धि का बड़ा कारण लोक समाज के दुख-दर्द की अभिव्यक्ति था। क्षेत्रीय बोली का प्रयोग, झूमर, सोहर, चौबोला, जतसार, कवित्त तथा सवैया आदि प्रचलित लोक धुनों का तथा लोककाव्य के प्रचलित छन्दों का प्रयोग, श्रृंगार रस की प्रधानता आदि ने इसे लोकप्रिय बनाने का कार्य किया है।

'बिदेशिया' लोक कलाकार भिखारी ठाकुर का प्रथम नाटक है। इसका रचनाकाल वर्ष 1917 ई. है। इस दृष्टि से वर्ष 2017 में 'बिदेसिया' की रचना के सौ वर्ष पूरे हो गए। इस नाटक में लेखक, अभिनेता, निर्देशक होने की सारी भूमिका भिखारी ठाकुर

स्वयं ही निभाते हैं। इस नाटक के प्रारम्भ में उन्होंने रचना का उद्देश्य स्पष्ट करते हुए कहा था कि पति-पत्नी के बीच प्रेम सम्बन्ध बढ़ाने और पत्नी को पातिव्रत्य का उपदेश देने के लिए लेखक ने इस नाटक की रचना की है—

नाटक करौं बिदेशिया नामा। रसिकन को यह है मुख धामा।
जाते बढ़े प्यारी से प्रेमा। पत्नी करे पतिव्रता नेमा।

इसका कथानक सामाजिक परिवेश व उसके संघर्ष पर केन्द्रित है। पूर्वी उत्तर प्रदेश और बिहार की आर्थिक विपन्नता और गरीबी किसी से छिपी नहीं है। रोजगार के संकट अभी भी छाये हुए हैं। यह हालात भिखारी ठाकुर के समय में भी था। जब रोजी-रोटी और रोजगार की प्राप्ति के लिए अपना गाँव-घर छोड़कर सुदूर देश-परदेश में लोगों ने अपना-अपना ठौर तलाशा। कोलकाता, और दक्षिण-पूर्व एशिया के सुदूर देशों में लोग गिरमिटिया मजदूर के रूप में गए। परिणामत: फिजी, सूरीनाम, त्रिनिडाड, मॉरीशस, जैसे देशों में भोजपुरी भाषी लोग पहुँच गए। घर-परिवार और पत्नी छोड़कर देश-विदेश गए इन मजदूरों ने परदेश में दूसरा विवाह कर लिया या किसी दूसरी स्त्री के सम्पर्क में आने पर अपने घर-परिवार, पत्नी और बच्चे को भूल जाते थे। लम्बे समय तक घर न लौटने के कारण भी परिवार छोटे-छोटे सुखों से वंचित रह जाता था। कुछ ऐसे लोग भी थे, जो कामकाज छोड़कर परिवार के लिए भाग भी आते थे। भिखारी ठाकुर ने अपने लोकनाट्य 'बिदेसिया' में ऐसी ही सामाजिक समस्याओं को जगह दी है।

बिदेसिया में एक ऐसे व्यक्ति की कहानी है, जो गौने के बाद ही कमाने के उद्देश्य से विदेश चला जाता है। नई-नवेली पत्नी का मन रो पड़ता है। वह व्यक्ति विदेश जाता है। वहाँ एक वेश्या के मोह जाल में फँस जाता है। विदेश जाने के बाद उसकी कोई पाती नहीं आती है। ऐसे में वह स्त्री विरह की अग्नि में तड़पती है। उसकी इस व्यथा का स्वर बिदेसिया का हिस्सा बनता है—

करिके गवनवाँ भवनवाँ में छोड़िकर
अपने परइलन पुरुबवा बलमुआँ।
अँखिया से दिन भर गिरे लोर ढर ढर,
बटिया जोहत दिन बीते ना बलमुआँ॥

वह एक बटोही के द्वारा सन्देश भिजवाती है। अन्तत: दोनों पति-पत्नी का मिलन हो जाता है—

पिया मोर गइलन परदेश, ए बटोही भइया।
राति नाहीं नींद दिन तनी न चैनवाँ, ए बटोही भइया।

बटोही जब रंगून जाने लगता है तब बिदेसिया की पत्नी उसे अपने पति के रंग-रूप और शारीरिक संरचना से अवगत कराती है। ताकि उस तक सन्देश देने में उसे कोई कठिनाई नहीं हो—

हमरा बलुमजी के बड़ी-बड़ी अँखिया से,
चोखे चोखे बाड़े नयनां कोर रे बटोहिया।
ओंठवा त बाड़े जइसे कतरल पनबा से,
नकिया सुगनवा के ठोर रे बटोहिया।
दँतवा त शोभे जइसे चमके बिजरिया से,
मोछियन भँवरा गुंजारे रे बटोहिया।
मथवा में शोभे राम टेढ़ी काली टोपिया से,
रोरी-बुन्दा शोभेला लिलार रे बटोहिया॥

इसी अनुक्रम में बटोही विदेश पहुँचकर उस वियोगिनी स्त्री की विरहावस्था तथा उससे उपजे शारीरिक व मानसिक स्थिति का वर्णन उसके पति से करता है—

तोरी धनी बाड़ी रामा अँगवा के पतरी से,
लचकेली छतिया के भार रे बिदेसिया।
केसिया त बाड़ी जइसे काली रे नगिनिया से,
सेनुरा से भरल बा लिलार रे बिदेसिया।
अँखिया त हउवे जइसे अमवाँ की फँकिया से,
गलवा सोहेला गुलनार रे बिदेसिया॥

इस प्रकार भिखारी ठाकुर ने अपने नाटक बिदेसिया में भोजपुरी समाज का रेखाचित्र उकेरा है। उनका नख-शिख वर्णन हिन्दी के किसी भी कवि से कम नहीं है। भिखारी ठाकुर ने 'बिदेसिया' लोकनाट्य में स्त्री समाज की पीड़ा, दुःख व वियोग के क्षणों की मनोवैज्ञानिक स्थिति का वर्णन बहुत सहजता से किया है—

पिया मोर गइलन परदेस, ए बटोही भइया।
रात नाहीं नींद दिन तनी ना चयनवाँ, ए बटोही भइया,
सहतानी बहुते कलेस, ए बटोही भइया!
रोवत रोवत हम भइलीं पगलिनियाँ, ए बटोही भइया,
एको ना भेजवलन सनेस, ए बटोही भइया!
नाहके जवानी हम के दिहलन बिधाता, ए बटोही भइया,
कुछ दिन में पाकि जइहन केस, ए बटोही भइया!
कहत भिखारी तोहरा गोड़ के लउँड़िया, ए बटोही भइया,
कर पिया के कसहूँ उदेस, ए बटोही भइया!

सत्रहवीं-अठारहवीं सदी में आर्थिक विपन्नता व भुखमरी के कारण भोजपुरी भाषियों का पलायन कोलकाता एवं दक्षिण-पूर्व एशिया के सुदूर देशों में गिरमिटिया मजदूर के रूप में हुआ था। भिखारी ठाकुर ने इन प्रतिकूल स्थितियों से उपजी चिन्ताओं को गम्भीर स्वर अपने लोकनाट्य कृति 'बिदेसिया' में देते हैं। परदेश कमाने गए पति की चिन्ता और व्याकुलता तथा भोजपुरिया समाज के आर्थिक संघर्ष का दर्द इसमें मुखरित हुआ है—

पियवा गइलन कलकतवा ए सजनी।
तूरि दिहलन पति-पत्नी नतवा ए सजनी,
किरिन भीतरे परतवा ए सजनी!
पियवा गइल कलकतवा ए सजनी
गोड़वा में जूता नइखे, सिरवा पर छतवा ए सजनी,
कइसे चलिहन रहतवा ए सजनी
पियवा गइलन कलकतवा ए सजनी,
सोचत-सोचत बीतत बाटे दिन-रतवा ए सजनी,
कतहूँ लागत नइखे पतवा ए सजनी!
पियवा गइलन कलकतवा ए सजनी,
लिखत भिखारी खोजिकर बही-खतवा ए सजनी,
प्यारी सुन्दरी के बतवा ए सजनी,
पियवा गइलन कलकतवा ए सजनी!

भिखारी ठाकुर ने 'बिदेसिया' में स्त्री जीवन की त्रासदी को जगह दी है। देश में आज भी हजारों-लाखों स्त्रियाँ अपनी अस्मिता, अस्तित्व और अधिकार को बचाने के लिए लम्बी लड़ाई लड़ रही हैं। बिदेसिया आज भी प्रासंगिक है। देश में जिस समय राजनीतिक पराधीनता से मुक्ति के लिए संघर्ष चल रहा था, उस समय भिखारी ठाकुर स्त्री मुक्ति की लड़ाई लड़ रहे थे। बिदेसिया में केवल भोजपुरी भाषी समाज की स्त्रियों का दुःख-दर्द, अकेलापन, शोषण और उनकी आकांक्षा का स्वर ही मुखरित नहीं हुआ है अपितु भोजपुरी भाषी क्षेत्र का सामाजिक-आर्थिक पिछड़ापन, रोजी, रोटी, रोजगार की समस्या, विस्थापन की समस्या आदि का चित्र उसमें प्रतिबिम्बित होता है। स्त्री मुक्ति का प्रश्न आज भी हमारे सामाजिक-राजनीतिक विमर्श का हिस्सा बना हुआ है।

भिखारी ठाकुर ने अपने लोकनाटकों में भरतमुनि की परम्परा के अनुरूप सूत्रधार, मंगलाचरण, विदूषक, गीत, संगीत, नृत्य आदि का प्रयोग किया तथा नाटकों को आधुनिक जीवनबोध और समस्याओं से सम्बद्ध करते हुए परम्परा और आधुनिकता का समन्वय किया। इसमें संवाद योजना, दृश्य विधान, अभिनेता

आदि की सफलतम अभिव्यक्ति है। उनके नाटकों की भाषा भोजपुरी है। वह सरल व सहज है। उसमें भोजपुरी के ठेठ शब्दों का प्रयोग है। कृत्रितमा का अभाव है। शब्दाडम्बर से कोसों दूर है। उन्होंने अपने नाटकों में लोकजीवन से ग्रहण किये गए बिम्बों, उपमानों व प्रतीकों का सफल प्रयोग किया है। उनकी भाषा में व्यंग्य का पैनापन है। भिखारी ठाकुर के रचनात्मकता पर प्रकाश डालते हुए महेश्वराचार्य का कथन उल्लेखनीय है—"निर्विवाद है कि उत्तर भारत में भिखारी का अपना एक विशिष्ट स्थान है। मध्य भारत, उत्तर प्रदेश, बिहार, बंगाल तथा असम तक बिरले कोई होगा जो भिखारी को न जानता हो। यह सही है कि तुलसी के मानस ने जनमानस पर पूर्णत: अधिकार प्राप्त किया है, लेकिन आज यदि उत्तरी भारत के अधिकांश लोगों के हृदय पर हाथ रखकर पूछा जाए कि ऐसा कौन-सा जनकवि अथवा लोक कलाकार था, जो एक साथ ही हँसाने-रुलाने की क्षमता रखता था तो उसका एकमात्र यही सही और सटीक उत्तर हो सकता है कि नृत्य-संगीत तथा काव्य-कला, विशारद-भक्त-भिखारी।"

बुन्देली लोक साहित्य

बुन्देली पश्चिमी हिन्दी की एक प्रमुख बोली है। इसका विकास शौरसेनी अपभ्रंश से हुआ है। बुन्देली बुन्देलखंड में बोली जाने वाली एक प्रमुख बोली है। इसे बुन्देली अथवा बुन्देलखंडी भी कहा जाता है। इसका एक अन्य नाम 'दाशार्णी भी मिलता है, लेकिन इसकी लोक स्वीकृति कम है। बुन्देलखंड दक्षिण और मध्य प्रदेश के पूर्वोत्तर में स्थित है। भौगोलिक दृष्टि से बुन्देलखंड के उत्तर में यमुना, दक्षिण में विन्ध्य पर्वत शृंखला, पूर्व में बेतवा तथा पश्चिम में टोंस नदी अथवा तमसा नदी अवस्थित है। सर जार्ज ग्रियर्सन के अनुसार पश्चिमी हिन्दी की पाँच बोलियों में से एक, जो ब्रजभाषा तथा कन्नौजी के साथ पश्चिमी हिन्दी बोलियों का दक्षिणी वर्ग बनाती है। बुन्देली बुन्देलखंड की बोली है। शुद्ध रूप में यह उत्तर प्रदेश में झाँसी, हमीरपुर, जालौन में तथा मध्य प्रदेश में ग्वालियर, भोपाल, ओरछा, सागर, नरसिंहपुर, सिवनी तथा होशंगाबाद जिलों में बोली जाती है। इसके मिश्रित रूप दतिया, पन्ना, चरखारी, दमोह, बालाघाट, छिंदवाड़ा के कुछ भागों में पाये जाते हैं। बुन्देली बोलने वालों की संख्या ग्रियर्सन ने 69 लाख के लगभग मानी थी। हिन्दी साहित्य के इतिहास के मध्यकाल में बुन्देलखंड साहित्य का प्रसिद्ध केन्द्र रहा है। किन्तु यहाँ के कवियों ने ब्रजभाषा में ही कविता लिखी। यद्यपि उनकी ब्रजभाषा पर बुन्देली का प्रभाव यत्र-तत्र दिखाई पड़ता है।

बुन्देली का इतिहास

बुन्देली भाषा का अपना समृद्ध इतिहास है। यह पश्चिमी हिन्दी की एक प्रमुख बोली है। इसका विकास शौरसेनी अपभ्रंश से हुआ है। दसवीं सदी सें बुन्देली भाषा का साहित्य प्रकाश में आया। इसी के आसपास बुन्देली लोकभाषा का उदय हुआ था। नर्मदा प्रसाद गुप्त ने इस सन्दर्भ में लिखा है—"बुन्देली का उद्भव लोक भाषाओं के उदय के लगभग डेढ़-दो सौ वर्षों पहले हो चुका था। इसलिए चन्देल काल में बुन्देली लोक काव्य की रचना निरन्तर होती रही है। बुन्देली के सन्दर्भ में यह तथ्य भी विदित है कि बुन्देली भाषा अपनी स्थानीय बोलियों के साथ 11वीं-12वीं सदी में

विकसित होने लगी थी। स्थानीय बोलियों के सम्मिश्रण के फलस्वरूप मध्यदेशीय भाषा ने बुन्देली भाषा का रूप ग्रहण करना शुरू कर दिया था।"

दसवीं-ग्यारहवीं सदी से लेकर अब तक बुन्देली के स्वरूप में परिवर्तन होता रहा है। इस भाषा का क्षेत्र भी बदलता रहा है। प्रारम्भिक दौर में बुन्देली की परम्परा मौखिक काव्य रचना से शुरू होती है। मौखिक काव्य परम्परा के रूप में बुन्देली के जनकवि जगनिक द्वारा रचित 'आल्हाखंड' का विशेष स्थान रहा है। इसे 'बुन्देली का प्रथम महाकाव्य' स्वीकार किया गया है। 'आल्हाखंड' आज भी पूरे मध्य भारत और पश्चिमोत्तर भारत में लोक प्रचलित है। इसमें तद्‌युगीन इतिहास, परम्परा, धर्म, संस्कृति, लोकजीवन, लोक संस्कृति तथा जीवन-मूल्यों की सुन्दर अभिव्यक्ति हुई है। इस कृति के उपरान्त वीर रस प्रधान बुन्देली भाषा में गाथा साहित्य रचा गया। 'सुरहिन की गाथा', 'सारंगा-भारंगा की गाथा', 'संत-बसंत की गाथा', 'ढोला मारू की गाथा' आदि लोकगाथाओं की समृद्ध परम्परा बुन्देली में प्रचलित रही है। दसवीं शताब्दी से लेकर चौदहवीं शताब्दी तक बुन्देली भाषा में वीरगाथात्मक काल माना गया। इसी काल में आल्हा की साखियाँ (राछरैं) का भी महत्त्वपूर्ण स्थान है। इन साखियों में बुन्देली भाषा का प्रारम्भिक रूप विद्यमान है। केशव प्रसाद मिश्र ने लिखा है कि "चन्देल साम्राज्य के अधिकांश भू-भाग में बुन्देली भाषा अपनी बोलियों के साथ ग्यारहवीं-बारहवीं सदी में विकसित हो रही थी। बुन्देली एक नई भाषा के रूप में चौदहवीं सदी तक विकसित होती रही और साथ में नया स्वरूप ग्रहण करती रही।

बुन्देली भाषा को नव्य ऊँचाई देने में लोक कवि जगनिक, ईसुरी, लाल कवि, छत्रसाल, ठाकुर, गंगाधर व्यास, खयालीराम, अक्षर अनन्य, हरिराम व्यास, गौरीशंकर द्विवेदी, श्याम सुन्दर बादल, नर्मदा प्रसाद गुप्त, दुर्गेश सत्यार्थी जैसे कवियों की भूमिका बहुत महत्त्वपूर्ण रही है।

चौदहवीं सदी से लेकर सत्रहवीं सदी तक बुन्देली तक भाषा की प्रतिष्ठा इतनी हो गई थी कि यह राजभाषा के पद पर प्रतिष्ठित हो गई थी। छत्रसाल के पन्ना नरेश बुन्देली भाषा में दूसरे राज्यों से पत्र-व्यवहार किया करते थे। सत्रहवीं सदी और अठारहवीं सदी में बुन्देली को राजकाज की भाषा के रूप में मान्यता मिल चुकी थी। साहित्य में भी ब्रज के साथ-साथ बुन्देली को साहित्यिक मान्यता प्राप्त हो गई थी। इस प्रकार बुन्देली काव्यभाषा के रूप में प्रतिष्ठित हो गई।

बुन्देली के संरक्षण, संवर्द्धन एवं विकास में बुन्देली पत्रिकाओं की भूमिका बहुत महत्त्वपूर्ण है। डॉ. हरि सिंह गौर विश्वविद्यालय सागर, मध्य प्रदेश से निकलने वाली प्रमुख पत्रिका 'ईसुरी', छतरपुर, मध्य प्रदेश से प्रकाशित 'अथाई की बातें', टीकमगढ़, मध्य प्रदेश से 'अनुश्रुति' (ई-पत्रिका) तथा छतरपुर, मध्य प्रदेश से प्रकाशित होने वाली पत्रिका 'बुन्देली बसंत' का अवदान अत्यन्त महत्त्वपूर्ण है।

बुन्देली की उप बोली

बुन्देली के अनेक रूप प्रचलित हैं। बुन्देली की सात प्रमुख उप बोलियाँ हैं। डॉ. श्यामसुन्दर दास बुन्देली की पवांरी, राठौरी, बनाफरी, कुंडी, भदावरी इत्यादि बारह उपबोलियाँ बताते हैं। इनका संक्षिप्त विवरण निम्नांकित हैं—

1. **बनाफरी :** बनाफरी बुन्देली की एक प्रमुख उप बोली है। बनाफरी बाँदा तथा उसके आसपास के क्षेत्रों में बोली जाती है। जगनिक द्वारा रचित 'आल्हाखंड' बनाफरी में ही है।
2. **भदावरी :** भदावरी ब्रज और बुन्देली का मिश्रण है। मुरैना से लेकर आगरा के दक्षिणी भाग तक भदावरी का प्रयोग बोलचाल के रूप में होता है। यह बोली तोमर राजपूतों द्वारा बोली जाने के कारण 'तोमरगढ़ी' के नाम से जाना जाता है। कन्नौजी मिश्रित बुन्देली तथा खड़ी बोली मिश्रित बुन्देली को भी भदावरी का एक रूप माना गया है।
3. **लोद्यान्ती अथवा राठौरी :** उत्तर प्रदेश के जालौन जनपद के उरई, हमीरपुर जिले के पश्चिमोत्तर हिस्से राठ तहसील में बुन्देली की एक उप बोली प्रचलित है जो लोद्यान्ती या राठौरी के नाम से जाना जाता है। इस बोली को राठौर के राजपूत बोलते थे। इस कारणवश इस बोली को 'राठौरी' भी कहते हैं।
4. **कुन्द्री :** केन नदी के दोनों ओर तटवर्ती क्षेत्रों में बोली जाने वाली बोली को 'कुन्द्री' कहा जाता है। इस बोली में बुन्देली का अनूठा संगम है।
5. **निभट्टा :** यह बुन्देली की एक उप बोली है। यह बोली जालौन जिले के पश्चिमोत्तर सीमावर्ती क्षेत्रों में बहुतायत में बोली जाने वाली बुन्देली मिश्रित बोली का एक रूप है। इस बोली की एक विशेषता यह है कि बुन्देली के अतिरिक्त इसमें बघेली और कन्नौजी का प्रभाव है। इस कारण 'निभट्टा' को पहचानने में किसी भी प्रकार की परेशानी नहीं होती है। तीन भाषाओं के सम्मिश्रण से बनी यह बोली थोड़ी अजीब होते हुए भी खूब प्रचलित है।
6. **तिरहारी :** यह बुन्देली और बघेली के सम्मिश्रण से बनी हुई बोली है। जालौन, हमीरपुर, बाँदा, फतेहपुर और कानपुर के आसपास के क्षेत्रों में यह बोली जाती है।
7. **पँवारी :** मध्य प्रदेश के दतिया जिले के आसपास के क्षेत्रों में 'पँवारी' बोली जाती है। परमार और पँवार राजपूतों के द्वारा बोली जाने के कारण इसे 'पँवारी' नाम से जाना जाता है। ग्वालियर और मांडेर के कुछ क्षेत्रों में पँवारी बोली का प्रचलन है।

बुन्देली की प्रमुख व्याकरणिक विशेषताएँ

1. इसमें ब्रज के 'ऐ' और 'औ' का 'ए' व 'ओ' रूप में प्रयोग मिलता है। जैसे—और-ओर आदि।
2. अन्त्यअल्पप्राणीकरण की प्रवृत्ति इस बोली में पाई जाती है। जैसे—भूख-भूक, हाथ-हात, दूध-दूद , जीभ-जीब आदि।
3. बुन्देली में 'स' का 'छ' में परिवर्तन हो जाता है। जैसे—सीढ़ी-छीढ़ी इत्यादि।
4. इसमें 'च' का 'स' प्रयोग होता है। जैसे—चीनी-सीनी, चाचा-सासा आदि।
5. बुन्देली में संज्ञार्थक क्रिया के दो रूप हैं। जैसे—मारबौ, मारनैं।
6. बुन्देली में भविष्यतकाल में 'ह' ध् 'ग' और 'नैं' रूपों का प्रयोग होता है। जैसे—होगो, हुहौ, होनैं।
7. कर्म सम्प्रदान में 'को' के स्थान पर 'खों', 'खां', 'खं' तथा 'के लिए' की जगह 'के लाने' का प्रयोग आदि इस बोली की कुछ विशेषताएँ हैं।

बुन्देली लोकगीत

बुन्देली लोकगीतों में बुन्देली समाज का जनजीवन, संस्कार, लोक संस्कृति, आचार-विचार, व्यवहार, सौन्दर्य, उत्सव के साथ-साथ सामाजिक, आर्थिक, राजनीतिक, सांस्कृतिक एवं आध्यात्मिक जीवन और उसके मूल्यों की व्यापक प्रतिष्ठा हुई है। बुन्देली लोकगीत बुन्देली समाज व उसकी लोक संस्कृति का प्रतिनिधित्व करते हैं। इन लोकगीतों में अंचल विशेष की सांस्कृतिक पहचान सुरक्षित है।

विवाह के अवसर पर हल्दी और तेल चढ़ाने की परम्परा भारतीय संस्कृति में शुरू से रही है। इस अवसर पर पारिवारिक जनों के साथ कुँआरी लड़कियाँ भी हल्दी और तेल से वर और वधू को चूमती हैं। इस मांगजिक अवसर पर महिलाओं द्वारा गाये जाने वाले पारम्परिक बुन्देली लोकगीत इस प्रकार हैं—

सो आज मोरे रामजू खों तेलो चढ़त है।
तेलो चढ़त है फुलेल चढ़त है।
सोने कटोरा में तेलो भरायो।
सो हरदी मिला कै कैसो झलकत है।
सो आज मोरे रामजू खों तेलो चढ़त है।
कुँआरिन ने मिल तेलो चढ़ायो।
सो नारिन मंगल गीत मढ़त है।

'बनरा-बनरी' बुन्देली लोकगीत में ब्याह करने आए दूल्हे के सौन्दर्य को देखकर नारियाँ गीत गाती हैं—

पलट देखो अँगना में रंग बरसत है।
रंग बरसत है अबीर उड़त है।
पलट देखो अँगना में रंग बरसत है।
माथे हो सैरो बाँधो राजा बनरे।
कलियों खों देख मोरी जिया ललचत है।
पलट देखो अँगना में रंग बरसत है॥

विवाह जैसे मांगलिक कार्य के निर्विघ्न समाप्ति के लिए देवताओं से प्रार्थना की जाती है। सर्वप्रथम देवताओं को निमंत्रण देने का कार्य किया जाता है। बुन्देली में इस निमित्त लोकगीत इस प्रकार हैं—

सरग नसेनी पाट की यारो जे चढ़ नेवतो देंय।
तुम मोरे नेवते गनेश देव तुम मोरें आइयो।
तुम मोरे न्योते महादेव पारवती तुम मोरें आइयो।
तुम मोरे न्योते पवन सुत तुम मोरें आइयो॥

बुन्देली लोकगीतों में बेटी के विवाह की चिन्ता भी देखने को मिलती है। माता-पिता की सबसे बड़ी अभिलाषा कन्या के लिए ऐसे घर मिलने को लेकर देखने को मिलती है, जहाँ प्रेम, समान के साथ उसे सुख-सुविधा भी प्राप्त हो सके। बुन्देली का एक ऐसा ही लोकगीत है—

मोरी लाडी बनरी नादान आजुल जी सों अरज करैं।
मोरी ऐसे घरे दियो महाराज जहाँ बेटी राज करैं।
जहाँ बम्मन तपत रसोई कहर दोई पानी भरैं।
मोरी झूलो को झूलन हारीं कटोरन दूध पियें।
मोरी रुपयों की परखन हारी मुहरों के मोल करैं।
मोरी छज्जे की पौढ़न हारी झरोखन बाव ढुरैं॥

बुन्देली लोकगीतों में प्रकृति और लोक के अन्तर्सम्बन्ध को भी व्यंजित किया गया है। भारतीय धर्म और संस्कृति में प्रकृति हमेशा से ही पूजनीय व विराट सत्ता का प्रतीक रही है। प्रकृति के बिना मनुष्य के जीवन की परिकल्पना असम्भव है। इनमें कुआँ पूजने की परम्परा रही है। बुन्देली लोकगीतों में इस परम्परा की एक झलक देखने को मिलती है—

ऊपर बदरा घुमड़ाय।
ऊपर बदरा घुमड़ाय गोरीधन पनियाँ खों निकरीं।

जाय जो कैयो उन राजा ससुर सें अँगना में कुइयाँ खुदाब।
तुम्हरी बहू पनियाँ खों निकरीं।
जाय जो कैयो उन राजा जेठा सें चन्दन पाटे डराव।
तुम्हरी बहू पनियाँ खों निकरीं।
जाय जो कैयो उन राजा देवर सें रेशम डोरी डराव।
तुम्हरी भौजी पनियाँ खों निकरीं।
जाय जो कैयो उन राजा पिया सें सोने घड़ा बनवाव।
तुम्हरी धन पनियाँ खों निकरीं।

बुन्देली लोकगीतों में प्रेम और सौन्दर्य की सुन्दर अभिव्यक्ति हुई है। प्रेम जीवन में आनन्द, उल्लास और विश्वास की सर्जना करता है। जीवन की रिक्तता को भरता है। उसमें ऊर्जा का संचार करता है। समर्पण और निष्ठा प्रेम के अनिवार्य तत्त्व हैं। बुन्देली लोकगीतों में ऐसी ही एक प्रेमिका का चित्रण है जो अपने प्रेमी से प्रेम और समर्पण चाहती है। इसके लिए वह स्वयं भी समर्पित है—

नजर भर हेरत काये नइयाँ, मोरे राजा बोलत काये नइयाँ।
हम तो राजा पिया बन की हिरनियाँ, तुम ठाकुर के लरका
तुपक तीर मारत काये नइयाँ।
हम तो राजा पिया जल की मछलियाँ, तुम ढीमर के लरका,
झमक जाल डारत काये नइयाँ।

बुन्देली लोकगीतों में लोकजीवन का समग्रता में चित्रण मिलता है। लोकजीवन का कोई ऐसा पक्ष नहीं है जो इन लोकगीतों में मुखरित न हुआ हो। निरक्षर भोले-भाले किसानों का खेती-बाड़ी से जुड़ा हुआ अनुभव इन लोकगीतों में ध्वनित होता है—

डार को चूको बँदरा, असाढ़ को चूको किसान।
ऐसो डूबे कि कबऊँ न पावे थान।

किसानों के मध्य लोक प्रचलित है कि शुक्रवार को शुरू होने वाली बदरी यदि शनिवार को छायी रहती है तो रविवार को वह अवश्य ही वर्षा करती है—

शुक्रवारी बादरी रही शनिचरी छाय।
ऐसी भाखे भड्डरी एतवार बिन बरसे न जाय।

लोक संस्कृति को सुरक्षित रखने में महिलाओं की भूमिका बहुत महत्त्वपूर्ण है। तीज-त्योहार, व्रत, पूजा-पाठ आदि जैसी लोक परम्परा को सुरक्षित व संरक्षित रखने के उदाहरण हमें लोकगीतों में दिखाई पड़ते हैं। 'गनगौर' बुन्देलखंड का एक प्रमुख लोकपर्व है। गौरी-पार्वती के पूजन से सम्बन्धित इस पर्व पर विवाहित स्त्रियाँ

उपवास रखती हैं। दोपहर के बाद नये वस्त्र धारण कर मिट्टी के शिव-पार्वती बनाकर उनका श्रृंगार करती हैं। पूजा के पूर्व तक निर्जल रहती हैं। लोटे में हल्दी युक्त जल लेकर अकौआ के फूल से जल छिड़कती हैं। इसे सौभाग्य का प्रतीक माना जाता है। इस अवसर पर गाये जाने वाले लोकगीत इस प्रकार हैं—

ईसर पाग बिराजेगी, सुरंग दे सुरंग दे।
पार्वती फिर फिर निरखेगी, सुरंग दे सुरंग दे।
रघुवर पाग बिराजेगी, सुरंग दे सुरंग दे।
सीता जी फिर फिर निरखेगी, सुरंग दे सुरंग दे।

बुन्देली लोकगीतों में जीवन का सुख-दुःख निहित है। इनमें जीवन का अनुभव व सार है। लोकाचार व परम्परा है। लोक ज्ञान की दृष्टि से भी ये लोकगीत आज भी लोक कंठ में पूरी तन्मयता के साथ रचे-बसे हैं। एक ऐसा ही लोकगीत है जिसमें सुखिया और दुखिया दो सगी बहनें हैं। दोनों बहनें अपने भाई के घर बधाई लेकर जाती हैं। बहुमूल्य उपहार लाने के कारण सुखिया सम्मानित होती है, जब कि दुखिया की उपेक्षा की जाती है। अन्तत: दैव योग से दुखिया का उपहार दूर्वा दल मोती में परिणत हो जाता है। तब दुखिया का भी मान-सम्मान होने लगता है—

लेहु न बहिनी कौंछ भरि मोतिया,
सैयाँ चढ़न का घोड़ा हरे राजा बीरन।
दुखिया जे पूछै अपने वीरन से,
विदा करौ घर जाई हरे राजा बीरन।
लेहु न बहिनी खौंछ भरि कोदौं,
वहै दूब का पौंड़ा हरे मोरा बहिनी।

बुन्देली लोकगीतों में स्वाधीनता का स्वर सुनाई पड़ता है। देश की आजादी के लिए लोक ने अपना सर्वस्व अर्पित कर दिया। लोगों ने स्वेच्छा से अपने घर-बार बेच दिये, कितनों ने अंग्रेजों की गोली खाई। देश के लिए भारतवासियों ने फाँसी के फन्दे को भी स्वीकार कर लिया। बुन्देलखंड में मेहतर जाति के लोग डफ, ढोलकी लेकर गीत गाते हुए द्वार-द्वार पर माँगते हैं। इनके गीतों में देश की आजादी के लिए होने वाले संघर्ष व त्याग का वर्णन मिलता है। बुन्देली के एक ऐसे ही लोकगीत में राष्ट्रीय चेतना का स्वर सुनाई पड़ता है—

कित्तन के घरबार बिक गए, कित्तन खाई गोली।
कितने हँस हँस झूला झूले, फाँसी के झुलनवा।
मैया तोरे कारन हो, बाबू तोरे कारन हो॥

बुन्देली लोकगीतों में स्वदेशी आन्दोलन की झलक भी दिखाई पड़ती है। देश की आजादी के लिए जब संघर्ष चल रहा था, तब महात्मा गांधी का स्वदेशी आन्दोलन विदेशी वस्तुओं के प्रतिकार स्वरूप चल रहा था। लोकमानस ने भी स्वदेशी वस्तुओं के प्रयोग और आत्मसात् को लेकर एक प्रबल मनोभाव दिखाई पड़ता है—

हुकुम गांधी का निभायो प्यारी बन्नी
हुकुम गांधी का निभायो प्यारी बन्नी॥
मोरी बन्नी पहनो सुदेसी साड़ी,
बिदेसी खों वापस करो प्यारी बन्नी॥
सजन मोए भावै गांधी बाबा को चरखा
सजन मोए भावै गांधी बाबा को चरखा॥

इसी प्रकार एक बुन्देली लोकगीत में चरखा भारत की आत्मनिर्भरता व स्वदेशी के प्रतीक रूप में प्रयुक्त हुआ है। भारत की गरीबी और भुखमरी को दूर करने का एक अमोघ अस्त्र बन जाता है। 'चरखा' भारत के राष्ट्रीय आन्दोलन में स्वाभिमान और सम्मान का प्रतीक बन जाता है—

भनन भनन चरखा भननाय,
सरर सरर धागा लहराय,
गरीबी हटाबै गांधी बाबा को चरखा॥
सैंया होके भारतवासी काये हँसी करावत मोर।
खादी की धोती नई ल्याओ, धूपछाँह जबरन पहिराओ॥

आजादी के बाद सबसे कड़ी चिन्ता और चुनौती देश की एकता, शान्ति और अखंडता को लेकर थी। बिना किसी भेदभाव और संकीर्णता के देश को आगे ले जाने की दिशा में सहिष्णुता व समन्वय एक आवश्यकता थी। बुन्देली लोकगीतों में इसका प्रतिबिम्ब प्रतिबिम्बित होता है—

अब पूरी हो गई आस देस की आजादी छाजै
अब न लड़ाई करियो रसिया, अपने धरम के काजै।
हिलमिल रहियो अब तो रसिया, सबखों गरे लगाइ॥

अतएव बुन्देली लोकगीतों में लोक मन की सहज व निश्छल अभिव्यक्ति हुई है। इनमें लोक जीवन व लोक संस्कृति के सभी चित्र दिखाई पड़ते हैं। जीवन से लेकर मृत्यु तक का कोई कोना इन लोकगीतों से अछूता नहीं है। इसमें देश की, समाज की और लोक की चिन्ताएँ सहजता से मुखरित हुई हैं। बुन्देली लोकगीत बुन्देली समाज का गौरव हैं। इसमें बुन्देलखंड की सामाजिक-सांस्कृतिक गौरव गाथाएँ निहित हैं।

बुन्देली लोकगाथा

लोकगाथाओं में जीवन के विविध रंगों का सुन्दर संयोजन दिखाई पड़ता है। इनमें श्रृंगार, वीरता, प्रेम, करुणा, ममत्व, वात्सल्य की प्रमुखता है। बुन्देली लोकगाथाएँ इसी विशिष्टता से युक्त हैं। आल्हा की गाथा, सारंगा-भारंगा की गाथा, संत-बसंत की गाथा, धीरा-बिजैया की गाथा, सुरहिन की गाथा आदि बुन्देली लोक समाज में अत्यन्त लोकप्रिय हैं। इनमें 'सारंगा-भारंगा की गाथा' एक प्रेमगाथा के रूप में प्रसिद्ध हैं। भारंगा अर्थात् भृंगराज राजा का पुत्र था तथा सारंगा एक राजकुमारी थी। दोनों के मध्य प्रेम था। दोनों अपने प्रेम को स्थायित्व व नाम देना चाहते थे लेकिन राजा को यह बात पसन्द नहीं आई। राजा ने समाज और सत्ता की दुहाई दी। लेकिन वे दोनों नहीं माने और उन्हें राज्य से निष्कासित कर दिया गया। उनके प्रेम की यह यात्रा अनवरत जारी रही। जब वे हंस-हंसिनी तथा हिन्ना-हिन्नी के रूप में थे। अन्त में जब इनका जन्म भौंरा और कमलिनी के रूप में हुआ तब भारंगा को अपनी प्रिया सारंगा की सुधि आई। वह कमलिनी को ढूँढ़ता हुआ उसके पास जा पहुँचा। दोनों के मध्य प्रेम होता है। दोनों का जीवन सफल हो जाता है। अपने प्रिय भारंगा को देख सारंगा कहती है—

श्याम बरन के कौन तुम जो मौ पै मँड़राव।
बिहुबल मौरौ मन करौ, अपनौ नाँव बताव॥

कमलिनी की भावना को देखकर भौंरा अपने मन की बात कह देता है। वह अपने सात जन्मों की प्रेम गाथा को कह डालता है। वह उससे समर्पण चाहता है। अन्ततः कमलिनी अर्थात् सारंगा खुशी-खुशी अपने प्रेमी की बात को स्वीकार कर लेती है—

सात जनम के हमहू तुम, बँधे प्रेम की डोर।
अब सजनी आकै मिलौ, प्रेम डोर न टोर।
सुन के बोल अमोल जें, भरंगा के संग।
विहँसत भई सारंगिनी, मन में भरे उमंग।

लोकगाथाओं में संस्कारबोध, चेतना, मानवीय सौन्दर्य व मूल्यबोध के दर्शन होते हैं। सारंगा-भारंगा लोकगाथा में पुनीत व मांसल रहित सफल व सार्थक प्रेम की अभिव्यंजना हुई है। प्रेम मार्ग में बाधाएँ भी बहुत आती हैं। फिर चाहे सत्ता का दबाव हो या सामाजिक दबाव। लेकिन सच्चे प्रेम के आगे ये सारे दबाव व्यर्थ हैं।

आल्हा लोकगाथा बुन्देली लोक समाज में अत्यन्त प्रचलित है। 'आल्हाखंड' में महोबा के दो वीर पुरुष आल्हा और ऊदल की वीरता, शौर्य और यश का अंकन है। आल्हा और ऊदल कालिंजर के राजा परमर्दिदेव के दरबारी कवि, सामंत तथा बनाफर शाखा के क्षत्रिय थे। कालिंजर के राजा परमर्दिदेव और पृथ्वीराज चौहान

के मध्य हुए युद्ध में दोनों वीरगति को प्राप्त हुए। जनकवि जगनिक ने इन्हीं दो वीरों को लेकर 'परमाल रासो' काव्य लिखा जो लोक समाज में 'आल्हाखंड' के नाम से प्रसिद्ध हुआ। आल्हा गाने वाले लोगों को 'अल्हैत' कहा जाता है। आल्हा उत्तर प्रदेश के बैसवाड़ा, पूर्वांचल तथा बुन्देलखंड के क्षेत्रों में पीढ़ी दर पीढ़ी गाया जाता रहा है। इसमें वीर बनाफरों की बावन लड़ाइयाँ तथा अनेक विवाहों का वर्णन हुआ है। आल्हा और ऊदल वीरता के प्रतीक हैं। मातृभूमि की रक्षा उनके जीवन की प्राथमिकता में है। आल्हा एक लोकगाथा काव्य है। इसमें तद्‌युगीन सामाजिक, आर्थिक, राजनीतिक एवं सांस्कृतिक परिस्थितियों की झलक देखने को मिलती है। 'आल्हाखंड' के एक खंड 'नैनागढ़ की लड़ाई' अथवा 'आल्हा का विवाह' में वीर आल्हा राजा नेपाली सिंह की बेटी सोनवा से प्रेम करते हैं। विवाह से पूर्व आल्हा को राजा नेपाली सिंह से युद्ध करना पड़ता है। युद्ध में विजित होने पर आल्हा सोनवा से विवाह करके उसे विदा कराकर वापस अपने राज्य लौटते हैं। यही 'नैनागढ़ की लड़ाई' का मूल कथानक है। प्रत्येक लड़ाई के प्रारम्भ में 'सौरनी' (सुमिरन) गाथा का अंग है। इस सुमिरन में कहा गया है कि जिसने कलयुग में गया में दान नहीं किया, काशिम घोड़े का दान नहीं किया, जिसने जन्म लेते अपने बैरी को मारा नहीं उसका जन्म लेना व्यर्थ है—

गया न कीन्हीं जिन कलयुग माँ, काशिम घोड़ दान नहिं दीन।
जन्मत बैरी जिन मारा ना, नाहक जन्म जगत में लीन॥
पूजा कीन्हीं नहिं शम्भू की, अक्षत चन्दन फूल चढ़ाय।
फिरि गलमँदरी जिनबाजी ना, मुख ना बम्ब बम्ब गा छाय॥
भसम रमायो नहिं देही माँ, कबहुन लीन सुमिरनी हाथ।
सेचन लायक ते आरय हैं, जिन नहिं कबों नवायो माथ॥

कजरिया विसर्जन का मेला महोबा का सबसे बड़ा उत्सव था। इस दिन स्त्रियाँ महोबा के बाहरी भाग में स्थित सागर में जाकर नाच-गान किया करती थीं। यह उत्सव महोबा राज्य में लोक प्रसिद्ध था।

सब सामन्तन सैन सह, चहूँआन नृप बुल्ल।
कीरत सर, कहँ चालिया, मम सुपिष्ट लग चल्ल।
सज्ज सैन सामन्त सब बज्जत घोर निसान।
दिखन कजरिया सम्मरिय नगर महोत्सव जान।

धीरा विजैया की गाथा बुन्देलखंड के महोबा जनपद में प्रचलित है। यह गाथा महोबा के किसी छोटे राजा के दो राजकुमारों धीरज सिंह और विजय सिंह की है। इनके पिता को पड़ोस के किसी राजा ने युद्ध में मारकर राज्य पर अपना आधिपत्य जमा लिया था। रानी इस घटना से अत्यन्त दुखी हो गईं। उन्होंने अपने दोनों पुत्रों

धीरज सिंह और विजय सिंह को लेकर पड़ोसी राज्य के एक गाँव में छद्म वेश में रहने लगीं और रानी ने अपने बेटों के नाम बदलकर धीरा और विजैया रख दिया। समयानुसार दोनों बेटे बड़े हो गए और अपने शौर्य व पराक्रम के बल पर शूरवीर कहलाए। लोक प्रसिद्धि भी इस कारणवश इन्हें मिलने लगी। एक दिन दोनों पुत्रों ने अपने पिता की मृत्यु का बदला राजा से लेने के लिए दृढ़ प्रतिज्ञा लिया। कुछ दिनों के उपरान्त धीरा और विजैया ने अपने पिता का बदला लेने के लिए एक सेना का गठन कर लिया और उस राजा के राज्य पर आक्रमण करके अपना आधिपत्य जमा लिया। अन्ततः धीरा और विजैया ने लम्बे संघर्ष के बाद अपनी विजय पताका फहरा दिया। अपनी माता के साथ राज्य करने लगे—

धीरा को भइया विजैया मोरे रम्मा
बाप कौ बदलौ बहोर मोरे रम्मा
भइया विजैया मर गयो मोरे रम्मा।

'सुरहिन गाथा' लोक समाज में अपनी मार्मिकता व संवेदनशीलता के कारण विख्यात है। लोक समाज में 'सुरहिन गाथा' अत्यन्त प्रचलित है। सुरहिन गाय अपने बछड़े को दूध पिलाकर वन में चरने चली जाती है। कजरी वन पहुँचने पर वह वहाँ की हरी-भरी कोमल घास को खाने जाती है। उसी समय वनराज दहाड़ मारकर उसे अपना भोजन बनाने को कहता है। सुरहिन वासुकि और सूरज-चन्द्रमा को साक्षी देकर बछड़े को दुग्धपान कराकर लौटने पर उसके भोजन का ग्रास बनने को कहकर घर चली जाती है—

चन्दा सूरज दोउ, ऊगें, अथैवौ
वनके बिरछा जमान हो माँय।

शेर इन्हें साक्षी नहीं मानता है। वह कहता है कि सूर्य और चन्द्रमा तो उदित और अस्त होते रहते हैं। वृक्ष मुरझा जाते हैं—

धरती के वासुक मेरे लाग लगनियाँ
धरती मोरी जमान हो माँय।

लेकिन बछड़ा अपनी माँ सुरहिन गाय के वचन बँधे दूध को पीने से मना कर देता है और सुरहिन के साथ शेर के पास दोनों ही आते हैं। बछड़ा उसे मामा सम्बोधित कर सर्वप्रथम स्वयं को ग्रास बनाने को कहता है—

पैलैं ममैया हमई खों भख लौं,
पीछे हमाई माई हो माँय।

बछड़े की बात सुनकर सिंह उससे पूछता है कि किसने उसे शिक्षा, बुद्धि और विचार दिये हैं—

कौन भनेजो तोय सिख-बुध दीनी
कौना लगे गुरु कान हो माँय।

बछड़ा कहता है कि "देवी ज्वाला से उसे यह शिक्षा और बुद्धि मिली है तथा वीर हनुमान उसके गुरु हैं। सिंह देवी दुर्गा का वाहन है और हनुमान आदि शक्ति रुद्रावतार हैं। बछड़े की इन बातों को सुनकर सिंह अपनी स्वाभाविक प्रकृति छोड़कर स्नेह से उन्हें आशीर्वाद देता है। शेर इससे द्रवित हो जाता है और दोनों कें लिए कजरी वन छोड़कर चला जाता है।

देशज भाषा में रची गई यह लोकगाथा अपने कथ्य और भावप्रवणता के कारण लोक मन में गहरे स्तर पर अपनी जगह बनाने में सफल रही है। इस लोकगाथा में एक साथ नैतिकता का प्रश्न, सरोकार, संवेदना, धर्म, मर्यादा, संस्कार सब कुछ एक साथ मौजूद है। सुरहिन गाय ने सिंह से बछड़े को दूध पिलाकर वापस लौटकर आने को कहा, तब सिंह ने साक्षी देने को कहा। सुरहिन गाय ने उस समय चन्द्रमा और सूर्य को तथा वृक्षों को साक्षी माना था। प्रकृति की मौजूदगी और उसका साहचर्य लोकगाथाओं की विशिष्टता रही है। इस लोकगाथा में भी यह तत्त्व मौजूद है।

बुन्देली लोकनाट्य

राई लोकनृत्य: यह बुन्देलखंड का पारम्परिक लोकनृत्य है। राई का अर्थ सरसों होता है। जिस प्रकार थाली में रखे सरसों के दाने इधर-उधर घूमते हैं, ठीक उसी प्रकार राई लोकनृत्य में नर्तक भी नगड़िया, ढोलक, झीका और रामतूला जैसे पारम्परिक वाद्ययंत्रों की थाप पर झूमते हुए नाचते हैं। 'बुन्देली राई' के नाम से जाना जाने वाला इस लोकनृत्य को गाँवों में खुशी के अवसर पर स्त्री-पुरुष द्वारा आयोजित किया जाता है। अच्छी फसल, शादी-ब्याह तथा राजा का युद्ध में विजय प्राप्त करने के उपरान्त अपने राज्य लौटने पर इस नृत्य का आयोजन किया जाता है। राई में मुख्यत: श्रृंगारी गीत होते हैं। इसमें गायकों का दल 'सौबत' कहलाता है। इस नृत्य में गाये जाने वाले गीत के बोल हैं—

गोरी नैना न मार
गोरी नैना न मार
भरके दुनाली चाहे मार दे
गोरी नैनन के तीर

गोरी नैनन के तीर
घूँघट ना दयो रे, मर जिन गैलारे।

सैरा लोकनृत्य : सैरा बुन्देलखंड का एक प्रमुख लोकनृत्य है। यह रक्षाबन्धन के दूसरे दिन कजलियों या भुजरियों के अवसर पर प्रस्तुत किया जाता है। वर्षा ऋतु के अवसर पर सैरा नृत्य अत्यन्त लुभावना लगता है। इस नृत्य में सैरा गाने वालों के दल अपने हाथों में लकड़ी के छोटे-छोटे डंडे जो इस नृत्य के लिए बनाये जाते हैं, लेकर गोलाकार खड़े हो जाते हैं। गीत के साथ ही इस नृत्य का आरम्भ होता है—

असढ़ा तो लागे रे असढ़ा
तो लागे ओ मोरे प्यारे दूब गई हरयाय।
बीरन लुवोआ आए नहीं घर चुनरी धरी रँगाय।

इसी प्रकार—

साहुन सुहानी अरे मुरली बजे, भादों सुहानी मोर।
तिरिया सुहानी जबई लगे, ललुवा झूलैं पौंर के दोर।

नौरता : इसमें देवी के उपासक नौ दिन तक व्रत आदि का विधान करते हुए जवारों के साथ देवालय जाते हैं। देवी की स्तुति करते हैं। इस नृत्य में देवी उपासना का भाव प्रबल होता है। नौरता लोकनृत्य का एक गीत निम्नवत् है—

अपनी गौर की झाँई देखो।
अपनी गौर की झाँई देखो, काहौं पहिरें देखो।
कान तरुकला देखो, नाक नथुनियाँ देखो।
हाथ ककनवा देखो, पाँव पैजनियाँ देखो।
पराई गौर की झाँई देखो का हो पहिरें देखो।
नाक नकटी देखो, काम बूँची देखो
पाँव पोलू देखो धमक चलूँ—देखो।

बरेदी या मोंनिया लोकनृत्य : बरेदी बुन्देलखंड की संस्कृति से जुड़ा हुआ लोकनृत्य है। यह लोकनृत्य नाट्य दीपावली से लेकर एकादशी तक प्रस्तुत किया जाता है। इस अवसर पर राधा-कृष्ण की गाथा गाई जाती है। अहीर अथवा ग्वाले जाति के लोग दीवाली के दिन कृष्ण की पारम्परिक वेशभूषा में सज-धजकर लोकगीत दीवारी गाकर लोगों को त्योहार की शुभकामनाएँ देते हैं। इस लोकनृत्य के सन्दर्भ में मान्यता है कि इस नृत्य की परम्परा द्वापर युग से शुरू हुई थी। जब भगवान कृष्ण ने ब्रजवासियों की रक्षा के लिए गोवर्धन पर्वत को अपनी उँगली पर धारण

किया था, तब वहाँ ग्वालों ने इस खुशी में नृत्य किया था। बरेदी लोकनृत्य की यह परम्परा तभी से चली आ रही है। बरेदी लोकनृत्य का एक लोकगीत निम्नवत् है—

बिन्द्रावन बंसी बजी, मो लये तीनउ लोके।
जेतीनउँ मोहे नहीं, बचे कौन की ओटे॥
छिरियँन बरेदी छनछरों, गइयँन बरेदी गवारे।
भैंसन बरेदी माहला, सों परोतला के पारें॥

बुन्देली के प्रमुख लोक कवि

बुन्देली लोक साहित्य को समृद्ध करने में तथा लोक और उसके समाज के सामाजिक, आर्थिक, राजनीतिक, सांस्कृतिक एवं आध्यात्मिक पक्षों को अपनी रचनाधर्मिता में सम्पृक्त करने में बुन्देली लोक कवियों की भूमिका और उनका प्रयास सार्थक है। इनमें लोक कवि जगनिक, ईसुरी, गंगाधर प्रमुख हैं। कुछ बुन्देली लोक कवियों का संक्षिप्त परिचय प्रस्तुत किया जा रहा है—

बुन्देली लोक कवि जगनिक

जगनिक बुन्देली के महाकवि कहे जाते हैं। इन्होंने 'आल्हाखंड' ('परमाल रासो') जैसे अद्वितीय ग्रन्थ की रचना की। जगनिक के जन्म स्थान को लेकर विद्वानों के मध्य मतभेद है। कुछ विद्वान इनका जन्म राजस्थान में मानते हैं तो कुछ विद्वान महोबा को जन्म स्थली के रूप में स्वीकार करते हैं। जगनिक को बुन्देलखंड का मूल निवासी माना जाता है। जगनिक को काव्यकला के साथ ही संगीत कला का भी अद्‌भुत ज्ञान था। उनके द्वारा रचित आल्हा का गायन सस्वर गाए जाने की परम्परा रही है। आज भी देश में आल्हा गाने की परम्परा जीवंत है। जगनिक एक कुशल योद्धा के साथ ही एक कुशल रणनीतिकार भी थे। इस विशिष्टता के कारण जगनिक हमेशा राजदूत की भूमिका भी निभाते थे। कन्नौज चले गए आल्हा और ऊदल को फिर से मनाकर महोबा लाने का कार्य किया तथा पृथ्वीराज चौहान की सेना से प्रतिस्पर्धा लेने का श्रेय जगनिक को जाता है। 'परमाल रासो' बुन्देली की एक उपबोली 'बनाफरी' में निबद्ध है। आचार्य रामचन्द्र शुक्ल ने जगनिक का समय संवत् 1230 माना है। ये कालिंजर के राजा परमर्दिदेव के दरबारी कवि थे। हिन्दी के आदिकालीन कवि चन्दबरदाई के समकालीन थे। 'आल्हाखंड' अथवा 'परमाल रासो' में जगनिक ने महोबा के दो वीर पुरुष आल्हा और ऊदल की वीरता और शौर्य का वर्णन किया है। इसमें बावन युद्धों का वर्णन ओजपूर्ण शैली में किया गया

है। आल्हाखंड वीर रस प्रधान प्रबन्धकाव्य है। इस ग्रन्थ में वीरता के साथ बुन्देली भाषा, संस्कृति व समाज का भी दर्शन सहजता से होता है। फर्रुखाबाद के कलक्टर मि. चार्ल्स इलियट ने लोक में प्रचलित आल्हा के गीतों का संकलन 'आल्हाखंड' शीर्षक से प्रकाशित करवाया। आल्हा प्राय: वर्षा ऋतु में गाया जाता है। बुन्देलखंड के साथ-साथ समूचे उत्तर भारत में आल्हा आज भी लोक कंठ में विद्यमान है।

जगनिक ने आल्हाखंड में लोकजीवन को अनदेखा नहीं किया है। बुन्देली समाज में प्रचलित लोक कहावतों, मुहावरों तथा देशज शब्दों का भरपूर प्रयोग इस कृति में हुआ है। यही कारण है कि लोकजीवन में आज भी इस कृति की महत्ता बनी हुई है। आल्हा गाने वाले अल्हैत के गीतों में वीरता का स्वर इस प्रकार सुनाई पड़ता है—

बारह बरिस लैं कूकर जीऐं, औ तेरह लै जिऐं सियार।
बरिस अठारह छत्री जीऐं, आगे जीवन को धिक्कार॥

लोक कवि ईसुरी

ईसुरी का जन्म उत्तर प्रदेश के झाँसी जिले के मऊरानीपुर कस्बे के मेढकी गाँव में संवत् 1895 वि. (1838 ई.) में हुआ था। इनके पिता भोलेराम अरजरिया तिवारी थे। इन्हें ईसुरी प्रसाद, ईश्वरी प्रसाद, हरताल ईसुरी नाम से भी जाना जाता है। ईसुरी का अधिकांश समय अपने मामा के यहाँ बीता था। इसका कारण ये था कि इनके मामा की कोई संतान नहीं थी। इसलिए मामा के घर रहकर इन्हें पर्याप्त स्नेह और मान प्राप्त हुआ। नौगाँव छतरपुर के पास बगौरा नामक गाँव के जमींदार चतुर्भुज के यहाँ उन्होंने नौकरी किया। यहीं रहते हुए ईसुरी ने अनेक फागों की रचना की थी। ईसुरी की लोक कवि के रूप में प्रसिद्धि सुनकर छतरपुर नरेश ने उन्हें अपने दरबार में आमंत्रित किया था। लेकिन वे लोक प्रेम के कारणवश नहीं गए। कवि ईसुरी की मृत्यु वर्ष 1909 ई. में उनकी कर्मभूमि बगौरा में हुई। बुन्देलखंड के एक छोटे-से गाँव बघौरा में उनका अन्तिम समय बीता। ईसुरी का अपनी भूमि बगौरा से इतना घनिष्ठ व एकनिष्ठ प्रेम था कि उन्होंने अपना अन्तिम संस्कार बगौरा में करने की इच्छा व्यक्त की थी।

यारो, इतनी जस लै लीजौ, चिता अंत ना कीजौ।
चलत सिरम कौ बहत पसीना, भसम कौ अंतस भीजौ।
निगतन खुदै चेटका लातन, उन लातन मन रीजौ।
बे सुसती ना होय रात-दिन, जिनके ऊसर सीजौ।
गंगा जू लौ मरें 'ईसुरी', दाग बगौरा दीजौ।

लोकजीवन में ईसुरी की प्रसिद्धि 'फाग' के कारण है। 'फाग' शब्द की व्युत्पत्ति फाल्गुन से हुई है। इस माह में जो गीत लोक स्वर में गाये जाते हैं, उन्हें फाग कहा जाता है। फाग एक लोक काव्य रूप है। फाग की परम्परा 'फागु काव्य' के रूप में हिन्दी साहित्य में आदिकाल से प्रारम्भ होती है। ईसुरी ने फाग रचनाओं में 28 मात्राओं वाले 'नरेन्द्र छन्द' का प्रयोग किया है, जिसमें 16-12 पर यति का निर्वाह होता है। एक फाग में चार, पाँच या छह पंक्तियाँ होती हैं। फाग अपने लोक सम्पृक्ति के कारण लोक मन का बेजोड़ हिस्सा बनी रही है। इसमें लोकजीवन के विविध पक्षों और सौन्दर्य की अभिव्यक्ति हुई है। ईसुरी ने 'चौकड़िया फाग' की नई परम्परा शुरू की। चौकड़िया का अर्थ होता है—'चार कड़ी वाला फाग'। ईसुरी का चौकड़िया फाग लोक में इतना प्रसिद्ध हुआ कि वह लोक कंठ में रच-बस गया। वरिष्ठ हिन्दी कथा लेखिका मैत्रेयी पुष्पा ने 'कहे ईसुरी फाग' शीर्षक से उपन्यास भी लिखा।

ईसुरी के फाग लोक में अत्यन्त प्रसिद्ध हैं। अपनी गेयता के कारण ये फाग लोक कंठ में रचे-बसे हैं। इन फागों में बुन्देली लोकजीवन की छटा देखने को मिलती है। सामाजिक, आर्थिक, राजनीतिक एवं सांस्कृतिक जीवन के सभी पक्षों को इन फागों में समेटा गया है। ईसुरी ने अपने फागों में शृंगार, भक्ति, प्रेम, करुणा, मूल्य, संस्कार, गौरवबोध के साथ ग्रामीण व देशज परम्पराओं तथा संस्कृतियों को जगह दिया है। ईसुरी के फागों में सरलता, सहजता व स्वाभाविकता है। कृत्रिमता व बनावटीपन से वह पूर्णत: मुक्त है। ईसुरी की रचनाएँ उनकी मृत्यु के बीस वर्ष बाद संकलित की गईं। सर्वप्रथम कुँवर दुर्ग सिंह ने ईसुरी की रवनाओं का संकलन प्रस्तुत किया। ईसुरी के गाँव वालों से उनके फागों को सुनकर इला शंकर गुहा ने भी उनके फागों को संकलित किया। इसी प्रकार गौरी शंकर द्विवेदी ने भी ईसुरी के फागों का संकलन तैयार किया है।

ईसुरी के फागों में 'रजऊ' का उल्लेख बार-बार आता है। रजऊ ईसुरी की प्रेमिका थीं। ईसुरी रजऊ से प्रेम किया करते थे। उनके प्रेम की यह अनुभूति उनके फागों में भी दिखाई पड़ती है। एक तरफ उनका यह प्रेम लौकिक धरातल पर दिखाई पड़ता है, तो दूसरी तरफ अलौकिक शिखर को भी स्पर्श करता है। राधा-कृष्ण का प्रेम ईसुरी के प्रेम का आदर्श है। उन्होंने अपने फाग में रजऊ और स्वयं के प्रेम को राधा-कृष्ण के प्रेम के समान माना है—

नईयाँ रजऊ काऊ के घर में, बिरथा कोई न भरमे।
सबमें है, सबमें है न्यारी, सब ठौरन में भरमे।
कौ कय अलख-खलक की बातें, लखी न जाय नजर में।
ईसुर गिरधर रँय राधे में, राधे रँय गिरधर में।

ईसुरी के फागों में लोक संस्कृति के विविध तत्त्व निहित हैं। ब्रज की होली का एक दृश्य है, जिसमें पूरा ब्रज का लोक राधा-कृष्ण के प्रेम में रँग जाता है। प्रेम के इस रंग से पूरी प्रकृति रँग जाती है। यह सब कुछ कृष्णमय हो जाने का प्रतीक है। सम्पूर्ण ब्रजवासी इस आनन्द में सराबोर हो रहे हैं—

ब्रज में खेले फाग कनाई, राधे संग सुहाई।
चलत अबीर रंग केसर कौ, नभ अरुनाई छाई।
लाल-लाल ब्रज, लाल-लाल बन, बीथन कीच मचाई।
ईसुर नर-नारिन के मन में, अति आनन्द सरसाई।

लोक कवि ईसुरी ने अपने फागों में वसन्त ऋतु और उसके सौन्दर्य का मनमोहक वर्णन किया है। शीत ऋतु के बीत जाने के उपरान्त बसन्त के आगमन से प्रकृति और मनुष्य के जीवन में एक नूतन परिवर्तन परिलक्षित होता है। टेसू और कदम के फूलों से यमुना के तीर सजे हैं। रात्रिकाल में लोग यमुना के तट पर विहार करते हैं। लेकिन अपने प्रिय से बिछुड़ी हुई विरहिणी नायिका और पपीहा पक्षी रात भर अपने प्रिय को पुकारते हैं। इन सबके बीच वसन्त ऋतु का सौन्दर्य और नायिका के ऊपर पड़ने वाले प्रभाव सम्बन्धी एक फाग है—

अब दिन आए बसंती नीर, ललित और रँग भीरे।
टेसू और कदम फूले हैं, कालिंदी के तीरे।
बसते रात नदी-नद तट पै, मजे में पंडा धीरे।
'ईसुर' काल नार-बिरहिन पै, पिउ पिउ रटत पपीरे।

रजऊ से ईसुरी का प्रेम सर्वविदित है। ईसुरी बुन्देली में प्रचलित एक लोक मुहावरे 'अस्थियों में घुन लगना' को कैसे रजऊ के प्रेम से जोड़ते हुए अपनी मनोव्यथा को अभिव्यक्ति देते हैं—

हड़रा घुन हो गए
हमारे सोच में रजऊ तुम्हारे।
दौरी देह दूबरी हो गई,
करके देख उगारे।

रजऊ से प्रेम की पराकाष्ठा यह थी कि ईसुरी ईश्वर से हाथ जोड़कर अभ्यर्थना करते हैं कि उन्हें जब अन्त्येष्टि के लिए ले जाया जाये तब वे रजऊ की गली से होकर गुजरें—

दोऊ कर परमेसुर
से जोरें, कर औ
कृपा की कोरें।

ठठरी पै धर कै ले
जइयो, रजऊ
कोद की खोरें।

ईसुरी के फागों में कल्पना का सुन्दर प्रयोग है। अपने अन्तिम यात्रा को ध्यान रखते हुए अपनी अधूरी इच्छा को अभिव्यक्ति देते हुए वे कहते हैं—

बिधना करी देह
ना मोरी, रजऊ के
घर की देरी।
आवत जात चरन
की धूरी, लगत
जात हर बेरी।
लागौ आन कान
के ऐंगर, बजन
लगी बनजेरी।
उठत चहत अब
हाट ईसुरी, बाट
बहुत दिन हेरी।

यद्यपि ईसुरी बहुत पढ़े-लिखे नहीं थे। फिर भी उनके फागों ने जीवन के प्रत्येक पक्ष का स्पर्श किया है। उनके फाग केवल लोक का मनोरंजन ही नहीं करते हैं अपितु लोक का संस्कार व परिष्कार भी करते हैं। वे कहते हैं कि यह संसार ओस की बूँद की तरह है, जो थोड़ी-सी हवा चलने पर ढुलक जाती है। जब तक जिसकी जितनी साँस नियत है, उसको उतना समय इस संसार में काटना है। अत: हमें बुरे कर्म करने से डरना चाहिए। यही जीवन का मूल मर्म है—

तन को कौन
भरोसो करने,
आखिर इक दिन मरने।
जौ संसार ओस
कौ बूँदा पवन
लगे से ढुरने।
जौ लो जीकी
जियन जोरिया,
जी खाँ जैं दिन भरने।

ईसुर ई संसार
आन कें, बुरे काम
खाँ डरने॥

लोक कवि ईसुरी ने चार कड़ियों वाली फागें लिखीं जिन्हें 'चौकड़ियाँ' कहा गया। ये 'चौकड़ियाँ' बुन्देलखंड में लोकजीवन में अत्यन्त लोकप्रिय हैं। इनमें जीवन का मर्म व गूढ़ रहस्य छिपा हुआ है। जनकवि ईसुरी कहते हैं कि मानव शरीर का कोई भरोसा नहीं है। यह ईश्वर के हाथों संचालित होता है। जिस प्रकार पेड़ से पत्ते अचानक टूटकर गिर जाते हैं और फिर दोबारा पेड़ पर नहीं लगते हैं। ठीक उसी प्रकार जब यह शरीर जलकर भस्म हो जाएगा तब फिर चिड़िया भी इसे नहीं चुगेगी। ईसुरी लोक को शिक्षित करते हुए कहते हैं कि मनुष्य की मृत्यु के बाद उसका शरीर किसी काम में नहीं आता है, जबकि एक मरे हुए पशु के शरीर के चमड़े से जूते बनते हैं। ईसुरी मनुष्य की नश्वरता वर्णन करते हैं। ईसुरी ने जीवन की सार्थकता पर प्रकाश डालते हुए जीवन और मृत्यु जैसे शाश्वत प्रश्नों पर दार्शनिक ढंग से विचार किया है—

तन कौ तनक भरोसो नइयाँ, राखे लाज गुसैयाँ
तरुवर पत्र गिरत धरनी में, फिर न लागत डरैयाँ
जर बर देह मिले माटी में, फिर न चुनें चिरइयाँ
ईसुर देही काम न आवै, पसु की बनत पनइयाँ।

बुन्देलखंड में लोक साहित्य की समृद्ध परम्परा रही है। लोक कवि ईसुरी इस परम्परा की एक बेजोड़ कड़ी हैं। वे जनकवि हैं। ईसुरी आशु कविता के लिए विख्यात थे। ईसुरी का फाग बुन्देलखंड के कंठ में आज भी समाया हुआ है। ईसुरी बुन्देलखंड के लोक कवि गंगाधर व्यास के समकालीन थे। ईसुरी की रचनाएँ बुन्देलखंड के लोकजीवन, लोक संस्कृति, लोक परम्परा को बेहतर ढंग से जानने का एक उत्कृष्ट माध्यम हैं। बुन्देलखंड का लोक साहित्य ईसुरी के बिना अधूरा है।

गंगाधर व्यास

बुन्देली लोक कवियों में ईसुरी के बाद किसी लोक कवि का नाम लोक कंठ में समाया है, तो वह श्री गंगाधर व्यास है। बुन्देली लोक साहित्य में गंगाधर व्यास का योगदान अप्रतिम है। इनका जन्म संवत् 1899 वि. में बुन्देलखंड के छतरपुर में हुआ था। मात्र सोलह वर्ष की आयु में काव्य रचना की तरफ आकर्षित हुए। इन्होंने कवित्त, शेर, खयाल और फाग की रचना की। फड़ (प्रतिद्वन्द्वी) साहित्य के

सृजन में अधिक रुचि रखते थे। जब ईसुरी की चौकड़ियाँ फागों ने जनता के हृदय में अपना स्थान बना लिया तब से ही गंगाधर व्यास फागों की तरफ आकर्षित हुए। गंगाधर व्यास ईसुरी के समकालीन थे। व्यास की रचनाओं पर ईसुरी का प्रभाव परिलक्षित होता है। ईसुरी के समय दो और बुन्देली लोक कवि हुए जिनमें गंगाधर व्यास और खयालीराम थे। ईसुरी, गंगाधर व्यास और खयालीराम इन तीनों बुन्देली लोक कवियों को 'वृहद्त्रयी' के नाम से जाना जाता है। गंगाधर व्यास का एक लोक प्रचलित चौकड़ियाँ हैं—

दोऊ नैनन की तरवारें, जात बिदरदन मारें।
लम्बी खोर दूर लौं डाट, टांड़ी हती उवारें।
दुबरी दशा देह की हो गई, हिलत चली गई धारें।
गंगाधर बस होत सुघर पै, बेरहमन से हारे॥

गंगाधर व्यास का छतरपुर के राजा विश्वनाथ सिंह जूदेव के दरबार में कवि के रूप में अत्यन्त सम्मान प्राप्त था। अपने आश्रयदाता राजा की प्रशंसा में गंगाधर व्यास ने 'विश्वनाथ पताका' की रचना की थी। मनोरंजनपरक साहित्य का सृजन व्यास जी ने अपने आश्रयदाता राजा की रुचि को केन्द्र में रखकर किया था। इन्होंने मनोरंजन के लिए हास्य-विनोद प्रधान रचनाएँ की थीं। गंगाधर व्यास ने फागें, लावनी, कवित्त, सवैया, सैर आदि विधाओं में रचनाएँ की थीं। लेकिन सर्वाधिक लोकप्रियता इन्हें 'फाग' के कारण प्राप्त हुईं। इन्हें 'सैर साहित्य' विधा का प्रवर्तक भी माना जाता है।

गंगाधर व्यास की प्रमुख रचनाओं में 'विश्वनाथ पताका', 'नीति मंजरी', 'व्यंग्य पचासा', 'गो माहात्म्य', 'भर्तृहरि चरित', 'रामाश्वमेध कथा', 'कलियुग पच्चीसी' एवं 'उद्धव-गोपी संवाद' हैं। गंगाधर व्यास का निधन वर्ष 1972 ई. में हुआ।

गढ़वाली लोक साहित्य

गढ़वाल, टिहरी, चमोली तथा उत्तर काशी के दक्षिणी भाग में बोली जाने वाली बोली को 'गढ़वाली' कहते हैं। टिहरी गढ़वाल में इस बोली का आदर्श रूप पाया जाता है। अल्मोड़ा, देहरादून, सहारनपुर, बिजनौर तथा मुरादाबाद के उत्तरी हिस्सों में भी इसका प्रचलन है।

व्याकरणिक स्तर पर गढ़वाली में 'क' वर्ग की ध्वनियाँ कंठ और काकल के बीच में बोली जाती है। 'च' वर्गीय ध्वनियाँ अधिक संघर्षी है। 'प' वर्ग के उच्चारण में होंठों को कुछ आगे की ओर निकालना पड़ता है। अनुनासिकीकरण की प्रवृत्ति कुमाऊँनी में पाई जाती है। जैसे—प्यांर, पैंसा, सांत, आंठ आदि।

गढ़वाली लोकगीतों की विशेषताएँ

1. गढ़वाली लोकगीतों में लोकजीवन व लोक संस्कृति के दर्शन निहित हैं।
2. गढ़वाली लोकगीत वाचिक परम्परा का एक महत्त्वपूर्ण अंश है। लोक कंठ में यह अपनी सहजता, सरलता व स्वाभाविकता के कारण आज भी विद्यमान है।
3. इन लोकगीतों का रचयिता प्राय: अज्ञात होता है।
4. ये काव्यशास्त्र एवं भाषाशास्त्र के नियमों से पूर्णतया मुक्त होते हैं।
5. भाषा का पांडित्य एवं बौद्धिकता का आतंक लोकगीतों में नहीं होता है।
6. प्रकृति और मनुष्य के अन्तर्सम्बन्ध एवं साहचर्य का बिम्बात्मक चित्रण गढ़वाली लोकगीतों में होता है।
7. ये लोकगीत व्यक्ति विशेष की सम्पत्ति न होकर सामूहिक लोक सम्पत्ति है।
8. इन लोकगीतों में जीवन का राग व सौन्दर्य समाहित है।
9. गढ़वाली लोकगीतों में गढ़वाली समाज की संस्कृति, परम्परा, लोकाचार, व्रत, पूजा-पाठ, धर्म, अध्यात्म आदि का वर्णन होता है।
10. इन लोकगीतों में स्थानीयता का रंग देखने को मिलता है। इसमें स्थानीय संस्कृति, इतिहास, भूगोल आदि का स्वर ध्वनित होता है।

गढ़वाली लोकगीत

गढ़वाली लोक समाज में मांगल लोकगीतों की भूमिका बहुत महत्त्वपूर्ण है। पूजा-पाठ, विवाह, देव पूजन आदि शुभ कार्यों के अवसर पर इन लोकगीतों को सामूहिक तौर पर गाया जाता है। इन गीतों के भाव शुद्ध सात्त्विक एवं पुनीत होते हैं। मंगल कामना, शुभाशीष, कल्याण के भाव इन लोकगीतों में निहित होते हैं। विवाह आदि संस्कार परम्परा से जुड़े लगभग सभी गीत मांगल गीत होते हैं। इनमें देवताओं को निमंत्रण देने से लेकर हल्दी रस्म, गणेश पूजन, आरती, जनेऊ, बारात, विदाई आदि विशिष्ट अवसर तक के गीत होते हैं। गढ़वाली का एक निमंत्रण लोकगीत जिसमें प्रकृति को भी निमंत्रण देने का आह्वान इस प्रकार है—

पिंजारी का सुवा अटारी का सुवा
दी आ सुवा तू स्वागिण्यूं न्यूतू
सोनपंखी सुवा लालटूंठी सुवा
दी आ सुवा तू स्वागिण्यूं न्यूतू
जणदू नि छौं मि पछ्णदूं नि छौं मि
कै घर कै देवी न्यूतिकि औण।

एक ऐसा ही मांगल गीत है जिसमें धरती में बीज बोने से पूर्व धरती, कुर्म देवता, भुम्याल देवता (स्थानीय देवता) गंगा तथा पंचनाम देवताओं की स्तुति की जाती है—

जैजस दे धरती माता।
जैजस दे कुरम देवता।
जैजस दे भूमि को भुम्याल।
जैजस दे गंगा की सैंणी धार।
जैजस दे पंचनाम देवता।
जैजस दे मायों की जमात।

बाजूबंद ये गढ़वाल के प्राचीनतम लोकगीत हैं। इन गीतों को 'पटबंद गीत' भी कहा जाता है। इन लोकगीतों के विषय प्रेम, नख-शिख वर्णन तथा नीति उपदेश सम्बन्धी होते हैं। ये गीत पहाड़ों पर मवेशी चराने वालों के द्वारा, चारा, घास-पत्ती काटने वाली महिलाओं के द्वारा गाये जाते हैं—

फूली जाली जाई,
बाँज कटवारी नौनी कैइ गौं की होली?
बाबला की कूची,
कै भी गौं की होऊँ तू क्या कबू पृछी।

पाणी का कूळा,
मैं काटलू बाँज, तू बाँधली पूळा।
छाळा दूधा लासी,
डाँडू को भौंर छूटे त्वै फूल की बासी।

झुमैलो यह गढ़वाल का एक प्रमुख लोकगीत है। इन लोकगीतों का प्रमुख स्वर स्त्री संवेदना का है। ये गीत विवाहित तथा अविवाहित महिलाओं द्वारा गाये जाते हैं। बसंत ऋतु अथवा चैत के महीने में स्त्रियों को अपने मायके की याद आना और मन का भावुक हो जाना इन लोकगीतों का प्रधान विषय बनता है। महिलाएँ इन गीतों को झूम-झूम कर नृत्य करते हुए गाती हैं। झुमैला लोकगीत का एक उदाहरण इस प्रकार है—

बास-बास कफ्फू भै झुमैलो, मेरा मैत्यों का चौक झुमैलो।
मेरा मैती सुणला झुमैलो, ऊँ तैं खुद लगली झुमैलो।
जोड़ी सौंजड़ियों भै झुमैलो, बाडुळी लगली भै झुमैलो।
मेरी बोयी सुणली झुमैलो, भैजी मेरा भेजली झुमैलो।

गढ़वाली लोकगीतों में अंचल विशेष की भौगोलिक परिस्थिति, प्राकृतिक वास, उसका सौन्दर्य, पशु-पक्षी एवं प्रकृति के विविध इन्द्रधनुषी रंगों की अद्‌भुत छटा देखने को मिलती है। गढ़वाली संस्कृति में 'रैमासी के फूल' का अपना विशिष्ट स्थान है। गढ़वाली लोकगीत में रैमासी के फूल प्राप्ति को लेकर चिन्ता दिखाई पड़ती है, क्योंकि यह फूल ऊँचे कैलाश पर्वत पर खिलता है और मनुष्य का वहाँ तक पहुँचना असम्भव है। असल में शिव-पार्वती को रैमासी के पुष्प अत्यन्त प्रिय हैं—

रैमासी को फूल कविलास,
कै मैना फूल को कविलास।
को जालो हूँचला कविलास,
कै देव सुहालो कविलास।
मादेव सुहालो कविलास।
पारवती सुहालो कविलास।
पूजा को चहेंद कविलास।
को लालो तोड़ीक कविलास।
को जालो वे नीला कविलास।
रैमासी को फूल कविलास।

बसंत ऋतु के आगमन पर जौ के पौधे मांगलिक रूप में घर-घर बाँटे जाते हैं। जौ के इन हरित पौधों को खेत से उखाड़ा जाता है। औजी मंगल याचना करता हुआ प्रार्थना करता है। पहली फसल के रूप में जौ के इन पौधों को विष्णु, राम,

शिव, नारायण तथा वर्ष के बारह महीनों से स्वीकार करने के लिए अभ्यर्थना करता है। यह गढ़वाली लोकगीत प्रकृति के प्रति कृतज्ञता का प्रतीक है—

जौ ल्यौं पंचनाम देवतौं,
जौ ल्यौं पंचमी का साल।
जौ ल्यौं हरि, राम, शिव,
जौ ल्यौं मोरी का नारैणा
जौ ल्यौं बार मैना,
जौ ल्यों पंचनाम देवतौ।

गढ़वाली लोकगीतों में स्थानीय देवी-देवताओं का उल्लेख बड़े पैमाने पर मिलता है। ये देवगण लोक आस्था से सराबोर हैं। कुर्म देवता, भुम्याल, हीत, खितरपाल (भूमि का देवता) ,देवी ज्वालपा, नगेला, देवी जगदम्बा आदि का वर्णन इन लोकगीतों में आता है। इन देवी-देवताओं से गढ़वाली लोक समाज अपने घर-परिवार, भूमि, खेत-खलिहान, संतान के सुख-समृद्धि की कामना करता है। इन्हें वह अपने रक्षक के रूप में देखता है। गहरा लोक विश्वास इन लोकगीतों में अभिव्यक्त हुआ है। एक अविवाहित कन्या अपने मनपसन्द पति को पाने के लिए स्थानीय देवी ज्वालपा से प्रार्थना करते हुए कहती है—

मेरी देवी ज्वालपा, सौजड्या दे मिलाई।
सौजड्या की खीरी, सौजड्या दे मिलाई।
तेरी जातरा आई, सौजड्या दे मिलाई।
त्वेकु भेंटलु लाबी, सौजड्या दे मिलाई।
सोना की घुपाणी, पाथा सेली चौंल।
मेरी मैत की देवी, सौजड्या दे मिलाई।
सौजड्या की खैरी, सौजड्या दे मिलाई।
मेरी देवी ज्वालपा, सौजड्या दे मिलाई।

दुर्भिक्ष के दिनों गढ़वाल जनपद में बाजरे की माँग बहुत रही है। प्रस्तुत गीत में पहाड़ों का पारम्परिक अनाज कोदो का स्थान बाजरे द्वारा लिये जाने पर व्यंग्य कसा गया है—

बाजरो हे बाजरो दनादन,
चुला को खांदो हे चुला को खांदो
कोदो बाजरा मु बोदो मि बरम लोक जांदू
लोंण पीसी गारी हे, लोंण पीसी गारी
बाजरू डरैवरू मा बोदू अगनै मयी घारी

चाब्यों को छुमा हे, चाब्यों को छुमा
कोदो बाजरा मा बोदू गढ़वाल मेरा जुमा
गुलेर की गारी हे, गुलेर की गारी
मुंड मा च टोप धरयूं पीठी मा च भारी।

प्रथम तथा द्वितीय विश्वयुद्ध के समय बहुत से गढ़वाली 'जवान' सेना में भर्ती हुए। इन जवानों ने अपनी जान पर खेलकर देश की रक्षा की। एक ऐसे ही सेना के जवान के साहस और पराक्रम का वर्णन एक लोकगीत में किया गया है—

भरती होयी जांणों केशरू ठम ठम पलटन मा
चिलमी को पीच चीलमी को पीच
भरती होयी ग्या केशरू दा, कालौं छौंणी बीच रे।
पाकी जाली कौंणी, पाकी जाली कौंणी,
टरेनिंग कू चलीगी केशरू दा जबलपुर छौंणी,
डाली काटी टुखुमा, डाली काटी टुखुमा,
लाम मा जाण को यैगे सरकारी हुकुमा
बूती जाली तोर, बूती जाली तोर।

अतएव गढ़वाली लोकगीतों में लोक मन की अन्तर्ध्वनि की अनुगूँज है। इसमें समूचे गढ़वाली समाज की लोक संस्कृति व लोकजीवन का प्रतिबिम्ब झलकता है। इन लोकगीतों में गढ़वाली समाज की हजारों वर्षों की परम्परा व संस्कृति अक्षुण्ण है। सामाजिक व सांस्कृतिक दृष्टि से ये लोकगीत एक महत्त्वपूर्ण धरोहर व अनुपम विरासत हैं।

गढ़वाली लोकनाट्य

रम्माण लोकनाटय : रम्माण गढ़वाल जनपद का एक प्रमुख लोकनाट्य है। उत्तराखंड के जोशीमठ, चमोली के सलूड़ और डुंग्रा गाँव में 'रम्माण' का प्रमुख आयोजन होता है। इस लोकनाट्य को यूनेस्को द्वारा 2 अक्टूबर, 2009 को विश्व का धरोहर घोषित किया गया। वर्ष 2016 में गणतंत्र दिवस के अवसर पर उत्तराखंड की रम्माण झाँकी को सम्मिलित किया गया था। भुम्याल ग्राम देवता को समर्पित यह आयोजन बैशाख माह में होता है। प्राय: बैशाख की नवमी, ग्यारहवीं अथवा तेरहवीं तिथि को इस लोकनाट्य के आयोजन का मुहूर्त निकाला जाता है। इस आनुष्ठानिक लोकनाट्य का आयोजन दिन-रात दोनों पहर में होता है। रम्माण में रामायण के विविध प्रसंगों को नृत्य के रूप में प्रस्तुत करते हुए मंचित किया जाता है। इसमें रामायण की प्रमुख घटना 'राम-लक्ष्मण जन्म', 'सीता स्वयंवर', 'राम

बनवास', 'मृग आखेट', 'सीता हरण', 'राम-हनुमान प्रेम', 'भरत मिलाप', 'लंका दहन' तथा 'राम राज्य तिलक' आदि को आधार बनाकर नृत्य प्रस्तुत किया जाता है।

बन्याथ : इस लोकनाट्य को 'दिवारा-बन्याथ' नाम से भी जाना जाता है। देवारा अथवा दियारा का अभिप्राय है—'देवयात्रा'। देवारा में देवी-देवता को उसके प्रतीक विग्रह रूप में उस क्षेत्र का, विधि विधान से क्षेत्र का भ्रमण कराया जाता है। इस देवयात्रा के सम्पन्न होने के उपरान्त जो यज्ञ-अनुष्ठान किया जाता है, वह 'बन्याथ' कहलाता है। इस लोकनाट्य में देवी के दिवारा बन्याथ को शिव-सती के कारुणिक प्रसंग से जोड़कर देखा जाता है।

नन्दापाती अथवा पातबीड़ा : इस लोकनाट्य का आयोजन नंदाष्टमी के अवसर पर किया जाता है। यह नंदा देवी के पूजा का एक धार्मिक अनुष्ठान है। इसका आयोजन रुद्रप्रयाग जनपद के क्वीली, कुरझण, पाली, सणगू, आदि गाँवों में किया जाता है। इस आनुष्ठानिक लोकनाट्य में एक विशाल चीड़ के वृक्ष पर कुणजा घास को लपेटकर बाहर से कुछ मौसमी फल जैसे—नीबू, सन्तरा, अनार, अंगूर, सेब, नाशपाती, खीरा, भुट्टा, केला आदि सजाया जाता है। फिर इस पेड़ को देवी के चौक पर गाड़ दिया जाता है। इस पेड़ के शीर्ष पर देवी नंदा की एक मूर्तिनुमा डोली सजाई जाती है। गाँववासी पूजा की सामग्री लेकर तथा लोक वाद्यों को लेकर इस पेड़ की घूमकर परिक्रमा करते हैं। इस अवसर पर लोक वाद्य यंत्रों के रूप में ढोल-दमाऊ, शंख तथा घंटे के स्वर ध्वनित होते हैं। इसके उपरान्त हीत, कार्तिक स्वामी, उफराई देवी तथा अन्य देवियों का अवतरण होता है। यह देवी अवतरण दूबा जाति के किसी पुरोहित में होता है। यह आयोजन हजारों धियाणों अर्थात् बेटी और बहन के परस्पर मिलन का केन्द्र भी बन जाता है।

स्वाँग : गढ़वाल में स्वाँग की परम्परा भी देखने को मिलती है। इनका मंचन रामलीला अथवा पौराणिक-ऐतिहासिक नाटकों के मध्य में किया जाता है। पात्रों का अभिनय विदूषक की तरह होता है। दर्शकगण मुख्य लीला या नाटक के मध्य इनका बेसब्री से इन्तजार करते हैं। स्वाँग के द्वारा सामाजिक रूढ़ियों और अन्धविश्वास के प्रति चेतना व जागृति की निर्मिति की जाती है। संवाद, वेशभूषा और अभिनय के द्वारा जनता का मनोरंजन भी किया जाता है। स्वाँग के मुख्य विषयान्तर्गत अशिक्षा, अनमेल विवाह, दहेज प्रथा, नशाखोरी, बेटी विवाह की समस्या, भ्रष्टाचार, ढोंगी साधु आदि आते हैं।

पांडवलीला : इसे पंडवार्त तथा पांडवनृत्य के नाम से भी अभिहित किया जाता है। गढ़वाल के अधिकतर गाँवों में पांडवलीला का आयोजन अत्यन्त हर्ष और उल्लास के साथ मनाया जाता है। इसका आयोजन सामान्यत: माघ मास में गाँवों में इसका आयोजन किया जाता है। यह नृत्य महाभारत के पाँच पांडवों के जीवन से सम्बन्धित है। इस नृत्य के माध्यम से पाँच पांडव व द्रौपदी की पूजा-अर्चना करने की परम्परा वर्षों से चली आ रही है। इस लोकनाट्य में संवाद नहीं होते हैं। केवल

आंगिक अभिनय मात्र होता है। पांडव लोकनाट्य में नृत्य का आयोजन करने वाले गाँवों में पांडवों के निशान होते हैं। जिनकी विधि-विधान से पूजा करके पांडवों के पश्वा उन्हें लेकर नृत्य करते हैं। इन निशानों में युधिष्ठिर का धर्मचक्र, अर्जुन का धनुष, भीम का गदा, नकुल की छड़ी, हनुमान का गदा, श्रीकृष्ण का शंख आदि होते हैं। मुख्यत: जिन स्थानों पर पांडव अस्त्र छोड़ गए थे, वहाँ पांडव नृत्य का आयोजन किया जाता है। महाभारत युद्ध के उपरान्त पांडवों ने अपने अस्त्र-शस्त्र उत्तराखंड के लोगों को सौंप दिया था और उसके बाद वे स्वर्ग के लिए प्रस्थान किये थे, इसलिए तब से ही पांडव लीला का आयोजन प्रतिवर्ष यहाँ होता है। लोक में यह मान्यता प्रचलित है कि इस नृत्य के आयोजन से गाँव में खुशहाली और अच्छी फसल होती है। इस आयोजन में सम्मिलित होने के लिए दूर पहाड़ी क्षेत्र में रहने वाली बहू-बेटियाँ भी आती हैं। एक प्रकार से यह लोक उत्सव एक-दूसरे के सुख-दु:ख में सहभागी होने और परस्पर प्रेम का भी साथी बनता है। यह लोकनाट्य उत्तराखंड की सांस्कृतिक धरोहर है।

गढ़वाली लोककथा

गढ़वाली लोककथाओं का अपना सामाजिक-सांस्कृतिक महत्त्व है। इन लोककथाओं में गढ़वाल का प्राकृतिक सौन्दर्य, स्थानीय इतिहास, भूगोल, संस्कृति, परम्परा, मूल्य, जीवनबोध सब कुछ निहित है। इन लोककथाओं में प्रकृति और मनुष्य के आत्मीय रिश्तों का आख्यान है। प्रकृति का सौन्दर्य है, तो प्रकृति का उपदेशक के रूप में चित्रण भी है। भूत-प्रेत, जादू-टोना, राजा-रानी, नदी, पर्वत, जंगल, समुद्र, पशु-पक्षी, महापुरुषों का यश व शौर्य आदि विषय वस्तु से सम्बद्ध गढ़वाली लोककथाएँ लोक में प्रचलित हैं। इन लोककथाओं में कल्पना का सुन्दर समावेश है। जीवन का यथार्थ, अनुभवों और मूल्यों के साथ जीवन को बेहतर बनाने के सारे गुण अन्तर्निहित हैं। गढ़वाली लोककथाएँ गढ़वाली समाज और संस्कृति का प्रतिनिधित्व करती हैं। मानवीय संवेदना के साथ-साथ मानवेतर प्राणियों के प्रति संवेदना का चित्रण इन लोककथाओं को विशिष्ट बनाती है। एक प्रमुख गढ़वाली लोककथा इस प्रकार है—

'सरग दिदा! पाणी, पाणी'

एक गौं मा तीन झणोंको एक मवासो रैंदो छौ। एक बुडीड़, एक वींकि नौनी अर एक नौनाकि ब्वारी। नौनी अर ब्वारी द्वी जोड़ी-सौंजड़ी कि छै। ब्वारी लाटी अर कामकुटू छै। नौनीकि अज्यूं ब्योकि छ्वीं नि होई छैं। मैड़ी का लाड़मा पलेणी छै वा। यान वीं तैं निफिक्रि छै दुय्यों मा कामै होड़ रंदी छै लगीं।

एक दिन ऊंकि दैं छयी। ऊंन पैलि त ग्यौंका बालड़ा खल्याण मा धोळीन फेर बळदूंकि जोड़ी मेलीन अर ऊंका घिच्चों पर मुश्का बांदीक रिंगौण लै गैन। तबरि दिन मुड मा ऐगे। मांडणक भौत छयो। जेठ का घामन बळद् खलाण लैगेन अर पसीनान् लतपत ह्वै गैन। तब जैक बुडीड़ भैर आए अर वींन बळद् फुंडु मेलणक बोली। बळद द्वी-द्वी हात लम्बी जीब करीक खलाणा छया। बुडड़ीन बोले—यूं सणि भिंडी तीस लगी गए। जावा मेरियों, पाणी पिलाइ आवा। पाणी जरा दूरू पर छयो अर नणद भौज कभीं छुयो पर ही मेसे जांद छयी। याँन जान कि बेलम ना हो बुडड़ीन ऊं लालच दिने—जु अपणी जोड़ी तैं पैली पाणी पिवेक लाली वीं तैं मीं खाणूक तसमै दिऊलू।

ननद चड़म उठे। भौज रिसाणै। वींन मरक्वाल्या बळद की तरौं वीं पर हेरे अर अपणा बळद सरपट बुरकैन। नणद चिरड़ेणे। वींन भी आपणी बळदू जोड़ी तेजी से हांकण लगाये तबरै के। छट्टी पर छट्टी बरखैन। पर भौज का बळद तबरी कक्खि पौंछिगे छा। ऊं सणी छोपी सकणो वीं तैं असंभौ मालूम पड़ै। पाणी को ताल गौंका पल्या पाखा पर छयो। नणद सोचण लगे, तसमैं अब वींई मिलण। तब कु जाणी वीं कि क्या मति फीरे कि वींन अपणा बळद अदबाट बिटी ही बौड़ाई दीनी अरि तन्नि तिसोका ही खुंटा पर बांधी दीनी।

ब्वेन नौनी तैं तसमैं दीनी। ब्वारीन नणदै छ्वीं नि लगाई। जब खाणू खयालि, भौजन् नणद मा बोलि—नन्दा! तसमै त तिन खैइ याले। अब, चल तौं बळद् तैं पाणी न पिलेयाल। पर अब क्या होई सकदो छौ। भित्र देखदा क्या कि तिसोको बळद घिरचेणू छौ। वो मरी गए। इनो बोल्दन कि मरदी दौं वैंन नणद तैं सराप दिने कि जा तू पंछी ह्वै जर अर मेरी हि तरां तीसी तड़फीदी रई। वा नौनी तब पंछी ह्वै गए। तब बिटे वा तिसोका बळदै तरां तीसी रंदे। जेठ का धड़ांदी दोफरी मा वा आगास से पाणी मांगदी रंदी—सरग दिदा! पाणी, पाणी। धरती को पाणी वा नि पेंदी। वे मा वीं तैं बळद को खून दिखेंद।

'आकाश पानी दे पानी'!

(हिन्दी रूपान्तर)

किसी गाँव में एक छोटा-सा तीन जनों का परिवार रहता था। एक बुढ़िया, एक उसकी लड़की और एक उस घर में नई-नई आई बहू। लड़की और बहू दोनों हमउम्र थीं। बहू भोली और कर्मठ थी। बेटी का अभी ब्याह नहीं हुआ था। वह माँ के दुलार में पल रही थी। इसलिए स्वभाव में एक बेफिक्र थी। दोनों में काम करने की होड़ मची रहती थी। एक दिन उनकी दाँय थी। उन्होंने गेहूँ की बालियाँ खलिहान में फैलाईं, फिर बैलों की जोड़ियाँ खोलीं और उनके मुँह पर मुश्के बाँध घुमाने लगीं।

गेहूँ की बालियों का ढेर बड़ा था। देखते-देखते सूरज सिर पर चढ़ आ गया। जेठ की गरमी में बैल हाँफने लगे। और पसीने से लथपथ हो गए। बुढ़िया बाहर आई तो उसने बैलों को खोलने के लिए कहा। बैल हाँफ रहे थे। बुढ़िया बोली इन्हें बहुत प्यास लगी है। पानी पिलाकर ले आओ। पानी थोड़ा दूर था। ननद-भाभी वहीं बातों में उलझकर देर कर देती हैं। इसलिए बुढ़िया ने प्रलोभन दिया—"जो अपने बैलों की जोड़ी को पहले पानी पिलाकर लाएगी, मैं उसे खाने को खीर दूँगी।

ननद उठी और भाभी भी लपकी। उन्होंने मरखुने बैलों की तरह एक-दूसरे को देखा। भाभी ने अपने बैल पानी के ताल की ओर हाँके। ननद चिढ़ गई। उसने भी अपने बैल तेजी से हाँके। उन पर खूब बेंत भी बरसाए। पर तब तक भाभी के बैल काफी आगे निकल गए थे। उनसे आगे पहुँचना उसे असम्भव-सा लगा। पानी का ताल गाँव के दूसरे पाख पर था। ननद को लगा कि अब तो खीर भाभी को ही मिलेगी। तब न जाने उसकी क्या मति फिरी कि उसने अपने बैलों की जोड़ी आधे रास्ते से ही लौटा दिया और प्यासे बैल खूँटे पर बाँध दिए।

माँ ने बेटी को खीर दी। बहू ने अपने ननद की शिकायत नहीं की। खाना खा कर भाभी ने अपने ननद से कहा—नन्दा! खीर तो तूने खा ही ली। अब चल बैलों को पानी पिला दें। तब तक देर हो चुकी थी। गोठ में एक बैल दम तोड़ रहा था। वह मर गया। कहते हैं, मरते हुए उसने ननद को शाप दिया—"जा तू चिड़िया हो जा और जीवन भर मेरी तरह पानी के लिए तड़पती रह। वह लड़की चिड़िया बन गई। तब से वह, उस बैल की तरह प्यासी तड़पती रहती है। जब जेठ की दुपहरी तवे से तपती है, तो वह सरग दिदा! पाणि, पाणि (आकाश भैया! पानी दे, पानी) बोलकर आकाश से पानी माँगती रहती है। धरती का पानी वह नहीं पीती। उसमें उसको बैल का खून दिखाई देता है।